Antropologia
Cultural

Conselho Acadêmico
Ataliba Teixeira de Castilho
Carlos Eduardo Lins da Silva
Carlos Fico
Jaime Cordeiro
José Luiz Fiorin
Magda Soares
Tania Regina de Luca

Proibida a reprodução total ou parcial em qualquer mídia
sem a autorização escrita da editora.
Os infratores estão sujeitos às penas da lei.

Consulte nosso catálogo completo e últimos lançamentos em **www.editoracontexto.com.br**.

Franz Boas

Antropologia Cultural

Tradução | **José Carlos Pereira**

Copyright © da edição brasileira:
Editora Contexto (Editora Pinsky Ltda.)

Foto de capa
Anônimo, c. 1915

Montagem de capa e diagramação
Gustavo S. Vilas Boas

Preparação de textos
Lilian Aquino

Revisão
Maiara Gouveia

Dados Internacionais de Catalogação na Publicação (CIP)

Boas, Franz
Antropologia Cultural / Franz Boas ;
tradução de José Carlos Pereira. –
São Paulo : Contexto, 2023.
288 p.

Bibliografia
ISBN 978-65-5541-250-5

1. Antropologia 2. Cultura
I. Título II. Pereira, José Carlos

23-0360   CDD 306

Angélica Ilacqua – Bibliotecária – CRB-8/7057

Índice para catálogo sistemático:
1. Antropologia

2023

Editora Contexto
Diretor editorial: *Jaime Pinsky*

Rua Dr. José Elias, 520 – Alto da Lapa
05083-030 – São Paulo – SP
PABX: (11) 3832 5838
contato@editoracontexto.com.br
www.editoracontexto.com.br

Sumário

APRESENTAÇÃO 7

O QUE É ANTROPOLOGIA? 17

OS OBJETIVOS DA PESQUISA ANTROPOLÓGICA 23

PRIMEIRAS MANIFESTAÇÕES CULTURAIS 45

AS INTERPRETAÇÕES DA CULTURA............... 59

A MENTE DO SER HUMANO PRIMITIVO
E O PROGRESSO DA CULTURA 79

ESTABILIDADE DAS CULTURAS 105

CULTURA PRIMITIVA E VIDA MODERNA 131

HISTÓRIA E CIÊNCIA EM ANTROPOLOGIA:
UMA RESPOSTA................................ 163

PROBLEMAS ETNOLÓGICOS NO CANADÁ 173

O DESENVOLVIMENTO
DE CONTOS FOLCLÓRICOS E MITOS 189

O DESENVOLVIMENTO
DAS MITOLOGIAS INDÍGENAS 201

MITOLOGIA E CONTOS FOLCLÓRICOS
DOS INDÍGENAS NORTE-AMERICANOS............ 215

A IDEIA DE VIDA FUTURA
ENTRE AS TRIBOS PRIMITIVAS 263

Bibliografia 281

O autor 285

O tradutor 287

Apresentação

Franz Boas não fundou uma escola boasiana, propriamente dita, de Antropologia, mas contribuiu enormemente para uma escola americana de Antropologia, sendo professor de personalidades, que se tornariam notáveis nas ciências antropológicas, mulheres como Ruth Benedict, Margaret Mead, Zora Neale Hurston e até mesmo a sua secretária, Ruth Bunzel, que se tornaria uma iminente antropóloga. Além delas, temos muitos outros nomes. Dentre eles, Edward Sapir, A. L. Kroeber, F. G Speck, Melville J. Herskovits, e um dos nossos mais conhecidos antropólogos, Gilberto Freyre, que foi aluno de Boas, mas que não se preocupou em traduzir seu mestre para a língua portuguesa, embora tenha aplicado aspectos do pensamento de Boas a sua antropologia. Desse modo, não podemos negar que devemos a Franz Boas – e a seus discípulos – o que temos hoje como estudos de Antropologia Cultural ou Antropologia moderna.

A Antropologia Cultural de Boas rompeu com o evolucionismo antropológico e conferiu à Antropologia Americana novas abordagens, com enfoque na questão cultural. Sua contribuição ao conceito de cultura foi desenvolvida a partir de discordâncias com o evolucionismo até então predominante na Antropologia e também com a apresentação de um novo modelo, chamado relativismo cultural, que deu uma das características mais importantes da Antropologia moderna. Boas contribuiu para aprimorar o conceito moderno de cultura, tratando-a no plural e, ao mesmo tempo, relativizando tal conceito. O autor mostrou que os elementos culturais, e o próprio conceito de cultura, não devem ser analisados dentro de uma estrutura hierárquica, como até então era feito no evolucionismo, mas sim contextualmente e, particularmente, levando em conta não apenas a realidade, mas também o ambiente e o momento histórico.

Franz Boas deu ênfase à importância do trabalho de campo detalhado, em que o pesquisador entra em contato com os povos e os indivíduos estudados, bem como à observação do processo de socialização, de como o sistema cultural molda um indivíduo de acordo com os papéis sociais e culturais do grupo ao qual pertence. Ainda sobre a ênfase na pesquisa de campo, Boas ressaltou a importância das narrativas dos informantes privilegiados, pessoas que relatam sobre a sua própria cultura. Essas informações recolhidas são, para Franz Boas, fundamentais para a análise do contexto cultural, e são muito reveladoras à pesquisa antropológica.

Na época, a Antropologia ainda era marcada pela teoria de que linguagem e raça, da mesma forma que cultura e raça, eram fenômenos independentes. Com sua obra *Race, Language and Culture* (Raça, língua e cultura), entre outras, Franz Boas vai desvincular a história da cultura, tida até então como um processo unilinear e universal que refletia o desenvolvimento de cada sociedade, e denuncia interpretações distorcidas desses conceitos, como as de Gobineau,[1] com suas teorias que defendiam a tese da existência de uma relação imutável entre aspectos somáticos e funções intelectivas. Nesse sentido, Boas fez fortes críticas à ortogênese, isto é, a hipótese de que a vida tem uma propensão inata para evoluir de modo linear devido a alguma força motriz interna ou externa, pensamento predominante entre os antropólogos de então. Ele estava consciente do peso que o conceito de raça havia assumido e enxergava com lucidez as implicações e as consequências políticas disso, sobretudo em relação ao uso da noção de herança racial defendida por Gobineau e por seus seguidores para a discriminação de povos e indivíduos. À vista disso, fez contundentes críticas aos conceitos de "raça", "tipo racial" e "supremacia racial". Esse último usado por Hitler na Alemanha nazista e pela política dos Estados Unidos e a da África do Sul, de segregação racial, duas situações contemporâneas de Boas.

Para Franz Boas, o desenvolvimento humano depende da intervenção de diferentes fatores, inclusive culturais. Desse modo, ele estabelece a autonomia relativa do fenômeno cultural, rejeitando o determinismo e apresentando a atuação do meio ambiente e de fatores biológicos como influência na composição das sociedades. O contributo de Franz Boas na Antropologia Cultural foi gigantesco, mas três aspectos se destacaram: o primeiro foi separar o conceito de cultura do conceito de raça; o segundo, entender a importância da linguagem para a formação da cultura; e o terceiro, promover uma análise relativa da cultura, de modo que evitasse o etnocentrismo. Esses três elementos estão muito presentes nas suas obras, sobretudo em *Race, Language and Culture* e *Race and Democratic Society* (*Raça e sociedade democrática*). Para ele, a diferença fundamental entre os grupos humanos é de ordem cultural, e não racial. Ao contrário de Edward Tylor, considerado o pai do conceito moderno de cultura, de quem ele havia tomado a definição, Boas tinha como objetivo o estudo "das culturas", no plural, e não "da cultura" no singular, como citado antes. Em suma, Boas inaugurou um novo conceito de cultura para o seu tempo, que rompia com determinismos e uniformidades geradoras de classificações e percepções evolutivas e que é aplicado ainda hoje na Antropologia moderna. Assim sendo, esta obra reúne o que há de mais importante na Antropologia Cultural de Franz Boas, com uma seleção rigorosa de textos, que nos fazem não apenas entender o pensamento desse autor, mas também compreender os processos antropológicos.

Os textos aqui reunidos são partes de obras memoráveis de Franz Boas. Abrimos com um texto clássico, extraído da obra *Anthropology and Modern Life* (*Antropologia e Vida Moderna*), na qual o autor busca definir o que é Antropologia. Logo de imediato encontramos, em tom sarcástico, como era vista até então a Antropologia. Com acento crítico, e ao mesmo tempo irônico, o autor diz que a Antropologia era considerada "uma coleção de fatos curiosos, contando sobre a aparência peculiar de pessoas exóticas e descrevendo seus estranhos costumes e crenças. Era vista como uma distração divertida, aparentemente sem qualquer relação com a conduta da vida de comunidades civilizadas" (Boas, 1962: 11). No entanto, a partir de suas pesquisas, a Antropologia foi ganhando novos contornos, e Boas, como já foi dito, imprimiu nela o aspecto cultural. Assim, a Antropologia Cultural ganhou visibilidade e tornou-se aquilo que hoje entendemos como Antropologia. Em primeiro lugar, Boas mostra que a Antropologia não é uma ciência que funciona de modo isolado de outras. Até se consolidar, ela tem como base outras ciências e, durante seu curso, nunca caminhará isoladamente. É o que mais tarde Edgar Morin vai dizer sobre a religação dos saberes. O autor mostra que, apesar de a Antropologia ser a ciência que estuda o ser humano, o grupo, não o indivíduo, deve ser sempre a principal preocupação do antropólogo. O indivíduo é importante apenas como membro do grupo, pois o antropólogo deve estar interessado nos fatores que determinam a distribuição de formas ou funções no grupo, mesmo que indivíduos sejam estudados particularmente. Esse estudo do indivíduo se dá para entender o grupo a que ele pertence. O estudo do indivíduo isolado é função do fisiologista, e não a do antropólogo, embora as contribuições do fisiologista e as de outros estudiosos do indivíduo sejam importantes como ciências auxiliares da Antropologia. Isso vale para a Psicologia, a Biologia, a Linguística, entre outras. Para o antropólogo, elas podem ser pontos de partida para uma consideração dos efeitos dinâmicos da organização social como manifestados na vida do indivíduo e do grupo, mas isso ainda não é Antropologia. Boas enfatiza que o antropólogo não pode tratar o indivíduo como uma unidade isolada. O indivíduo deve ser estudado em seu ambiente social, e a questão antropológica é investigar se são possíveis generalizações pelas quais uma relação funcional entre dados sociais generalizados e a forma e expressão da vida individual pode ser descoberta. Em outras palavras, Boas interroga se existem leis geralmente válidas que governam a vida da sociedade, tema que está no centro das pesquisas antropológicas.

Para Boas, a Antropologia vai se construindo e se definindo a partir das pesquisas nessa vasta área de investigação, dialogando com outras ciências, mas, sobretudo, nas pesquisas de campo. Nesse sentido, é importante saber quais são os objetivos da pesquisa antropológica, tema do segundo capítulo deste livro, que é um texto extraído da monumental obra *Race, Language and Culture*. Nessas circunstâncias, afirma Boas, precisamos basear a pesquisa da vida mental do ser humano em um estudo da história das formas culturais e das inter-relações entre vida mental individual e cultura.

Esse é o tema da Antropologia Cultural, diz ele. Podemos dizer com segurança, enfatiza Boas, que os resultados do extenso material reunido durante os últimos 50 anos não justificam a suposição de qualquer relação estreita entre tipos biológicos e forma cultural. Nessa linha, Boas define os objetivos da pesquisa antropológica, sobretudo da Antropologia Cultural.

Nesse sentido, o terceiro capítulo traz um texto que aborda as primeiras manifestações culturais. Aqui entramos nos primórdios da Antropologia Cultural. Esse texto foi tirado da obra *A mente do ser humano primitivo*, uma das primeiras e mais importantes de Franz Boas, publicada pela primeira vez em 1911. A edição que usei neste livro é a de 1938. Nesse capítulo ele imprime as características daquilo que anos depois seria conhecida como Antropologia Cultural moderna, ou Antropologia Americana, cuja paternidade lhe foi atribuída. Nesse capítulo, de imediato, Boas traz uma definição de cultura, dizendo que "pode-se definir a cultura como a totalidade das reações e atividades mentais e físicas que caracterizam a conduta dos indivíduos que compõem um grupo social, coletiva e individualmente, em relação ao seu ambiente natural, a outros grupos, a membros do mesmo grupo e de cada indivíduo para consigo mesmo" (Boas, 1938: 149). O autor lembra também que cultura "inclui os produtos dessas atividades e sua função na vida dos grupos. A simples enumeração desses vários aspectos da vida não constitui, no entanto, a cultura. Ela é algo mais que tudo isso, pois seus elementos não são independentes, têm uma estrutura" (Boas, 1938: 149). Por essa razão, a definição de cultura não pode ser algo simplista. Nesse aspecto, Boas propõe a interpretação da cultura como processo metodológico, assunto do capítulo seguinte.

Nesse quarto capítulo, Boas alerta que "desde que o estudo das culturas humanas foi reconhecido como problema, tentou-se interpretá-lo como um fenômeno unitário, antes mesmo de ser recolhido um volume de material razoavelmente suficiente" (Boas, 1938: 162). Nesse sentido, o autor sinaliza que "o método essencial consistiu em ordenar os fenômenos observados de acordo com princípios admitidos e interpretar isso como uma ordem cronológica" (Boas, 1938: 164), mas ele questiona essa metodologia, como podemos observar nesse capítulo, e leva o leitor a pensar sobre o conceito de cultura e como ela vem sendo interpretada desde Tylor até os dias atuais.

O quinto capítulo é um texto sobre a mente do ser humano primitivo e o progresso da cultura, texto extraído da obra *A mente do ser humano primitivo*, citada anteriormente. Cabe aqui lembrar que, para Franz Boas, "ser humano primitivo" não significa ser humano inferior, mas dos primórdios da humanidade, os que vieram antes de nós, sem a conotação evolutiva dada pela Antropologia e a Biologia evolutivas. Para o autor, "são primitivos aqueles povos cujas atividades estão pouco diversificadas, cujas formas de vida são simples e uniformes e cuja cultura em seu conteúdo e em suas formas é pobre e intelectualmente inconsequente" (Boas, 1938: 180). Boas lembra neste capítulo que a diferença entre o modo de pensar do ser humano primitivo e o do ser humano atual, tido como civilizado, parece consistir, em grande parte, na natureza do material tradicional com que a nova percepção se associa. E cita como exemplo a instrução dada ao filho do ser humano primitivo. Diz ele que essa instrução não está baseada em séculos de experiências, mas consiste na rudimentar e imperfeita experiência de gerações, diferentemente da dos seres humanos considerados civilizados. No entanto, afirma ele, o processo mental é o mesmo.

O capítulo sexto deste livro trata da estabilidade da cultura e foi extraído da obra *Anthropology and Modern Life (Antropologia e vida moderna)*, edição publicada em 1962. Nele, Boas afirma que, apesar das rápidas mudanças em muitos aspectos de nossa vida moderna, podemos observar, ao mesmo tempo, uma acentuada estabilidade. Ele alerta que, por essa e por outras razões, é importante estudar as condições que contribuem tanto para a estabilidade quanto para a mudança e buscar saber se as mudanças são orgânicas ou culturalmente determinadas.

O sétimo capítulo – também parte da obra *Anthropology and modern life* – trata de contrastar vida moderna e cultura primitiva, para compreendermos melhor a Antropologia Cultural. Aqui, o autor afirma que toda cultura só pode ser entendida como um crescimento histórico. Ela é determinada em grande parte por ocorrências externas, que não se originam na vida interior dos povos. Daí a importância do estudo de culturas estrangeiras, sobretudo as que tiveram ou têm relações mais estreitas com os povos e a cultura estudados.

Já no oitavo capítulo, o autor busca dar uma resposta ao antropólogo francês Alfred Louis Kroeber (1876-1960), sobre seu artigo "História e Ciência em Antropologia". Kroeber havia feito uma análise crítica do trabalho etnológico de Boas (*The Central Eskimo* – 1888), considerando-o apenas como histórico e alfinetando sua personalidade e capacidade como antropólogo. O texto que compõe esse capítulo está na obra *Race, Language and Culture* e foi publicado pela primeira vez em 1936, na *Revista Americana de Antropologia* (v. 38). Nessa resposta, ao discordar de Kroeber, Boas traz uma importante contribuição para o entendimento do processo histórico de consolidação da Antropologia Cultural e de seu inquestionável trabalho como antropólogo.

Se Boas foi criticado, no capítulo mencionado ele deu a Kroeber uma boa resposta, à altura de suas pesquisas na área. Já no nono capítulo deste livro, o autor esmiúça a etnologia abordando com maestria os problemas etnológicos encontrados no Canadá. Esse texto também faz parte da obra *Race, Language and Culture*. Nele o autor chama a atenção para uma série de problemas não resolvidos relacionados à etnologia, dentre eles a rapidez com que a vida primitiva e a sua história vêm desaparecendo naquele país, devido ao vigoroso progresso econômico, e conclui dizendo que tem se debruçado muito sobre essa questão, pois ela é de fundamental importância para uma interpretação correta dos fenômenos étnicos, porque o Canadá oferece um campo excepcionalmente favorável para a discussão de questões étnicas.

Aprofundando os problemas antropológicos, sobretudo no tocante à cultura, no décimo capítulo o autor se dedica à questão do desenvolvimento dos contos folclóricos e mitos. Esse texto também faz parte da obra *Race, Language and Culture* e foi apresentado *31º Relatório Anual do Departamento de Etnologia Americana*, em 1916, e publicado no *The Scientific Monthly* (v. 3), no mesmo ano. Aqui o autor traz as variações de um mesmo conto ou mito em realidades diferentes e os desenvolvimentos deles de acordo com o contexto cultural de cada povo. Afirma Boas que, na maioria dos casos aqui discutidos, o enredo tem caráter humano geral, de modo que os processos de invenção e difusão das narrativas devem ser vistos de um ponto de vista totalmente diferente daquele que será aplicado no estudo da invenção e da difusão de incidentes. Lembra ainda que os impulsos artísticos de um povo nem sempre são satisfeitos com as conexões soltas das histórias, ocasionadas pela individualidade do herói ou reforçadas pela seleção de certos traços de seu personagem ilustrados pelas anedotas componentes.

Em continuação à reflexão sobre mitos e folclore, o décimo primeiro capítulo deste livro traz uma abordagem sobre o desenvolvimento das mitologias indígenas. Vale lembrar que o estudo de mitos e contos folclóricos é parte integrante da Antropologia Cultural. O texto deste capítulo também é parte da obra *Race, Language and Culture*. Trata-se de um artigo que foi lido pela primeira vez na 7ª Reunião Anual da Sociedade Americana de Folclore, na Filadélfia, em 27 de dezembro de 1895, e depois publicado no *Journal of American Folk-Lore* (v. 9), em 1896. Só posteriormente ele passou a fazer parte da obra supracitada e agora deste livro. Aqui Boas lembra que não é apenas a localização geográfica que influencia a distribuição ou a difusão dos contos. Em alguns casos, numerosos contos que são comuns a um território interrompem-se abruptamente em um determinado ponto, e são encontrados apenas em pequenos fragmentos. Esses limites não coincidem, de forma alguma, com as divisões linguísticas. Portanto, esses e outros fatores devem ser estudados pelo antropólogo ao pesquisar sobre mitologia em Antropologia.

Ainda sobre o mesmo tema, devido a sua importância na Antropologia Cultural, o capítulo seguinte, o décimo segundo, trata de mitologia e dos contos folclóricos dos indígenas norte-americanos. Esse texto também é parte da obra *Race, Language and Culture* e foi originalmente publicado no *Journal of American Folk-Lore* (v. 27) no ano de 1914. Somente em 1940 ele passou a fazer parte da obra supracitada. Nesse capítulo, o autor divide o tema em cinco tópicos: a) material; b) mitos e contos folclóricos; c) disseminação dos contos folclóricos; d) características das áreas mitológicas; f) conceitos mitológicos e contos folclóricos. Afirma Boas que, durante os últimos 20 anos, um conjunto considerável de contos sobre os indígenas norte-americanos foi coletado. No entanto, antes de sua publicação, eram poucos os materiais coletados sobre esses temas. Ele cita algumas dessas coletâneas e destaca a importância delas para Antropologia Cultural, alertando para a importância de realizar tais registros.

O último capítulo deste livro traz um tema medular da Antropologia Cultural: a ideia de vida futura entre as tribos primitivas. Ainda hoje esse é um debate fundamental para qualquer povo. O capítulo também é parte da obra *Race, Language and Culture*, tendo sido primeiro publicado em *Religion and the Future Life*, em 1922. É um texto que refuta a tese de Edward B. Tylor e propõe novas abordagens para a interpretação do tema. Para uma compreensão clara da grande variedade de formas que essas crenças assumem, destaca que é necessário considerar as relações históricas entre grupos de tribos, e não apenas daquelas que estão atualmente em contato próximo, mas também das que pertencem a áreas culturais maiores nas quais as influências culturais intertribais podem remeter aos primeiros períodos. Tal afirmação se baseia na questão das similaridades das crenças existentes em povos que de alguma forma têm ou tiveram contato uns com os outros, ou que vivem geograficamente próximos.

Com esses temas nós temos aqui uma obra elementar da Antropologia Cultural. Trata-se de uma coletânea de textos escritos em épocas distintas, mas que formam um conjunto monolítico do pensamento de Franz Boas e da Antropologia por ele construída.

José Carlos Pereira

Nota

[1] Joseph Arthur de Gobineau, pensador e ensaísta francês (1816-1882), um dos maiores teóricos do racismo do século XIX, que ficou conhecido pela sua obra *Essai sur l'inégalité des races humaines*, tomos I e II, de 1853. Essa obra foi um dos primeiros trabalhos sobre eugenia e racismo publicados naquele século. Segundo ele, a mistura de raças, a miscigenação, era inevitável e levaria a raça humana a graus sempre maiores de degenerescência física e intelectual. Para ele, que esteve no Brasil numa missão diplomática em 1869/1870, o país não tinha futuro, pois é um país marcado pela presença de raças que julgava inferiores. Segundo Gobineau, a única saída para o Brasil seria o incentivo à imigração de "raças" europeias, consideradas superiores.

O que é Antropologia?

A Antropologia é frequentemente considerada uma coleção de fatos curiosos sobre a aparência peculiar de pessoas exóticas, que descrevem seus estranhos costumes e crenças. É vista como uma distração divertida, aparentemente sem qualquer relação com a conduta da vida de comunidades civilizadas.

Essa opinião é equivocada. Mais do que isso, espero demonstrar que uma compreensão clara dos princípios da Antropologia ilumina os processos sociais de nosso próprio tempo e pode nos mostrar, se estivermos dispostos a ouvir seus ensinamentos, o que fazer e o que evitar.

Para provar minha tese, devo explicar brevemente o que os antropólogos estão tentando fazer.

Pode parecer que o domínio da Antropologia, da "Ciência do Ser Humano", está preocupado com toda uma gama de ciências. O antropólogo que estuda a forma corporal é confrontado pelo anatomista que passou séculos em pesquisas sobre a forma bruta e a estrutura minuciosa do corpo humano. O fisiologista e o psicólogo se dedicam, respectivamente, a indagações sobre o funcionamento do corpo e da mente. Existe, então, alguma justificativa para o antropólogo afirmar que ele pode aumentar o nosso acervo de conhecimentos?

Há uma diferença entre o trabalho do antropólogo e o do anatomista, o do fisiologista e o do psicólogo. Estes lidam principalmente com a forma e a função típicas do corpo humano e da mente. Pequenas diferenças, como as que aparecem em qualquer série de indivíduos, ou são desconsideradas ou consideradas como peculiaridades sem significado particular para o tipo, embora às vezes sugestivas de sua ascensão a partir de formas inferiores. O interesse se concentra sempre no indivíduo como um tipo e no significado de sua aparência e funções do ponto de vista morfológico, fisiológico ou psicológico.

Para o antropólogo, pelo contrário, o indivíduo parece importante apenas como membro de um grupo racial ou social. A distribuição e a gama de diferenças entre indivíduos, e as características determinadas pelo grupo ao qual cada indivíduo pertence, são os fenômenos a serem pesquisados. A distribuição das características anatômicas, das funções fisiológicas e das reações mentais é o objeto dos estudos antropológicos.

Pode-se dizer que a Antropologia não é uma ciência única, pois o antropólogo pressupõe um conhecimento da Anatomia individual, da Fisiologia e da Psicologia, e aplica esse conhecimento a grupos. Cada uma dessas ciências pode ser e é estudada de um ponto de vista antropológico.

O grupo, não o indivíduo, é sempre a principal preocupação do antropólogo. Podemos investigar um grupo racial ou social em relação à distribuição do tamanho do corpo, medido pelo peso e a estatura. O indivíduo é importante apenas como membro do grupo, pois estamos interessados nos fatores que determinam a distribuição de formas ou de funções no grupo. O fisiologista pode estudar o efeito do exercício extenuante sobre a função do coração. O antropólogo aceita esses dados e investiga um grupo no qual as condições gerais de vida tornam o exercício extenuante. Ele está interessado em seus efeitos sobre a distribuição de forma, função e comportamento entre os indivíduos que compõem o grupo ou sobre o grupo como um todo.

O indivíduo se desenvolve e atua como membro de um grupo social ou racial. Sua forma corporal é determinada por sua ancestralidade e pelas condições sob as quais vive. As funções do corpo, embora controladas pela constituição corporal, dependem de condições externas. Se as pessoas vivem por escolha ou necessidade em uma dieta exclusivamente carnívora, suas funções corporais serão diferentes daquelas de outros grupos da mesma constituição que vivem em uma dieta puramente vegetal; ou, inversamente, diferentes grupos raciais que são nutridos da mesma maneira podem mostrar certo paralelismo no comportamento fisiológico.

Muitos exemplos podem ser dados mostrando que pessoas essencialmente com a mesma ascendência se comportam de maneira diferente em diferentes tipos de ambiente social. As reações mentais dos indígenas dos planaltos ocidentais, um povo de cultura simples, diferem das dos antigos mexicanos, um povo da mesma raça, mas de organização mais complexa. Os camponeses europeus diferem dos habitantes das grandes cidades; os descendentes de imigrantes nascidos nos Estados Unidos diferem de seus ancestrais europeus; o *viking* nórdico, do fazendeiro norueguês nos Estados do noroeste; o republicano romano, de seus descendentes degenerados do período imperial; o camponês russo, antes da atual Revolução, do mesmo camponês depois da Revolução.

Os fenômenos da Anatomia, da Fisiologia e da Psicologia são passíveis de tratamento individual, não antropológico, pois parece teoricamente possível isolar o indivíduo e formular os problemas da variação de forma e função de modo que o fator social ou racial seja aparentemente excluído. Isso é completamente impossível em todos os fenômenos basicamente sociais, como a vida econômica, a organização social de um grupo, as ideias religiosas e a arte.

O psicólogo pode tentar pesquisar os processos mentais da criação artística. Embora os processos possam ser fundamentalmente os mesmos em toda parte, o próprio ato de criação implica que não estamos lidando apenas com o artista como criador, mas também com sua reação à cultura em que vive e a reação de seus semelhantes à obra que criou.

O economista que tenta desvendar os processos econômicos *deve* operar com o grupo social, não com indivíduos. O mesmo pode ser dito do estudioso da organização social. É possível tratar a organização social de um ponto de vista puramente formal, para demonstrar, através de uma análise cuidadosa, os conceitos fundamentais que lhe são subjacentes. Para o antropólogo, esse é o ponto de partida para uma consideração dos efeitos dinâmicos de tal organização como manifestados na vida do indivíduo e do grupo.

O estudioso de Linguística pode pesquisar a "norma" de expressão linguística em um determinado momento e os processos mecânicos que dão origem a mudanças fonéticas; a atitude psicológica expressa na linguagem; e as condições que provocam mudanças de significado. O antropólogo está mais profundamente interessado no aspecto social do fenômeno linguístico, na linguagem como meio de comunicação e na inter-relação entre língua e cultura.

Em resumo, ao discutir as reações do indivíduo a seus semelhantes, somos obrigados a concentrar nossa atenção na sociedade em que ele vive. Não podemos tratar o indivíduo como uma unidade isolada. Ele deve ser estudado em seu ambiente social, e a questão é relevante se são possíveis generalizações pelas quais uma relação funcional entre dados sociais generalizados e a forma e expressão da vida individual pode ser descoberta; em outras palavras, se existem leis geralmente válidas que governam a vida da sociedade.

Uma pesquisa científica desse tipo se preocupa apenas com as inter-relações entre os fenômenos observados, da mesma forma que a Física e a Química se interessam pelas formas de equilíbrio e movimento da matéria, tal como elas aparecem aos nossos sentidos. A questão da utilidade dos conhecimentos adquiridos é totalmente irrelevante. O interesse dos físicos e químicos é centrado no desenvolvimento de uma compreensão completa das complexidades do mundo exterior. Uma descoberta só tem valor do ponto de vista do lançamento de uma nova luz sobre os problemas gerais dessas ciências. A aplicabilidade da experiência aos problemas técnicos não diz respeito ao físico. O que pode ser de maior valor em nossa vida prática não precisa ser de seu interesse, e o que não tem valor em nossas ocupações diárias pode ser de valor fundamental para ele. A única valorização das descobertas que pode ser admitida pela Ciência Pura é seu significado na solução de problemas gerais abstratos.

Embora esse ponto de vista da ciência pura seja aplicável também aos fenômenos sociais, é facilmente reconhecido que eles dizem respeito a nós mesmos muito mais imediatamente, pois quase todos os problemas antropológicos afetam nossa vida mais íntima.

O curso do desenvolvimento de um grupo de crianças depende de sua ascendência racial, da condição econômica de seus pais e de seu bem-estar geral. O conhecimento da interação desses fatores pode nos dar o poder de controlar o crescimento e assegurar as melhores condições de vida possíveis para o grupo. Todas as estatísticas vitais e sociais estão tão intimamente relacionadas às políticas a serem adotadas ou descartadas que não é muito fácil ver que o interesse em nossos problemas, quando considerados de um ponto de vista puramente científico, não está relacionado com os valores práticos que atribuímos aos resultados.

O objetivo das páginas seguintes é discutir os problemas da vida moderna à luz dos resultados dos estudos antropológicos realizados de um ponto de vista puramente analítico.

Para isso, será necessário obter clareza em relação a dois conceitos fundamentais: raça e estabilidade da cultura. Isso será discutido em seus devidos lugares.

Os objetivos da pesquisa antropológica

A ciência da Antropologia desenvolveu-se a partir de várias origens distintas. No início, as pessoas se interessavam por países estrangeiros e pela vida de seus habitantes. Heródoto relatou aos gregos o que ele havia visto em muitas terras. César e Tácito escreveram sobre os costumes dos gauleses e dos alemães. Na Idade Média, Marco Polo, o veneziano, e Ibn Batuta, o árabe, falavam dos estranhos povos do Extremo Oriente e da África. Mais tarde, as viagens de Cook despertaram o interesse do mundo. Desses relatos surgiu gradualmente o desejo de encontrar um significado geral nos modos de vida multifacetados de povos estranhos. No século XVIII, Rousseau, Schiller e Herder tentaram formar, a partir dos relatos de viajantes, um esboço da história da humanidade. Foram feitas tentativas mais sólidas em meados do século XIX, quando foram escritas as obras completas de Klemm e de Waitz.

Os biólogos passaram a dirigir seus estudos no sentido de compreender as variedades das formas humanas. Lineu, Blumenbach e Camper são alguns dos nomes que se tornaram proeminentes como os primeiros pesquisadores dessas questões, as quais receberam um estímulo inteiramente novo quando as interpretações de Darwin sobre a instabilidade das espécies foram aceitas pelo mundo científico. O problema da origem do ser humano e de seu lugar no reino animal tornou-se o principal objeto de interesse. Darwin, Huxley e Haeckel são nomes que se destacam como representantes desse período. Mais recentemente ainda, o estudo intensivo da hereditariedade e da mutação tem dado um novo aspecto à pesquisa sobre a origem e o significado da raça.

O desenvolvimento da Psicologia fez surgir novos problemas, levantados pela diversidade de grupos sociais e raciais da humanidade. A questão das características mentais das raças, que num período anterior virou objeto de discussão com métodos inteiramente inadequados – em grande medida estimulados pelo desejo de justificar a escravidão – foi retomada com as técnicas mais requintadas da Psicologia experimental, e, atualmente, tem-se prestado particular atenção ao *status* mental do ser humano primitivo e da vida mental sob condições patológicas. Os métodos da Psicologia comparativa não se restringem apenas ao ser humano, e muita luz pode ser lançada sobre o comportamento humano a partir dos estudos acerca dos animais. A tentativa é feita para desenvolver uma Psicologia genética.

Finalmente, a Sociologia, a Economia, a Ciência Política, a História e a Filosofia descobriram que vale a pena estudar as condições observadas entre povos desconhecidos, de modo a lançar luz sobre nossos processos sociais modernos.

Com essa variedade desconcertante de abordagens, todas elas lidando com formas raciais e culturais, torna-se necessário formular claramente o que buscamos alcançar com o estudo da humanidade.

Talvez possamos definir melhor o nosso objetivo com uma tentativa de compreender os passos pelos quais o ser humano tornou-se aquilo que é biológica, psicológica e culturalmente. Dessa maneira, fica imediatamente claro que nosso material deve ser necessariamente histórico no sentido mais amplo do termo. Cumpre que ele inclua a história do desenvolvimento da forma corporal do ser humano, de suas funções fisiológicas, sua mente e sua cultura. Necessitamos de um conhecimento da sucessão cronológica de formas e de uma percepção das condições sob as quais as mudanças ocorrem. Sem tais dados, parece impossível progredir, e a questão fundamental que se coloca é como esses dados podem ser obtidos.

Desde a época de Lamarck e de Darwin, o biólogo tem enfrentado esse problema. O registro paleontológico completo do desenvolvimento das formas de plantas e animais não está disponível. Mesmo nos casos favoráveis, permanecem lacunas que não podem ser preenchidas, pela falta de formas intermediárias. Por essa razão, é preciso recorrer a provas indiretas. Estas se baseiam parcialmente em similaridades reveladas pela morfologia e interpretadas como prova de relação genética; e parcialmente em traços morfológicos observados na vida pré-natal, sugerindo relações entre formas que, quando adultas, parecem bastante distintas.

É necessário cautela no uso de similaridades morfológicas, pois há casos em que formas similares desenvolvem-se em grupos geneticamente não relacionados, como entre os marsupiais da Austrália, que mostram um notável paralelismo com formas de mamíferos mais evoluídos, ou nas formas de pelo branco do Ártico e de altas altitudes, que ocorrem independentemente em vários gêneros e espécies, ou nos pelos loiros e outras formas anormais de mamíferos domesticados, que se desenvolvem não obstante suas relações genéticas.

Uma vez que o registro paleontológico é incompleto, não temos outro meio de reconstruir a história dos animais e plantas, exceto por meio da morfologia e da embriologia.

Isso é igualmente válido para o ser humano, e por essa razão justifica-se a ávida busca por antigas formas humanas e pré-humanas. Descobertas como a dos restos do *Pithecanthropus*, em Java, do *Sinanthropus*, na China, da mandíbula de Heidelberg e dos tipos mais tardios do período glacial significam avanços em nosso conhecimento. Elas exigem esforço do pesquisador entusiasta para nos suprir com um material que deve ser interpretado por meio de cuidadoso estudo morfológico. O material atualmente disponível é tristemente fragmentário. Encoraja ver que ele é mais rico naqueles países em que o interesse pela Paleoantropologia se mostra mais intenso. Podemos, portanto, ter a esperança de que, com a intensificação do interesse em novas áreas, aumente consideravelmente o material sobre o qual se constrói a história evolutiva do ser humano.

É natural que, com o nosso conhecimento mais extenso da história evolutiva dos mamíferos mais evoluídos, destaquem-se certos pontos que irão direcionar os esforços do pesquisador. Desse modo, com base em nosso conhecimento sobre a distribuição das formas de macacos, ninguém procuraria os ancestrais da humanidade no Novo Mundo, embora a questão a respeito de quando ocorreu a primeira migração do ser humano para a América ainda seja um dos principais problemas nas pesquisas sobre a Paleontologia do período glacial na América.

Existe abundante quantidade de material esquelético remanescente de períodos mais atuais. Ainda assim, é difícil estabelecer em definitivo a relação de antigos restos esqueléticos com as raças modernas, porque muitos de seus traços mais característicos são encontrados nas partes moles do corpo, que não foram preservadas. Além disso, as transições de uma raça para outra são tão graduais que só se podem determinar com algum grau de certeza as formas extremas.

Devido à ausência de material elucidativo da história das raças modernas, não surpreende que os antropólogos tenham, por muitos anos, se empenhado em classificar as raças com base numa variedade de traços, e que com demasiada frequência os resultados dessas classificações tenham sido assumidos como expressões de relação genética, quando na verdade eles não têm mais do que um valor descritivo, a menos que seu significado genético possa ser estabelecido. Se as mesmas proporções métricas da cabeça são recorrentes em todas as raças, elas não podem ser um critério significativo para caracterizar tipos raciais fundamentais, embora possam ser indicações valiosas do desenvolvimento de linhagens locais dentro de um grupo racial. Se, por outro lado, uma forma particular de cabelo é um traço quase universal em extensos grupos do gênero humano, e se não ocorre em outros grupos, com toda probabilidade ela representará um antigo traço racial hereditário, tanto mais se ocorrer numa área geograficamente contínua. É tarefa do antropólogo procurar esses traços marcantes e lembrar que a medição exata de aspectos que não sejam exclusivamente características raciais não dará respostas para os problemas da evolução dos tipos fundamentais – podendo ser tomados apenas como uma indicação de modificações independentes e especiais de origem tardia dentro dos grandes grupos de raças.

Desse ponto de vista, a questão geral sobre a ocorrência de desenvolvimento paralelo em linhagens geneticamente não relacionadas assume particular importância. Possuímos evidências suficientes de que a morfologia está sujeita a influências ambientais que, em alguns casos, terão efeitos similares sobre formas não relacionadas. Mesmo os mais céticos admitirão isso no que se refere ao tamanho do corpo.

Mudanças que devem ocorrer ao ambiente e que ocorrem diante de nossos olhos, tais como alterações mínimas no tamanho e na proporção dos corpos, provavelmente não são hereditárias, mas meras expressões da reação do corpo a condições externas, sujeitas a novos ajustamentos mediante novas condições.

Entretanto, sem dúvida é hereditária uma série de mudanças provocadas por condições externas. Refiro-me àquelas que se desenvolvem com a domesticação. Não importa se elas derivam da sobrevivência de formas aberrantes, ou se são diretamente condicionadas pela domesticação, elas são encontradas de modos semelhantes em todos os animais domesticados, e como o ser humano possui todas essas características, está provado que é também uma forma domesticada. Eduard Hahan foi provavelmente o primeiro a assinalar que o ser humano vive como um animal domesticado; os aspectos morfológicos foram enfatizados por Eugen Fischer, por B. Klatt e por mim mesmo.

A solução do problema da origem das raças deve repousar não apenas sobre estudos classificatórios e relativos ao desenvolvimento de formas paralelas, mas também sobre considerações a respeito da distribuição das raças e das antigas migrações, e a consequente mistura ou isolamento.

Pela ocorrência de desenvolvimento independente de formas paralelas, é importante conhecer a extensão das formas locais variantes que se originaram em cada raça, e pode parecer hipótese plausível supor que raças que produzem variantes locais de tipos similares estejam estreitamente relacionadas. Assim, mongóis e europeus ocasionalmente produzem formas similares em regiões tão distanciadas que seria difícil interpretá-las como efeitos de mistura.

Os fundamentos biológicos das conclusões baseadas nesse tipo de evidência são, em grande medida, necessariamente especulativos. Uma prova científica deveria exigir um conhecimento dos primeiros movimentos da humanidade, uma familiaridade íntima com as condições sob as quais os tipos raciais podem gerar variantes, e o caráter e a extensão das variações que se desenvolvem como mutantes.

A solução desses problemas precisa ir além da descrição morfológica da raça como uma totalidade. Desde que estamos lidando em grande medida com formas determinadas por hereditariedade, parece indispensável fundamentar o estudo da raça sobre o das linhagens genéticas que a compõem e de suas variantes, e também em pesquisas sobre a influência do meio ambiente e da seleção sobre formas e funções corporais. A raça precisa ser estudada, não como uma totalidade, mas em suas linhas genotípicas, que se desenvolvem sob condições variáveis.

No estudo das formas raciais, estamos por demais inclinados a considerar a importância das raças de acordo com o número de seus representantes. Isso é obviamente um erro, pois o fenômeno importante é a ocorrência de tipos morfológicos estáveis, e não o número de indivíduos que os representam. A força numérica das raças tem variado enormemente ao longo da história, e seria totalmente errôneo atribuir uma importância indevida à raça branca ou aos asiáticos orientais, meramente por eles terem superado em número todos os outros tipos raciais. Do mesmo modo, nas classificações descritivas, atribui-se proeminência indevida aos tipos locais de uma grande raça sobre as subdivisões menos notáveis dos grupos menores. Como exemplo, podem-se mencionar as divisões de Huxley da raça branca, contrárias às divisões que faz de outras raças.

Estamos interessados não apenas nas formas corporais das raças, mas igualmente no funcionamento do corpo, tanto fisiológica quanto mentalmente. Os problemas apresentados por essa classe de fenômenos acarretam dificuldades particulares, pela possibilidade de ajuste da função às demandas externas; desse modo, é tarefa extremamente incerta distinguir entre o que é determinado pela constituição biológica do corpo daquilo que depende de condições externas. Observações realizadas entre grandes conjuntos de indivíduos em diferentes localidades podem ser igualmente bem explicadas, tanto pela suposição de características raciais hereditárias quanto pelas mudanças produzidas por influências ambientais. Uma simples descrição desses fenômenos nunca chegará a um resultado satisfatório. Diferentes tipos, áreas, extratos sociais e culturas exibem diferenças marcantes em função fisiológica e mental. A afirmativa dogmática de que o tipo racial sozinho é responsável por essas diferenças não passa de uma pseudociência. Um tratamento adequado requer a ponderação de vários fatores.

Os pesquisadores facilmente se deixam enganar pelo fato de que a dotação hereditária e biologicamente determinada de um indivíduo está intimamente associada ao funcionamento de seu corpo. Isso aparece com mais clareza nos casos de deficiência corporal ou de desenvolvimento corporal extraordinariamente favorável. Algo muito diferente é estender essa observação para populações inteiras ou grupos raciais, nos quais está representada uma grande variedade de indivíduos e de linhagens hereditárias, pois as diversas formas de constituição corporal encontráveis em cada grupo admitem uma grande variabilidade de funções. As características hereditárias manifestam-se nas linhagens genéticas, mas uma população – ou, para usar um termo técnico, um fenótipo – não é uma linhagem genética, e a grande variedade de genótipos no interior de uma raça impede a aplicação dos resultados obtidos numa única linhagem hereditária para a totalidade de uma população. Nesta, a diversidade das linhagens constitutivas está fadada a equiparar a distribuição de diversos tipos genéticos nas populações consideradas. Tenho falado com tanta frequência sobre esse assunto que vocês me permitirão passar para outras questões.

Embora evidências paleontológicas possam nos dar uma pista acerca da evolução das formas humanas, apenas a mais superficial evidência pode ser obtida para o desenvolvimento da função. Pouco pode ser inferido do tamanho e do formato da cavidade craniana e da mandíbula, como indicador da capacidade de fala articulada. Podemos obter algumas informações sobre o desenvolvimento da postura ereta, mas os processos fisiológicos que ocorreram nas gerações passadas não estão acessíveis para observação. Todas as conclusões a que podemos chegar estão baseadas em evidências muito indiretas.

Pode-se estudar a vida mental do ser humano experimentalmente apenas entre raças vivas. É possível, portanto, inferir alguns de seus aspectos por meio daquilo que fizeram as gerações passadas. Os dados históricos nos permitem estudar a cultura de tempos passados em algumas poucas localidades até alguns milhares de anos atrás, como na área do Mediterrâneo oriental, na Índia e na China. Uma quantidade limitada de informações sobre a vida mental do ser humano pode ser obtida com esses dados. É possível mesmo ir além e estender nossos estudos para os primeiros vestígios de atividades humanas. Objetos de naturezas diversas, feitos pelo ser humano e pertencentes a períodos tão antigos quanto o quaternário, têm sido encontrados em grandes quantidades, e o estudo deles revela ao menos certos aspectos do que o ser humano era capaz de fazer naquele tempo.

Os dados da arqueologia pré-histórica revelam, no decorrer do tempo, uma clara ramificação das atividades humanas. Enquanto nada sobrou dos períodos mais antigos, exceto alguns poucos objetos de pedra, observamos uma crescente diferenciação na forma dos utensílios empregados pelo ser humano. Durante o quaternário, descobriu-se o uso do fogo, foram realizados trabalhos artísticos altamente estéticos e registraram-se atividades humanas com a pintura. Pouco depois do início do período geológico atual surgiu a agricultura, e os produtos do trabalho humano assumiram novas formas, num ritmo rapidamente acelerado. Enquanto no início do quaternário não se observou qualquer mudança por milhares de anos, de tal modo que o observador pode imaginar que os produtos da atividade humana eram confeccionados segundo um instinto inato, como as células de uma colmeia, a velocidade das mudanças aumentou à medida que nos aproximamos do nosso período; já num período antigo reconhecemos que as artes do ser humano não podem ser determinadas instintivamente, e que elas são os resultados cumulativos da experiência.

Alega-se com frequência que o próprio caráter primitivo dos trabalhos feitos pelo ser humano em tempos antigos é uma prova de inferioridade mental orgânica. Esse argumento certamente é indefensável, pois em tempos modernos encontram-se tribos isoladas vivendo de uma maneira que pode ser equiparada às condições antigas. Uma comparação da vida psíquica desses grupos não justifica a crença de que seu atraso industrial se deva a uma diferença nos tipos de organismo, pois há vários exemplos de raças estreitamente relacionadas nos mais diversos níveis de estado da cultura. Talvez isso seja mais claro na raça mongol, na qual, ao lado dos civilizados chineses, se encontram as mais primitivas tribos da Sibéria, ou no grupo americano, nos qual os altamente desenvolvidos maias de Yucatán e astecas do México podem ser comparados com as tribos primitivas de nossos platôs ocidentais. Evidentemente, os dados históricos e pré-históricos nos dão pouca ou nenhuma informação sobre o desenvolvimento biológico da mente humana.

Quão pouco os determinantes biológicos e orgânicos da cultura podem ser inferidos a partir do estado da cultura aparece claramente se tentarmos perceber o quanto teria sido diferente o julgamento da habilidade racial em vários períodos da história. Quando o Egito floresceu, a Europa setentrional estava em condições primitivas comparáveis àquelas dos indígenas americanos ou à dos negros africanos. Contudo, a Europa setentrional de hoje distanciou-se muito daqueles povos que, num período anterior, foram os líderes da humanidade. Uma tentativa de encontrar razões biológicas para essas mudanças exigiria incontáveis hipóteses improváveis com relação a mudanças na constituição biológica desses povos, hipóteses que poderiam ser inventadas apenas com o propósito de sustentar uma suposição não comprovada.

Um modo mais seguro de abordar o problema em questão parece residir na aplicação da Psicologia Experimental, que poderia nos habilitar a determinar as características psicofísicas e também algumas das características mentais das várias raças. Como no caso da pesquisa biológica, seria igualmente necessário, nesse estudo, examinar linhagens genotípicas, em vez de populações, pois muitas linhagens estão contidas no conjunto.

Uma séria dificuldade é apresentada pela dependência dos resultados de todos os testes psicofísicos ou mentais em relação às experiências do indivíduo sujeito dos testes. Suas experiências são amplamente determinadas pela cultura na qual ele vive. Sou da opinião de que não se pode vislumbrar nenhum método pelo qual esse elemento absolutamente importante fosse eliminado, e que sempre obtemos um resultado que é uma impressão mista de influências culturalmente determinadas e de constituição corporal. Por essa razão, concordo plenamente com aqueles psicólogos críticos que reconhecem que, para a maioria dos fenômenos mentais, conhecemos apenas a Psicologia europeia e nenhuma outra.

Nos poucos casos em que se tem pesquisado a influência da cultura sobre as reações mentais de populações, pode-se observar que a cultura é um determinante muito mais importante do que a constituição física. Repito que se pode encontrar nos indivíduos uma relação um tanto estreita entre reação mental e constituição física, mas que ela estará completamente ausente no caso das populações. Nessas circunstâncias, precisamos basear a pesquisa da vida mental do ser humano em um estudo da história das formas culturais e das inter-relações entre vida mental individual e cultura.

Esse é o tema da Antropologia Cultural. Podemos dizer com segurança que os resultados do extenso material reunido durante os últimos 50 anos não justificam a suposição de qualquer relação estreita entre tipos biológicos e forma cultural.

Do mesmo modo que no domínio da Biologia, na pesquisa das culturas nossas inferências precisam estar baseadas em dados históricos. A menos que saibamos como a cultura de cada grupo humano se tornou aquilo que é, não podemos esperar chegar à conclusão a respeito das condições que controlam a história geral da cultura.

O material necessário para a reconstrução da história biológica da humanidade é insuficiente, pela escassez de restos mortais e pelo desaparecimento de todas as partes moles e perecíveis do corpo humano. O material para a reconstrução da cultura é ainda muito mais fragmentário, porque os maiores e mais importantes aspectos da cultura não deixam traços no solo: linguagem, organização social, religião – em suma, tudo aquilo que não é material desaparece com a vida de cada geração. Dispomos de informação histórica apenas para as fases mais recentes da vida cultural, e mesmo assim ela é restrita àqueles povos que dominaram a arte da escrita e cujos registros podem ser lidos. Até essa informação é insuficiente, porque vários aspectos da cultura não encontram expressão literária. Seria necessário, portanto, desistir e considerar o problema insolúvel?

Na Biologia, suplementamos os registros paleontológicos fragmentários com dados obtidos da anatomia e da embriologia comparadas. Talvez um procedimento análogo possa nos habilitar a desembaraçar alguns dos fios da história cultural.

Há uma diferença fundamental entre os dados biológicos e culturais que torna impossível transferir os métodos de uma ciência para outra. As formas animais desenvolvem-se em direções divergentes, e uma mistura de espécies que uma vez se tornaram distintas é desprezível no conjunto da história de seu desenvolvimento. O mesmo não acontece no domínio da cultura. Pensamentos, instituições e atividades humanas podem se espalhar de uma unidade social para outra. Assim que dois grupos entram em contato estreito, seus traços culturais disseminam-se de um para outro.

Sem dúvida, há condições dinâmicas que moldam as formas similares certos aspectos da morfologia das unidades sociais. Apesar disso, pode-se esperar que eles sejam suplantados por elementos extrínsecos que não possuem relação orgânica com as dinâmicas internas da mudança.

Isso torna a reconstrução da história cultural mais fácil do que a da história biológica; mas, ao mesmo tempo, coloca os mais sérios obstáculos no caminho da descoberta das condições dinâmicas internas da mudança. Antes que se possa tentar fazer a comparação morfológica, é preciso eliminar os elementos extrínsecos que se devem à difusão cultural.

Quando certos traços são difundidos sobre uma área limitada e não podem ser encontrados fora dela, parece seguro supor que sua distribuição é fruto de difusão. Em alguns casos raros, pode-se até mesmo determinar a direção dessa difusão. Se o milho indígena é derivado de uma forma selvagem mexicana e é cultivado na maior parte das duas Américas, devemos concluir que seu cultivo se difundiu a partir do México para o norte e para o sul; se os ancestrais do gado africano não são encontrados na África, isso significa que esse tipo de gado foi introduzido naquele continente. Na maioria dos casos é impossível determinar com certeza a direção da difusão.

Seria um erro supor que um traço cultural tenha seu lar original naquela área em que se encontra mais fortemente desenvolvido. O cristianismo não nasceu na Europa ou na América. A manufatura do ferro não se originou na América ou na Europa setentrional. O mesmo aconteceu em épocas antigas. Podemos ter certeza de que o uso do leite não se originou na África, assim como o cultivo do trigo não se desenvolveu na Europa.

Por essas razões, é quase impossível basear uma cronologia do desenvolvimento de culturas específicas sobre os fenômenos de difusão observados. Em alguns poucos casos, parece justificável inferir a grande antiguidade de certa realização cultural a partir de sua difusão em escala mundial. Isso é verdade quando se pode provar, por meio de evidência arqueológica, sua ocorrência antiga. Desse modo, o fogo foi usado pelo ser humano no início do quaternário. Naquela época, o ser humano já se encontrava espalhado por todo o mundo, e podemos inferir que levou consigo o uso do fogo quando migrou para novas regiões, ou que ele se espalhou rapidamente de tribo para tribo, e logo se tornou patrimônio de toda a humanidade. Esse método não pode ser generalizado, pois sabemos de outras invenções ou ideias que se espalharam com incrível rapidez sobre vastas áreas. Um exemplo é a disseminação do tabaco pela África, tão logo ele foi introduzido no litoral.

Em áreas menores, as tentativas de reconstrução cronológica são muito mais incertas. Os elementos podem se irradiar e se fixar em tribos vizinhas a partir de um centro cultural em que formas complexas tenham se desenvolvido, ou as formas mais complexas podem se desenvolver sobre uma base mais antiga e menos diferenciada. Raramente é possível decidir qual dessas alternativas fornece a interpretação correta.

A despeito de todas essas dificuldades, o estudo da distribuição geográfica de fenômenos culturais oferece um meio de determinar sua difusão. O mais destacado resultado desses estudos tem sido a prova da complexa inter-relação dos povos de todas as partes do mundo. A África, a Europa e a maior parte da Ásia aparecem para nós como uma unidade cultural em que cada área singular não pode ser inteiramente separada do resto. A América aparece como outra unidade, mas mesmo o Velho e o Novo Mundo não são inteiramente independentes um do outro, pois foram descobertas linhas que conectam o nordeste da Ásia com a América do Norte.

Do mesmo modo que nas investigações biológicas, os problemas de desenvolvimento paralelo independente de formas homólogas obscurecem as relações genéticas, o mesmo ocorre na pesquisa da cultura. Se é possível que formas anatômicas homólogas se desenvolvam independentemente em linhagens geneticamente distintas, é ainda muito mais provável que formas culturais análogas se desenvolvam de modo independente. Pode-se admitir que é extremamente difícil dar provas absolutas e inquestionáveis da origem independente de dados culturais análogos. Apesar disso, a distribuição de costumes isolados em regiões bem distantes dificilmente legitima o argumento de que eles foram transmitidos de tribo para tribo e se perderam nos territórios intermediários. Sabe-se muito bem que em nossa civilização ideias científicas correntes dão origem a invenções independentes e sincrônicas. De um modo análogo, a vida social primitiva contém elementos que levam a formas algo similares em várias partes do mundo. Assim, a dependência da criança em relação à mãe torna inevitável uma diferenciação, ao menos temporária, na maneira de viver dos sexos e faz com que as mulheres tenham menos mobilidade que os homens. A longa dependência das crianças em relação aos mais velhos também imprime uma marca inevitável na forma da sociedade. Apenas aquilo que esses efeitos geram depende de circunstâncias. Suas causas fundamentais serão as mesmas em todos os casos.

O número de indivíduos numa unidade social e a necessidade (ou não) de uma ação comunal para obter o suprimento de alimentos necessários constituem condições dinâmicas ativas em toda parte; elas são germes a partir dos quais pode brotar o comportamento cultural análogo.

Além desses, há casos particulares de invenções ou ideias em territórios tão afastados que não se pode provar que tenham sido historicamente conectados. O garfo foi usado em Fiji e inventado numa data comparativamente recente na Europa; o arpão de pesca lançado com uma correia enrolada em espiral foi usado nas Ilhas

Almirantado e na Roma antiga. Em alguns casos, a distância temporal torna totalmente impensável a hipótese de uma transferência. Esse é o caso, por exemplo, da domesticação dos mamíferos no Peru, do zero em Yucatán e da invenção do bronze nesses dois lugares.

Alguns antropólogos presumem que, se vários fenômenos culturais são similares em regiões bem distantes, isso necessariamente se deve à presença de um substrato extraordinariamente antigo que foi preservado, apesar de todas as mudanças culturais ocorridas. Essa opinião não é admissível sem prova de que o fenômeno em questão permanece estável, não apenas por milhares de anos, mas que seja tão antigo que tenha sido transportado por hordas migratórias da Ásia para o extremo sul da América. A despeito da grande tenacidade dos traços culturais, não há prova de que tal conservação extrema jamais tenha ocorrido.

A aparente estabilidade dos tipos de cultura primitivos deve-se à nossa falta de perspectivas históricas. Eles mudam muito mais lentamente que nossa moderna civilização, mas onde quer que a evidência arqueológica esteja disponível, encontram-se mudanças no tempo e no espaço. Uma pesquisa cuidadosa mostra que aqueles aspectos que se presumiam ser quase absolutamente estáveis estão sempre passando por mudanças. Alguns detalhes podem permanecer por um longo tempo, mas não se pode supor que o complexo cultural geral manteve suas características por um período de tempo muito longo. Observamos povos que eram agrícolas tornarem-se caçadores, e outros mudarem seu modo de vida na direção oposta. Povos que tinham organização totêmica desistiram dela, enquanto outros a assumem de seus vizinhos.

Não é um método seguro assumir que todos os fenômenos culturais análogos precisem estar historicamente relacionados. Em cada caso é necessário exigir prova de relação histórica, que deve ser tanto mais rígida quanto menos evidência houver de um contato real, seja ele recente ou antigo.

Na busca de reconstruir a história das raças modernas, tentamos descobrir as formas mais antigas que precederam as atuais. Exige-se uma tentativa análoga na história cultural. Ela tem sido bem-sucedida numa extensão limitada. A história das invenções e a história da Ciência nos mostram, ao longo do tempo, acréscimos constantes ao acervo de invenções e um aumento gradual do conhecimento empírico. Com base nisso, poderíamos ser levados a procurar uma única linha de desenvolvimento da cultura – segundo o pensamento que mereceu destaque no trabalho antropológico do final do século passado.

O conhecimento mais completo de que hoje dispomos torna essa visão insustentável. As culturas diferem do mesmo modo que as várias espécies, talvez os vários gêneros de animais, e sua base comum está perdida para sempre. Se desconsiderarmos invenção e conhecimento, os dois elementos já mencionados, parece impossível colocar as culturas em qualquer tipo de série contínua. Encontramos organizações sociais às vezes simples, às vezes complexas, associadas a invenções e conhecimentos rudimentares. O comportamento moral não parece se enquadrar em ordem alguma, a não ser quando passa a ser controlado pela crescente compreensão das necessidades sociais.

É evidente que há uma incompatibilidade entre certas condições sociais. Um povo caçador, em que cada família deve dispor de um extenso território para ter o suprimento necessário de comida, não pode formar grandes comunidades, embora possa contar com regras complexas quanto ao casamento. Um modo de vida que demanda constantes deslocamentos a pé é incompatível com o desenvolvimento em larga escala da propriedade pessoal. A necessidade de suprimento sazonal de comida exige um modo de vida diferente de um outro, em que esse suprimento de comida tenha de ser regular e ininterrupto.

A interdependência dos fenômenos culturais deve ser um dos temas da pesquisa antropológica, cujo material pode ser obtido por meio do estudo das sociedades existentes.

Aqui, somos levados a considerar cultura como uma totalidade, em todas as suas manifestações, enquanto no estudo da difusão e do desenvolvimento paralelo, a natureza e a distribuição de traços isolados são mais comumente os objetos da pesquisa. Invenções, vida econômica, estrutura social, arte, religião e moral, todas estão inter-relacionadas. Indagamos em que medida elas são determinadas pelo ambiente, por características biológicas da população, por condições psicológicas, por eventos históricos ou por leis gerais de inter-relação.

É óbvio que estamos lidando aqui com um problema diferente, que pode ser mais claramente percebido no nosso uso da linguagem. Mesmo o conhecimento mais completo da história da linguagem não nos ajuda a compreender como a usamos e que influência ela tem sobre nosso pensamento. Ocorre o mesmo com outras fases da vida. As reações dinâmicas ao ambiente cultural não são determinadas por sua história, embora resultem de desenvolvimento histórico. Os dados históricos fornecem certas pistas que não podem ser encontradas na experiência de uma única geração. Mesmo assim, o problema psicológico deve ser estudado em sociedades vivas.

Seria um erro alegar, como alguns antropólogos o fazem, que, por essa razão, o estudo histórico é irrelevante. Os dois lados de nosso problema demandam atenção igual, pois desejamos conhecer não apenas a dinâmica das sociedades existentes, mas também como elas se tornaram aquilo que são. Um conhecimento de processos vivos é tão necessário para uma compreensão inteligente de processos históricos quanto para a compreensão da evolução das formas de vida.

A dinâmica das sociedades existentes é um dos campos mais calorosamente controversos da teoria antropológica. Ela pode ser observada a partir de dois pontos de vista, o das inter-relações entre diversos aspectos de forma cultural e entre cultura e ambiente natural; e o da inter-relação entre indivíduo e sociedade.

Os biólogos são propensos a insistir numa relação entre constituição corporal e cultura. Vimos que a evidência dessa inter-relação nunca foi estabelecida por meio de provas que resistam a uma análise séria. Talvez não seja fora de propósito insistir aqui novamente na diferença entre raças e indivíduos. A constituição hereditária de um indivíduo tem certa influência sobre seu comportamento mental, e os casos patológicos são a prova mais clara disso. Por outro lado, toda raça possui muitos indivíduos de constituições hereditárias diversas, e, portanto, as diferenças médias entre raças, descontados os elementos determinados pela história, não podem ser prontamente verificadas, embora pareçam insignificantes. É muito duvidoso que tais diferenças, livres desses elementos históricos, possam vir a ser estabelecidas.

Os geógrafos tentam derivar todas as formas de cultura humana do ambiente geográfico no qual a pessoa vive. Por mais importante que possa ser esse aspecto, não temos evidência de uma força criativa do ambiente. Tudo o que sabemos é que qualquer cultura é fortemente influenciada por seu meio ambiente, e que alguns elementos de cultura não podem se desenvolver num cenário geográfico desfavorável, assim como outros podem ser por ele favorecidos. Basta observar as diferenças fundamentais de cultura que se desenvolvem, uma após outra, no mesmo ambiente, para nos fazer compreender as limitações das influências ambientais. Os aborígenes australianos vivem no mesmo ambiente que os invasores brancos. A natureza e a localização da Austrália permanecem as mesmas ao longo da história humana, mas exerceram sua ação sobre diferentes culturas. O ambiente pode afetar apenas uma cultura existente, e vale a pena estudar essa influência em detalhe. Isso tem sido claramente reconhecido pelos geógrafos criteriosos, tais como Hettner.

Os economistas acreditam que as condições econômicas controlam as formas culturais. O determinismo econômico é apresentado como oposto ao geográfico. Sem dúvida, a inter-relação entre economia e outros aspectos da cultura é muito mais imediata do que aquela entre o ambiente geográfico e a cultura. Mesmo assim, não é possível explicar cada aspecto da vida cultural como determinado pelo *status* econômico. Não vemos como estilos artísticos, formas de rituais ou formas especiais de crenças religiosas poderiam derivar de forças econômicas. Pelo contrário, observamos que a economia e o restante da cultura interagem, ora como causa e efeito, ora como efeito e causa.

Toda tentativa de deduzir as formas culturais de uma única causa está fadada a fracassar, pois as diversas expressões da cultura estão intimamente inter-relacionadas, e uma não pode ser alterada sem afetar todas as outras. A cultura é integrada. É verdade que o grau de integração nem sempre é o mesmo. Há culturas que poderíamos descrever por um único termo, a das modernas democracias, como individualistas-mecânicas; ou a de uma ilha da Melanésia, como de individualização por desconfiança mútua; ou a dos indígenas de nossas planícies, como de sobrevalorização da guerra intertribal. Esses termos podem ser enganosos, por enfatizarem alguns aspectos; mesmo assim, eles indicam certas atitudes dominantes.

Não muitas vezes a integração é tão completa que se eliminam todos os elementos contraditórios. Geralmente, encontramos na mesma cultura rupturas significativas nas atitudes de diferentes indivíduos; no caso de situações variáveis, isso ocorre até no comportamento de um mesmo indivíduo.

A ausência de correlações necessárias entre os vários aspectos da cultura pode ser ilustrada pelo significado cultural do estudo verdadeiramente científico dos corpos celestes realizado por babilônios, maias e europeus durante a Idade Média. Para nós, a correlação necessária das observações astronômicas é com os fenômenos físicos e químicos; para eles, o ponto essencial era o significado astrológico, isto é, sua relação com o destino do ser humano, numa atitude baseada na cultura geral historicamente condicionada de seu tempo.

Esses breves comentários podem ser suficientes para indicar a complexidade dos fenômenos que estamos estudando. Parece justificável indagar se é possível almejar atingir quaisquer conclusões generalizáveis que reduzem os dados antropológicos a uma fórmula que possa ser aplicada a cada caso, explicando seu passado e prevendo seu futuro.

Acredito que seria vão alimentar essas esperanças. Os fenômenos de nossa ciência são tão individualizados, tão expostos a acidentes externos, que nenhum conjunto de leis pode explicá-los. O mesmo ocorre com qualquer outra ciência que lide com o mundo real ao nosso redor. Podemos atingir uma compreensão da determinação de cada caso individual por forças internas e externas, mas não podemos explicar sua individualidade sob a forma de leis. O astrônomo reduz o movimento das estrelas a leis, mas, a menos que haja um inquestionável arranjo original no espaço, ele não pode explicar a razão de sua localização atual. O biólogo pode conhecer todas as leis da ontogênese, mas não pode explicar, por seu intermédio, as formas acidentais que elas adquiriram numa espécie em particular, muito menos aquelas encontráveis num indivíduo.

Leis físicas e biológicas diferem em natureza graças à complexidade dos objetos de seus estudos. As leis biológicas podem referir-se apenas às formas biológicas, assim como as leis geológicas podem se relacionar somente às formas geológicas. Quanto mais complexo o fenômeno, mais especiais serão as leis por eles expressas.

Os fenômenos culturais são de tal complexidade que me parece duvidoso que se possa encontrar qualquer lei cultural válida. As condições causais das ocorrências culturais repousam sempre na interação entre indivíduo e sociedade, e nenhum estudo classificatório das sociedades irá solucionar esse problema. A classificação morfológica das sociedades pode nos chamar a atenção para vários problemas, mas não os resolverá. Cada caso será redutível à mesma fonte: a interação entre indivíduo e sociedade.

É verdade que podemos encontrar algumas inter-relações válidas entre aspectos gerais da vida cultural, tais como entre densidade e tamanho da população constitutiva de uma comunidade e ocupações industriais; ou entre solidariedade e isolamento de uma pequena população e seu conservadorismo. Elas são interessantes como descrições estáticas de fatos culturais. Também se podem reconhecer processos dinâmicos, tais como a tendência dos costumes a mudar de significado de acordo com as mudanças culturais. Mas seu destino só pode ser compreendido por uma análise penetrante dos elementos humanos presentes em cada caso.

Em suma, a matéria-prima da Antropologia é tal que ela precisa ser uma ciência histórica, uma das ciências cujo interesse está centrado na tentativa de compreender os fenômenos individuais, mais do que no estabelecimento de leis gerais. Estas, graças à complexidade da matéria-prima, serão necessariamente vagas e, podemos quase afirmar, tão autoevidentes que seriam de pouca ajuda para uma real compreensão.

Com muita frequência tenta-se formular um problema genético como se ele fosse definido por um termo tomado de nossa própria civilização, quer esteja baseado numa analogia com formas que nos são conhecidas, quer contraste com aqueles com os quais estamos familiarizados. Desse modo, conceitos como guerra, a ideia de imortalidade e regras matrimoniais têm sido considerados como unidades, sendo que de suas formas e distribuição derivam-se conclusões gerais. Caberia reconhecer que a subordinação de todas essas formas a categorias que nos são familiares, graças à nossa própria experiência cultural, não prova a unidade histórica ou sociológica do fenômeno. As ideias de imortalidade diferem tão fundamentalmente em conteúdo e significado que dificilmente podem ser tratadas como uma unidade. Também não podemos tirar conclusões válidas baseadas em sua ocorrência, a não ser a partir de uma análise detalhada.

Em lugar disso, uma pesquisa criteriosa mostra que formas de pensamento e ação que nos inclinamos a considerar pautadas na natureza humana não são válidas em geral, e sim características de nossa cultura específica. Se não fosse assim, não poderíamos entender por que certos aspectos da vida mental peculiares ao Velho Mundo deveriam estar inteira ou quase inteiramente ausentes na América aborígene. Um exemplo é o contraste entre a ideia fundamental de procedimento judicial na África e na América; a ênfase no juramento e no ordálio no Velho Mundo e sua ausência no Novo Mundo.

Os problemas da relação do indivíduo com a sua cultura e com a sociedade na qual vive têm recebido muito pouca atenção. Os dados antropológicos padronizados que nos informam sobre o comportamento costumeiro não nos fornecem pistas sobre a reação do indivíduo à sua cultura, nem sobre o entendimento de sua influência sobre ela. No entanto, aí estão localizadas as fontes para uma verdadeira compreensão do comportamento humano. Parece esforço vão procurar leis sociológicas que desconsiderem o que poderíamos chamar de psicologia social, isto é, a reação do indivíduo à cultura. Elas não seriam mais do que fórmulas vazias, que podem ser animadas apenas se levarmos em consideração o comportamento individual em cenários culturais.

A sociedade abrange muitos indivíduos variáveis em termos de características mentais, parcialmente por sua constituição biológica, parcialmente pelas condições sociais específicas sob as quais eles cresceram. A despeito disso, muitos deles reagem de modos similares, e há inúmeros casos nos quais podemos encontrar uma clara marca da cultura sobre o comportamento da grande massa de indivíduos, expressa pela mesma mentalidade. Desvios em relação a esse tipo resultam em comportamento social anormal, e embora lancem luz a respeito da jaula de ferro da cultura sobre o indivíduo médio, constituem mais um tema para o estudo da psicologia individual do que da psicologia social.

Se, desse modo, compreendermos o significado de culturas estrangeiras, também poderemos ver quantas de nossas linhas de comportamento, que acreditamos serem fundadas profundamente na natureza humana, são na verdade expressões de nossa cultura e estão sujeitas a modificações produzidas por mudança cultural. Nem todos os nossos padrões são categoricamente determinados por nossa qualidade como seres humanos, mas podem modificar com a mudança das circunstâncias. É nossa tarefa descobrir, entre todas as variedades de comportamento humano, aquelas que são comuns a toda a humanidade. Através de um estudo da universalidade e da variedade de culturas, a Antropologia pode nos ajudar a moldar o futuro rumo da humanidade.

Primeiras manifestações culturais

Pode-se definir a cultura como a totalidade das reações e atividades mentais e físicas que caracterizam a conduta dos indivíduos que compõem um grupo social, coletiva e individualmente, na relação com seu ambiente natural, com outros grupos, com membros do mesmo grupo e entre cada indivíduo consigo mesmo. Também inclui os produtos dessas atividades e sua função na vida dos grupos. A simples enumeração desses vários aspectos da vida não constitui, no entanto, a cultura. Ela é algo mais que tudo isso, pois seus elementos não são independentes, eles têm uma estrutura.

As atividades aqui enumeradas não são, de modo algum, propriedade exclusiva do ser humano, porque a vida dos animais também está regulada por suas relações com a natureza, com outros animais e pelas relações recíprocas entre os indivíduos que compõem da mesma espécie ou grupo social.

Tem sido costume descrever a cultura como cultura material, relações sociais, arte e religião. As atitudes éticas e as atividades racionais têm sido tratadas em geral muito superficialmente e raras vezes se incluiu a língua na descrição da cultura. Sob o primeiro desses tópicos se descrevem a coleta, a conservação e a preparação dos alimentos, a habitação e o vestuário, os processos e os produtos de manufatura e os meios de locomoção. O conhecimento racional é quase sempre incluído como parte dessa matéria. Sob o título relações sociais se discutem as condições econômicas gerais, os direitos de propriedade, as relações com as tribos estranhas na guerra e na paz, a posição do indivíduo na tribo, a organização da tribo, formas de comunicação, relações individuais de ordem sexual e outras. A arte decorativa, pictórica e plástica, o canto, a narrativa e a dança são da esfera da arte; as atitudes e atividades que giram em torno de tudo o que se considera sagrado ou fora da esfera dos atos humanos ordinários constituem a esfera da religião. Também se inclui aqui, geralmente, o comportamento habitual a respeito do que se considera bom, mau, próprio ou impróprio e outros conceitos éticos fundamentais.

Muitos fenômenos de cultura material e de relações sociais são comuns ao ser humano e aos animais (Alverdes, 1925). Cada espécie animal tem seu próprio método de procurar alimento. A maneira de caçar do lobo é diferente da do leão; o alimento do esquilo e a forma de procurá-lo diferem dos da marmota. Certos animais, como a formiga-leão e a aranha, constroem armadilhas para caçar sua presa. Há ainda os que investem contra outros animais e se apropriam do alimento recolhido por eles. As gaivotas de Jaeger roubam o peixe capturado por outras gaivotas ou pássaros pescadores. Os urubus vivem dos restos abandonados por animais predadores. Muitos roedores costumam armazenar provisões para o inverno; insetos como as abelhas chegam até a preparar alimento para a geração seguinte.

As reações ao clima são completamente diferentes em diversos grupos. O urso passa a estação invernal hibernando, alguns pássaros emigram para climas mais temperados, outros suportam os rigores do frio.

Muitas espécies de animais constroem ninhos ou refúgios para proteger-se a si mesmos e as suas crias. Os antílopes preparam esconderijos e os macacos vivem em abrigos temporários. Nem sequer a conquista fundamental do ser humano – a invenção de objetos construídos artificialmente para servir a seus propósitos – está inteiramente ausente do mundo animal. Os ninhos de certos pássaros são feitos com mais arte do que as moradias de alguns seres humanos primitivos. São entrelaçados e rebocados com grande habilidade. Os insetos e as aranhas fabricam complicadas estruturas para nelas habitar. Uma espécie de formiga até prepara solo apropriado em seus formigueiros para cultivar fungos e mantém os ninhos escrupulosamente limpos. Segundo os experimentos de Köhler (1917), os macacos usam ferramentas. Às vezes quebram um pau de comprimento adequado para alcançar um objeto desejado que se encontra demasiado longe para ser alcançado com a mão. Também presenciou chimpanzés unindo paus ocos a fim de obter uma ferramenta suficientemente comprida. Contudo, estes são provavelmente os únicos casos em que animais preparam ferramentas não instintivamente, mas para servir a um propósito específico.

No mundo animal encontramos também hábitos sociais análogos aos do ser humano. O rebanho ou manada de animais gregários forma uma unidade compacta hostil aos estranhos, mesmo que sejam da mesma espécie. Uma matilha de cachorros não admite um cachorro forasteiro em seu meio; se o aceita, será somente depois de longas e contínuas brigas. Os pinguins da mesma colônia não permitem que outros desconhecidos se aproximem do local de suas ninhadas. As formigas de um formigueiro que inclui espécies estranhas que vivem em simbiose mantêm-se unidas, mas atacam todas as forasteiras que tentam transpor os limites de seu território.

Nas sociedades de macacos e de aves domésticas há uma ordem bem definida de categoria, onde as "personalidades" mais fortes são reconhecidas como superiores pelas mais fracas. Entre os insetos a atribuição de obrigações sociais está vinculada à forma corporal e cada classe tem sua característica anatômica própria. As diferentes classes de operárias das saúvas são anatomicamente diferentes. Entre os animais superiores, os deveres sociais cabem ao chefe do bando, macho ou fêmea, às sentinelas ou vigias. Alguns animais vivem em monogamia mais ou menos permanente, como certos pássaros, outros vivem em manadas em que o chefe masculino tem seu harém, ainda outros vivem em uniões temporárias de curta duração. Em alguns casos, tanto o macho quanto a fêmea cuidam dos filhotes, em outros só o macho ou só a fêmea tem que velar por eles.

O sentimento de propriedade manifesta-se particularmente no período da reprodução. O peixe espinhela, também conhecido como esgana-gata, afugenta outros peixes e moluscos para longe do lugar em que fez seu ninho; muitos pássaros não permitem a nenhum outro indivíduo da mesma espécie visitar o território em que habitam.

Os patos defendem sua lagoa particular contra os intrusos. Outros animais "possuem" territórios permanentes durante todo o ano; os macacos permanecem em uma área definida onde outros não são admitidos. A mesma coisa fazem as águias e os falcões. Os animais que armazenam provisões, como algumas espécies de pica-paus, esquilos e marmotas, são donos de seus depósitos de víveres e os defendem.

Os animais que vivem num grupo social também têm suas amizades e inimizades, seus chefes enérgicos e fracos e suas relações sociais são da mesma categoria geral como as que se encontram na sociedade humana.

A distribuição de hábitos entre os animais demonstra que estes devem ser, comparativamente falando, aquisições recentes, pois se conhecem muitos exemplos de espécies estreitamente relacionadas cujos modos de vida diferem em aspectos importantes. Encontramos vespas solitárias e outras que vivem em colônias primorosamente organizadas. Espécies aparentadas de formigas apresentam hábitos fundamentalmente diferentes. Alguns pássaros são gregários e se aninham em colônias, enquanto outras espécies estreitamente aparentadas são solitárias. As migrações de pássaros ao longo de rotas definidas só podem ser entendidas como resultado de um longo processo histórico e não é possível absolutamente explicá-las com base em sua estrutura anatômica.

As mudanças de hábito parecem depender do modo de vida de incontáveis gerações. Não é necessário analisar aqui a questão de como tais hábitos podem ter chegado a se fixar pela hereditariedade. Os fatos indicam que os hábitos podem modificar a estrutura – como no caso das abelhas, que desenvolvem uma rainha pelo adequado tratamento de um ovo ou de uma larva, ou no daquelas formigas que têm formas corporais diferentes para as que executam funções sociais diferentes. A distribuição desses fenômenos entre formas aparentadas sugere uma instabilidade de hábitos muito maior que a da forma corporal. Também pode ser um indício de que mudanças relativamente pequenas na estrutura podem modificar o modo de vida. Não há, no entanto, indicação alguma de que certos tipos de estrutura determinem hábitos definidos. Sua distribuição parece completamente errática.

Não designamos as atividades dos animais como cultura, sejam elas intencionais ou organicamente determinadas ou aprendidas. Antes, falamos de "modo de vida" ou "hábitos" dos animais. Poderia haver certa justificação em empregar o termo *cultura* para atividades que se adquirem por tradição, mas seria estender em demasia o significado do termo se o aplicarmos ao canto do pássaro ou a qualquer outra atividade animal adquirida. Se, como afirma Köhler (1921), os chimpanzés gostam de enfeitar-se e chegam até a executar intencionalmente certos movimentos rítmicos, uma espécie de "dança", o termo pode parecer mais aplicável. É difícil traçar uma linha bem nítida entre "modo de vida" e "cultura".

Se quiséssemos definir a cultura observando somente o comportamento, encontraríamos pouca coisa nos elementos fundamentais da conduta humana que não tenha certo paralelismo no mundo animal.

É característica do ser humano a grande variabilidade de conduta quanto às suas relações com a natureza e com seus semelhantes. Enquanto nos animais o comportamento da espécie inteira é estereotipado, ou, como dizemos, instintivos, não aprendido, e só muito pouco variável e dependente da tradição local, o comportamento humano não é estereotipado no mesmo sentido e não pode ser qualificado como instintivo. Depende da nutrição local e é aprendido. Ademais, até onde conseguimos entender as ações dos animais, não há raciocínio retrospectivo a respeito de suas ações. São ações intencionais na medida em que se adaptam a certos requisitos e na medida em que muitos animais podem aproveitar a experiência, mas todo o problema da causalidade e a questão do motivo por que ocorrem certas coisas são estranhas aos animais e comuns a toda a humanidade. Em outras palavras, a cultura humana se diferencia da vida animal pela capacidade de raciocinar e, associada a ela, pelo uso da linguagem. É também peculiar ao ser humano avaliar as ações do ponto de vista da ética e da estética.

Um exame dos mais antigos vestígios do ser humano dá a impressão de um paralelismo objetivo com o comportamento animal. Deixando de lado os duvidosos eólitos do fim do período terciário – já que não apresentam nenhuma forma definida, mas estão simplesmente munidos de bordas afiadas, aptas para cortar e entalhar, podendo ter sido formados pelo uso –, encontramos ferramentas nitidamente modeladas no período quaternário. São pedras quebradiças transformadas em estruturas rudimentares mediante o golpe de uma pedra mais pesada e resistente. Os estratos em que se encontram essas pedras representam um período de vários milhares de anos. Não ocorre mudança alguma na forma das ferramentas desde os princípios até fins desse período. Geração após geração desenvolvia as mesmas atividades. Não sabemos se suas atividades que não deixaram vestígios podem ter-se modificado durante esse tempo. Não sabemos se o ser humano desse período possuía linguagem organizada e o conceito de relações causais. Se considerarmos somente o material de que atualmente dispomos, as atividades do ser humano durante todo esse período podem ter sido tão permanentes como a dos animais. A forma corporal também era ainda pré-humana e diferia da de qualquer das raças humanas atuais. De acordo com os fatos observados, seria possível afirmar que o ser humano desse período teria desenvolvido uma tendência orgânica para complementar o uso das mãos e dos dentes mediante o emprego de objetos aos quais conferia uma forma mais ou menos útil e que a maneira usada era aprendida por imitação.

Oswald Menghin mostra que nesse período inicial as indústrias da humanidade não seguiram o mesmo padrão em todos os lugares, mas é possível determinar se tal diferenciação teria algo a ver com a distribuição das raças.

Em épocas posteriores podemos estudar não só os fragmentários restos arqueológicos, únicos indícios da vida cultural de eras passadas, mas conhecer também idiomas, costumes e pensamentos das pessoas.

A partir desse movimento encontramos não só emoção, intelecto e vontade do ser humano em toda parte por igual, mas também semelhanças de pensamento e ação entre os mais diversos povos. Essas semelhanças são tão detalhadas e de tão vasto alcance, tão absolutamente independentes da raça e do idioma, que induziram Bastian a falar da espantosa monotonia das ideias fundamentais da humanidade no mundo inteiro.

A arte de produzir fogo por fricção, o cozer alimentos, o uso de ferramentas como a faca, o raspador e a broca ilustram a universalidade de determinados inventos.

Certos traços elementares da estrutura gramatical são comuns a todos os idiomas. As distinções entre aquele que fala, a pessoa a quem se fala e a pessoa de quem se fala são universais, como também o são os conceitos de espaço, tempo e forma.

Também é universal a crença no sobrenatural. Os animais e as formas ativas da natureza são vistos de maneira antropomórfica e dotados de poderes sobre-humanos. A outros objetos são atribuídas qualidades benéficas e maléficas. O poder mágico está constantemente presente.

A crença numa multiplicidade de mundos – um ou mais acima de nós, outros situados debaixo de nós, e o central sendo o lar do ser humano – é muito geral. A ideia de uma alma humana em várias formas é muito universal; e um país dos mortos é geralmente localizado no oeste e só pode ser alcançado após uma viagem cheia de perigos.

Tylor (1874), Spencer (1893), Frazer (1910, 1911-1919), Bastian (1896), Andree (1878, 1889), Post (1894) e muitos outros reuniram exemplos de tais semelhanças em grande número e relativos a muitos temas, de modo que é desnecessário entrar em detalhes.

Analogias curiosas especiais ocorrem em regiões muito afastadas entre si. Exemplos delas são: a predição do futuro pelas fissuras das omoplatas de um animal (Andree, 1906; Speck, 1935); a aparição da lenda de Faetonte na Grécia e no noroeste da América (Boas, 1895); a sangria dos animais por meio de um pequeno arco e flecha (Heger, 1893); o uso de uma correia para atirar lanças, na maneira antiga Roma (o *Pilum*) e nas ilhas do Almirantado; o desenvolvimento de uma sofisticada astrologia no Velho Mundo e no Novo; a invenção do zero em Yucatán e na Índia; a invenção da zarabatana na América e na Malásia; a semena lhança na técnica e no padrão da fabricação de cestos na África e na América (Dixon, 1902); a balança no Peru pré-espanhol (Nordenskiöld, 1921; Joyce, 1912) e no Velho Mundo; o uso do zunidor para assustar e afastar os profanos das cerimônias sagradas na Austrália e América do Sul.

Pode-se também observar certos paralelismos na forma linguística. Entre eles, vale mencionar aqui o emprego de sons por aspiração de ar na África ocidental e na Califórnia (Dixon, 1911; Uldall); o uso do tom musical para diferenciar o sentido de palavras na África, na Ásia oriental e em muitas partes da América; a distribuição do masculino, do feminino e do neutro nos idiomas indo-europeus e no Rio Colúmbia da América do Norte; o uso da duplicação ou reduplicação para expressar repetição e outros conceitos em alguns idiomas da América e na Polinésia; a acentuada distinção de movimento em direção a quem fala e para longe de quem fala.

A causa comum dessas semelhanças na conduta do ser humano pode ser explicada por duas teorias. Fenômenos semelhantes podem ocorrer porque estão historicamente relacionados ou podem surgir independentemente por causa da identidade da estrutura mental do ser humano. A frequência com que formas análogas se desenvolvem independentemente em plantas e animais (cf. p. 99ss) indica que não é nada improvável a origem independente de ideias semelhantes entre os mais diversos grupos humanos.

As relações históricas podem ser de dois tipos. Podem ser invenções e ideias mais antigas que representam primitivas conquistas culturais pertencentes a um período anterior à dispersão geral da humanidade ou podem ser devidas a acontecimentos posteriores.

A distribuição universal das realizações culturais sugere a possibilidade de uma grande antiguidade. Essa teoria deveria aplicar-se só a traços que aparecem no mundo inteiro e cuja grande antiguidade pode ser demonstrada por testemunhos arqueológicos ou outros indícios mais indiretos. Diversos traços etnológicos preenchem essas condições. O uso do fogo, ações como perfurar, cortar, serrar e trabalhar a pedra pertencem a esse período antigo e têm sido a herança sobre a qual cada povo construiu seu próprio tipo individual de cultura (Weule, 1910; Ratzel, 1891: 693). A domesticação do cachorro como acontecimento simultâneo em praticamente todas as partes do mundo pode ser de igual antiguidade. Parece verossímil que a convivência entre o ser humano e o cachorro se tenha desenvolvido no período mais antigo da história humana, antes de as raças da Ásia setentrional e as da América se separarem das do sudeste da Ásia. A introdução do dingo (o cachorro nativo) na Austrália parece explicar-se mais facilmente pela teoria de que ele acompanhou o ser humano desde aquele distante continente.

A língua é também um traço comum a toda a humanidade e deve ter suas raízes nos tempos mais remotos.

As atividades dos antropoides superiores favorecem a suposição de que algumas artes possam ter pertencido ao ser humano antes de sua dispersão. Seus hábitos de construir abrigos, isto é, habitações, e o uso de paus e pedras apontam nessa direção.

Tudo isso torna plausível que certas realizações culturais remontem à origem da humanidade.

Também possuímos claros testemunhos da difusão de elementos culturais de uma tribo para outra, de um povo para outro, de um continente para outro. Pode-se provar que esses elementos existiram sempre, desde os tempos mais remotos. A história moderna de certas plantas cultivadas nos oferece um exemplo da rapidez com que se transmitem as conquistas culturais. O tabaco e a mandioca foram introduzidos na África depois do descobrimento da América e levou pouco tempo para essas plantas se disseminarem por todo o continente, de tal modo que atualmente estão tão integralmente arraigadas na cultura do negro que ninguém desconfiaria de sua origem estrangeira (E. Hahn, 1896; 464-465; De Candolle, 1886). Do mesmo modo, o uso da banana penetrou em quase toda a América do Sul (Von den Steinen, 1886, 1894). A história do milho é outro exemplo da incrível rapidez com que uma aquisição cultural útil pode se difundir pelo mundo inteiro. É mencionado como conhecido na Europa em 1539 e, segundo Laufer, chegou à China através do Tibete entre 1540 e 1570.[1]

É fácil demonstrar que prevaleceram condições semelhantes em tempos mais antigos. As pesquisas de Victor Hehn, assim como a evidência arqueológica, indicam o aumento gradual e constante do número de animais domesticados e plantas cultivadas, devido à sua importação da Ásia. O mesmo processo ocorreu em tempos pré-históricos. A difusão do cavalo asiático, usado primeiro como animal de tração e mais tarde como montaria, a difusão do gado na África e na Europa, o cultivo de grãos europeus, muitos dos quais derivam de formas asiáticas silvestres, podem servir de ilustração. A área pela qual se estenderam esses acréscimos ao patrimônio da cultura humana é vastíssima. Vemos a maioria deles propagar-se para o oeste até alcançar a costa do Atlântico e para o leste até as margens do Oceano Pacífico. Também penetraram no continente africano. Pode ser que o uso do leite tenha se propagado de forma semelhante, porque, quando os povos do mundo passam a ser de nosso conhecimento histórico, encontramos o uso do leite em toda a Europa, a África e a parte ocidental da Ásia.

Talvez a melhor prova da transmissão esteja no folclore das tribos de todo o mundo. Nada parece viajar tão rápido como os contos imaginativos. Sabemos de certos contos complexos que não podem absolutamente ter sido inventados duas vezes, contos que são narrados pelos berberes do Marrocos, pelos italianos, pelos russos, nas selvas da Índia, nos planaltos do Tibete, nas tundras siberianas, nas pradarias da América do Norte e na Groenlândia; de maneira que as únicas partes do mundo que talvez não tenham sido alcançadas por esses contos sejam o sul da África, a Austrália, a Polinésia e a América do Sul. Os exemplos dessa transmissão são muito numerosos e começamos a ver que a antiga inter-relação entre as raças humanas foi quase universal.

Dessa observação decorre que a cultura de qualquer tribo, por mais primitiva que seja, só pode ser explicada cabalmente quando levamos em consideração seu crescimento interior, bem como os efeitos de suas relações com as culturas de seus vizinhos próximos e distantes. Podemos determinar duas áreas imensamente grandes de extensa difusão. Nossas breves considerações acerca da distribuição das plantas cultivadas e dos animais domesticados provam a existência de ralações entre a Europa, a Ásia e o norte da África, desde o oceano Atlântico até o Pacífico. Outros traços culturais corroboram essa conclusão. A difusão gradual do bronze a partir da Ásia central para o oeste e para o leste, por toda a Europa e pela China; a área em que se usa a roda; a área onde se pratica a agricultura com arado e com a ajuda de animais domesticados – mostram todas o mesmo tipo de distribuição (E. Hahn, 1909). Podemos também reconhecer outros traços característicos nesta área. O juramento e o ordálio estão altamente desenvolvidos na Europa, na África e na Ásia, excetuada a parte nordeste da Sibéria, enquanto na América são pouco conhecidos (Laasch, 1908). Outros traços comuns dos tipos culturais do Velho Mundo aparecem também com toda clareza por contraste com as condições prevalecentes na América. Um deles é a importância do procedimento judicial formal e a elaborada organização administrativa do Velho Mundo e seu fraco desenvolvimento entre aquelas tribos do Norte e do Sul da América que, pelo desenvolvimento geral de sua cultura, podem bem ser comparadas com as dos negros africanos. No domínio do folclore, o enigma, o provérbio e a fábula moralizadora são característicos de uma grande parte do Velho Mundo, ao passo que estão ausentes no nordeste da Sibéria e são raros na América. Em todos esses aspectos, a Europa, uma grande parte da África e a Ásia, excetuado seu extremo nordeste, e o arquipélago malaio formam uma unidade.

De modo semelhante podemos descobrir certos traços muito gerais numa grande parte da América aborígine. O mais convincente deles é o uso do milho como base da agricultura americana. Originou-se nos altiplanos do México, mas em data muito antiga seu uso se espalhou para o continente, através da ponte continental para a América do Sul até a Argentina, e em direção nordeste quase até o limite onde as condições climáticas impedem seu cultivo. Uma impressão semelhante é produzida pela distribuição da cerâmica, que ocorre em todas as partes do duplo continente, excetuando as áreas marginais de seus extremos noroeste e sul;[2] e também pelas formas peculiares de arte decorativa americana que floresceram na América do Sul, na América Central, no México e no sudoeste dos Estados Unidos. Não obstante a peculiaridade de cada região, elas têm certo grau de semelhança estilística suficientemente forte, capaz de induzir alguns estudiosos a buscar uma relação direta entre as antigas culturas da Argentina e as do Novo México. Parece que as regiões de culturas avançadas no México, na América Central e no Peru desempenharam um papel parecido com o da Ásia Central, na medida em que sobre uma antiga base cultural americana comum desenvolveram-se novos traços que influenciaram todo o continente.

A interpretação dos fenômenos culturais que ocorrem esporadicamente em regiões afastadas entre si oferece sérias dificuldades.

Alguns autores se inclinam a considerá-los também como sobrevivências de um período muito antigo, em que os povos que têm em comum esses traços ainda habitavam um mesmo território. Ou supõem que, devido a acontecimentos históricos, os costumes se perderam em áreas intermediárias. Sem fundamento mais sólido que o oferecido até agora, essas teorias devem ser usadas com a máxima cautela, porque, se admitirmos em nosso argumento a perda de um traço aqui e de outro acolá, ou a perda de conjuntos inteiros de traços, deixaríamos a porta aberta para as conclusões mais extravagantes. Se quisermos atribuir uma grande antiguidade a certos fenômenos de aparição esporádica, é necessário primeiro provar que eles sobrevivem inalterados em várias culturas, por períodos extraordinariamente prolongados. Se são mutáveis, a igualdade não pode ser explicada por uma grande antiguidade. Pode-se fazer essa objeção à maioria dos argumentos a favor de uma antiga conexão histórica entre os costumes e as invenções que ocorrem esporadicamente em regiões tão afastadas umas das outras como a América do Sul, a Austrália e o sul da África.

Em muitos casos, é completamente impossível aduzir argumentos incontestáveis que provariam que esses costumes não se devem a um desenvolvimento paralelo e independente, e sim a uma comunidade de origem: em alguns casos, os resultados da arqueologia pré-histórica ajudarão a encontrar a solução desse problema.

Frequentemente se supõe que, pelo fato de as culturas modernas serem complexas e as dos grupos culturalmente mais pobres serem mais simples, a sequência cronológica de toda a história cultural levou do simples ao complexo. É óbvio que a história do desenvolvimento industrial é, em quase todo seu transcurso, de uma complexidade crescente. Por outro lado, as atividades humanas que não dependem do raciocínio não revelam um tipo semelhante de evolução.

Seria talvez mais fácil esclarecer isso mediante o exemplo da língua, que em muitos aspectos é uma das provas mais importantes da história do desenvolvimento humano. Muitas línguas primitivas são complexas. Pequenas diferenças de ponto de vista são expressas por meio de formas gramaticais; e as categorias gramaticais do latim, e mais ainda as do inglês moderno, parecem rudimentares quando comparadas com a complexidade das formas psicológicas ou lógicas que as línguas primitivas reconhecem, mas que em nossa linguagem são negligenciadas. No conjunto, a evolução dos idiomas parece ser de tal natureza que as distinções mais sutis são eliminadas e que ela começa com formas complexas e termina em formas simples, embora devamos admitir que tendências opostas não estão, de modo algum, ausentes (cf. exemplos em Boas, 1911).

Observações semelhantes podem ser feitas acerca da arte do ser humano primitivo. Tanto na música como nos desenhos decorativos encontramos uma complexa estrutura rítmica, sem igual na arte popular de nossos dias. Na música, particularmente, essa complexidade é tão grande que até a arte de um hábil virtuoso é posta à prova para imitá-la (Stumpf, 1911). Por outro lado, a aplicação dos intervalos e a estrutura melódica e harmônica mostram uma complexidade sempre crescente.

O sistema de obrigações sociais determinadas pelo *status* de um indivíduo no grupo de parentes consanguíneos e afins é, com frequência, extremamente complexo. O comportamento de irmãos e irmãs, tios e sobrinhos, sogros e genros está frequentemente cercado por regras minuciosas que não existem na civilização moderna. Existe uma perda geral na variedade das obrigações dos indivíduos para com a sociedade na medida em que estas são reguladas pelo *status*.

O desenvolvimento da religião também não vai das formas simples para as complexas. A falta de sistema no comportamento religioso do ser humano primitivo submete-o a uma infinidade de regras e costumes desconexos e aparentemente arbitrários. O dogma e as atividades religiosas são múltiplos e, frequentemente, sem coerência aparente. Quando uma única ideia clara e dominante controla a vida religiosa, o aspecto da religião se torna mais claro e mais simples e pode conduzir a uma religião sem dogma nem ritual. A tendência oposta, de uma religião sistemática que assume complexas formas rituais, é também frequente.

De forma semelhante, a observação de que nas culturas modernas pode-se observar uma maior consistência lógica ou psicológica levou a concluir que o grau de coesão lógica ou psicológica tem um valor cronológico, de modo que a sequência histórica pode ser reconstruída a partir de uma análise lógica ou psicológica das ideias das tribos primitivas. A evolução da visão antropomórfica da natureza e da mitologia foi reconstruída sobre esta base por Spencer e por Tylor. Na realidade, o curso da história pode ter sido muito diferente. É fácil ver que as noções envolvidas, representadas por termos como sobrenatural, alma, pecado, existiram muito antes de desenvolver-se um conceito correspondente claramente definido. Uma análise de seu conteúdo complexo não poderia nos oferecer uma história da evolução de seu significado. Se pudermos determinar que o sobrenatural inclui as ideias de qualidades maravilhosas dos objetos e as outras de faculdades antropomórficas, mas sobre-humanas, isso não demonstra que um aspecto seja necessariamente mais antigo que o outro. Mais ainda, as fontes das quais se desenvolvem esses conceitos vagos são múltiplas e não podem ser explicadas como uma conclusão lógica fundada numa série única de experiências. Uma vez desenvolvidas a ideia de animismo e a de antropomorfismo, a transferência das experiências sociais ao mundo antropomórfico deve ocorrer e não pode ter outra forma senão a da sociedade com a qual o ser humano está familiarizado. Quando uma condição como a enfermidade ou a fome é concebida como um objeto que pode estar presente ou ausente e leva uma existência independente, enquanto outras são concebidas como atributos, devem desenvolver-se confusas linhas de pensamento nas quais um dos grupos será afetado pelas opiniões particulares sustentadas a respeito dos objetos e o outro pelas que se referem aos atributos, mas não está implicada nenhuma sequência cronológica.

Notas

[1] A respeito da introdução do tabaco na Ásia oriental, J. Rein afirma que ele já era conhecido na parte mais meridional do Japão durante a última metade do século XVI e em Nagasaki em 1607.

[2] Existe uma intrusão da cerâmica no Alasca ártico e em territórios adjacentes.

As interpretações da cultura

Desde que o estudo das culturas humanas foi reconhecido como problema, tentou-se interpretá-lo como um fenômeno unitário, antes mesmo de ser recolhido um volume de material razoavelmente suficiente. A sociedade foi considerada um organismo e suas diversas funções foram explicadas do mesmo modo que os órgãos do corpo. Sob a influência do darwinismo, sua mudança de forma foi interpretada como a evolução de um organismo, sendo o pensamento racional a força motriz de seu desenvolvimento. As atividades mentais do ser humano primitivo foram comparadas com as das crianças e vice-versa, de maneira que se viu no desenvolvimento da mente da criança uma recapitulação do desenvolvimento da mente da humanidade. Acredita-se, assim, que a mente da criança pode explicar-nos a mente primitiva. Recentemente, a mente primitiva está sendo comparada com a dos doentes mentais, como se as atividades mentais de pessoas perfeitamente normais de culturas estranhas pudessem ser explicadas pelos doentes mentais de nossa própria cultura.

São bem mais recentes os esforços para entender a cultura primitiva como um fenômeno que requer uma análise meticulosa antes de aceitar uma teoria que tenha validade geral.

Só alguns dos pontos de vista a que acabamos de aludir são relevantes para o nosso problema. A sugerida analogia com um organismo não nos ajudará a esclarecer a conduta do ser humano primitivo. A analogia com a vida mental da criança é difícil de aplicar, porque a cultura da vida da criança na Europa e a vida do adulto na sociedade primitiva não são comparáveis. Deveríamos, no mínimo, comparar o primitivo adulto com a criança de sua própria cultura. As crianças de todas as raças oferecem indubitavelmente analogias de desenvolvimento dependentes do desenvolvimento do corpo e diferenças de acordo com as exigências impostas por sua gradual iniciação na cultura em que vivem. A única questão a resolver seria se uma cultura tende a desenvolver qualidades negligenciadas em outra.

A comparação entre formas de psicose e vida primitiva parece ainda mais infeliz. A manifestação das perturbações mentais deve depender necessariamente da cultura em que as pessoas vivem e deve ser de grande valor para o psiquiatra estudar a expressão de formas de psicose em diferentes culturas, mas a tentativa de comparar formas de vida primitiva saudável com as formas de perturbação verificadas em nossa civilização não se baseia em nenhuma analogia tangível. A jactância e o comportamento megalomaníacos dos indígenas da costa noroeste não os levam a comportar-se como loucos megalomaníacos, mas sua cultura provavelmente dá uma forma particular a esse tipo de insânia. Particularmente, as comparações feitas por Freud (1918) entre a cultura primitiva e as interpretações psicanalíticas da conduta dos europeus parecem-me carecer de fundamento científico. São, no meu entender, fantasias em que nem o aspecto da vida primitiva nem o da vida civilizada estão apoiados por provas concretas. A tentativa de conceber todo estado mental ou ação como determinados por causas detectáveis confunde os conceitos de causalidade e de possibilidade de predição. Evidentemente, cada acontecimento tem sua causa, mas as causas não têm coesão tal que representem um único fio. Intervêm inumeráveis fatores acidentais que não podem ser previstos e tampouco podem ser reconstruídos como determinantes do curso do passado.

Devemos prestar atenção mais minuciosa às tentativas de considerar a vida cultural como evoluindo de formas primitivas para a civilização moderna, seja como uma linha evolutiva única ou num pequeno número de linhas separadas. Cabe perguntar se, independentemente de raça, tempo e espaço, seria possível reconhecer uma série de estágios de cultura e o que representam para a humanidade inteira numa sequência histórica, de modo que se pudesse identificar alguns dos estágios como tipos pertencentes a um período antigo e outros como tipos mais recentes.

As pesquisas de Tylor, Bachofen, Morgan e Spencer concentram a atenção sobre os dados antropológicos como ilustrativos do gradual desenvolvimento e avanço da civilização. O desenvolvimento desse aspecto da Antropologia foi estimulado pela obra de Darwin e as de seus sucessores, e as ideias subjacentes só podem ser entendidas como uma aplicação da teoria da evolução biológica aos fenômenos mentais. A concepção de que as manifestações da vida étnica representam uma série cronológica, que progrediu, numa única linha, de inícios simples para o complexo tipo de civilização moderna, tem sido o pensamento subjacente a esse aspecto da ciência antropológica.

Os argumentos a favor dessa teoria se fundam nas semelhanças de tipos de cultura observados em distintas raças do mundo inteiro e na ocorrência de costumes peculiares em nossa própria civilização, que só podem ser explicados como sobrevivências de costumes mais antigos que tinham um significado mais profundo num período distante e que ainda se encontram em pleno vigor entre os povos primitivos (Tylor, 1874, vol. I: 16).

Um excelente exemplo da teoria geral da evolução da civilização se encontra na teoria do desenvolvimento da agricultura e da domesticação de animais, esboçada por Otis T. Mason (1895), W. J. McGee (1897) e Edward Hahn (1896-1909). Esses autores mostram como, nos mais antigos anos iniciais da vida social, animais, plantas e seres humanos viviam juntos em um meio ambiente comum e como as condições de vida fizeram com que certas plantas se multiplicassem na vizinhança do acampamento humano com exclusão de outras e que certos animais fossem tolerados como vivandeiros do acampamento. Através dessa condição de tolerância mútua e promoção de interesses mútuos, se me for permitido usar essa expressão, desenvolveu-se uma associação mais estreita entre plantas, animais e ser humano, que finalmente conduziu aos inícios da agricultura e à verdadeira domesticação dos animais.

A evolução da arte tem sido reconstruída por métodos semelhantes. Já que os vestígios mais antigos de arte representam animais e outros objetos e a eles seguem-se formas geométricas, deduziu-se que todos os motivos geométricos se desenvolveram a partir de desenhos representativos.

De maneira análoga, deduziu-se que a religião é o resultado de especulação a respeito da natureza.

O método essencial consistiu em ordenar os fenômenos observados de acordo com princípios admitidos e em interpretar isso como uma ordem cronológica.

Devemos procurar entender mais claramente o que explica a teoria de um desenvolvimento cultural unilinear. Significa que diferentes grupos de seres humanos partiram, em tempos muito remotos, de uma condição geral de falta de cultura e, devido à unidade da mente humana e da consequente resposta semelhante a estímulos externos e internos, evoluíram em toda parte aproximadamente da mesma maneira, obtendo inventos semelhantes e desenvolvendo costumes e crenças semelhantes. Também envolve uma correlação entre desenvolvimento industrial e desenvolvimento social e, portanto, uma sequência definida de invenções como também de formas de organização e crença.

Na falta de dados históricos a respeito dos primeiros passos do ser humano primitivo no mundo inteiro, temos apenas três fontes de evidência histórica para essa suposição: os testemunhos contidos na história mais antiga dos povos civilizados do Velho Mundo, as permanências na civilização moderna e a Arqueologia. Esta última é a única via pela qual podemos abordar o problema a respeito dos povos que não têm história.

Embora seja indubitavelmente certo que se podem descobrir analogias entre os tipos de cultura representados pelos povos primitivos e as condições reinantes entre os antepassados dos atuais povos civilizados nos albores da história – e que essas analogias são corroboradas pela evidência fornecida por permanências –, os testemunhos arqueológicos não justificam a completa generalização. Para que a teoria do desenvolvimento paralelo tenha algum significado, seria preciso que, entre todos os ramos da humanidade, os passos da invenção tenham seguido, pelo menos aproximadamente, a mesma ordem e que não se encontrem brechas consideráveis. Os fatos, pelo que sabemos hoje, contradizem totalmente essa hipótese.

O exemplo de desenvolvimento da agricultura e da pecuária ilustrará algumas das objeções que podem ser levantadas contra a teoria geral. Nas condições simples da vida primitiva, a provisão de alimentos para a família é obtida por ambos os sexos. As mulheres coletam plantas e animais que são estacionários ou que não podem mover-se rapidamente, tais como as larvas e os vermes. Isso se deve, sem dúvida, aos obstáculos impostos a elas pela maternidade e pelo cuidado dos filhos pequenos. Os homens obtêm a caça veloz, as aves e os peixes. Eles caçam e pescam. A tentativa de sintetizar as formas de vida dos povos primitivos nos induz a situar os coletores e os caçadores no começo da escala. Em seguida, vêm outros que estão mais adiantados nos meios técnicos de obter o sustento ou que alcançaram uma relação mais estreita com o mundo vegetal, desenvolvendo direitos de propriedade sobre plantas que crescem próximas de sua moradia. Todas essas relações giram em torno da vida da mulher e de sua ocupação com as plantas, e assim chegamos, sem nenhuma brecha importante, à condição da agricultura mais primitiva. A razão psicológica para aceitar essa explicação como dotada de valor cronológico reside na convicção da continuidade do processo técnico e no outro fato significativo a que nos estamos referindo continuamente: as atividades de uma mesma parte da população, a saber, das mulheres. A interpretação cronológica é confirmada pela observação de que os começos da agricultura são apoiados geralmente pela coleta de plantas silvestres; e que, embora a coleta de plantas possa ocorrer sem agricultura, a condição oposta é desconhecida.

As atividades dos homens relacionaram-se originalmente com os animais. A transição da caça para a formação de rebanhos não pode ser demonstrada com tanta facilidade como a transição da coleta de plantas para a agricultura. No entanto, é pelo menos plausível que a domesticação de animais – que são quase exclusivamente animais gregários – se baseie na relação do caçador com o rebanho selvagem. Tão logo o caçador começou a obter seu alimento do mesmo rebanho e impediu sua dispersão matando os animais que o perseguiam, desenvolveram-se condições semelhantes às que se encontram entre os chukchee e os koryak da Sibéria. Já que, também nesse caso, uma mesma parte da população, a saber, os homens, estava envolvida na relação entre ser humano e animal, é possível ter havido um desenvolvimento continuado.

Essas considerações têm a seu favor testemunhos arqueológicos. Se nossas suposições forem corretas, as plantas cultivadas devem ter-se originado das plantas selvagens com que o ser humano se familiarizou. Essa transição tem sido demonstrada no caso das plantas nativas europeias. De acordo com nossa teoria, deveríamos esperar frequentes cruzamentos entre formas selvagens e formas domesticadas. Viu-se que isso é plausível para as formas europeias antigas. Entre os animais domesticados, é possível observar, ainda, condições semelhantes na rena da Sibéria e no cachorro do esquimó.

Chegamos com isso a uma questão de fundamental importância para a teoria de uma evolução unilinear. Qual é a relação cronológica entre a agricultura e a pecuária? Quando abordamos essa questão do ponto de vista psicológico, surge a dificuldade de que já não estamos tratando com um único tipo de atividade levada a cabo pelo mesmo grupo, mas temos duas ocupações, distintas em técnica e praticadas por grupos distintos. As atividades que levam à domesticação de animais não têm nada em comum com as que levam ao cultivo de plantas. Não há laço que torne plausível uma conexão entre o desenvolvimento cronológico dessas duas ocupações. Falta esse laço porque as pessoas implicadas não são as mesmas e porque as ocupações são completamente distintas. Do ponto de vista psicológico, não há nada que nos ajude a estabelecer uma sequência cronológica para a agricultura e a pecuária.

Eu creio que esse exemplo ilustra uma das dúvidas principais que se podem levantar contra uma aplicação sistemática e onímoda de uma teoria da evolução da cultura. Os passos do desenvolvimento devem estar relacionados com um aspecto da cultura em que esteja implicado o mesmo grupo de pessoas e em que persista o mesmo tipo de atividade. Uma relação constante entre aspectos da cultura vagamente relacionados ou completamente desconexos é improvável quando são grandes as diferenças entre as atividades e diferentes grupos de indivíduos participam nas atividades envolvidas. Em todos esses casos, os dados cronológicos devem basear-se em outras fontes.

A evidência arqueológica é a única base para conclusões fidedignas. Além disso, certas condições observáveis entre os primitivos podem servir de guias. Se pudermos demonstrar que algumas indústrias ocorrem exclusivamente em conexão com outras mais simples, e estas últimas ocorrem sozinhas, porém as antigas nunca sem as mais simples, pareceria provável que o tipo simples de trabalho seja o mais antigo. Se isso não ocorrer com absoluta regularidade, mas ainda assim com suficiente frequência, poderíamos falar de tendências reconhecíveis de evolução.

A distribuição geográfica pode servir também de ajuda, pois onde quer que exista uma distribuição contínua de uma indústria é possível, ainda que não necessário, que a mais amplamente difundida seja a mais antiga. Não é seguro que esse argumento possa aplicar-se fora do domínio da técnica.

Quanto mais diferentes forem os vários fenômenos, tanto menor será sua correlação, de modo que finalmente, apesar da tendência ao desenvolvimento histórico em determinadas fases da cultura, não se encontra um esquema harmonioso para a totalidade da cultura que seja válido em toda parte (Thomas, 1909).

Assim, não se pode assegurar que todo povo altamente civilizado deva ter passado por todas as etapas da evolução, o que é possível deduzir de uma investigação dos diversos tipos de cultura que aparecem em todo o mundo.

Objeções semelhantes podem ser feitas contra a validade geral da teoria do desenvolvimento da família. Tem-se sustentado que a organização da família começou com relações irregulares e mutáveis entre os sexos, que mais tarde mãe e filhos formaram a unidade familiar que permaneceu ligada à dos pais, irmãos e irmãs da mãe e que só muito mais tarde se desenvolveu uma forma em que o pai era o chefe da família, que ficou ligada aos pais, irmãos e irmãs dele. Se a evolução da cultura tivesse prosseguido em uma linha única, as formas mais simples da família estariam associadas aos tipos mais simples de cultura. Mas não é isso que acontece, pois um estudo comparativo revela a mais irregular distribuição. Algumas tribos muito primitivas, como os esquimós e as tribos indígenas dos planaltos norte-ocidentais da América do Norte, contam o parentesco bilateralmente, por parte do pai e da mãe; outras tribos de cultura altamente desenvolvida reconhecem somente a linha materna, enquanto outras ainda, cuja vida econômica e industrial é de tipo mais simples, reconhecem a linha paterna (Swanton, 1905). Os dados são contraditórios e não nos permitem concluir que vida econômica e organização familiar estejam intimamente relacionadas quanto à sua forma interna.

Considerações teóricas sugerem que os costumes não se desenvolvem necessariamente de uma mesma maneira. A relação entre incesto e totemismo pode nos servir de exemplo. Os grupos incestuosos variam de acordo com o sistema de parentesco predominante e ideias afins. Com frequência, acredita-se que o grupo incestuoso está em relação íntima com algum animal, planta ou outro objeto, seu totem. Em outros casos não existe tal relação. Na teoria antropológica, o totemismo foi descrito como uma antiga etapa da sociedade da qual se desenvolveram formas posteriores. O conceito de incesto é tão universal que deve ter pertencido ao ser humano antes de sua dispersão ou ter-se desenvolvido independentemente num período muito remoto. Onde quer que exista um grupo incestuoso é possível um desenvolvimento em duas direções: o grupo pode continuar formando um todo apesar de seu crescimento numérico ou dividir-se em diversos grupos separados. Deve existir uma unidade conceitual do grupo, de outro modo os subgrupos perderão a consciência de seu primitivo parentesco quando se separam de outros subgrupos. A conceitualização pode ser produzida por meio de denominação do grupo inteiro, por meio de costumes ou funções comuns reconhecíveis ou por meio de uma nomenclatura de parentesco que diferenciará os membros dos não membros. Tal nomenclatura pode incluir um número muito considerável de indivíduos, porque mediante referência a algum intermediário reconhecido podem ser identificados até membros distantes. Disso resulta que, quando não existe conceitualização de unidade, o totemismo de todo o grupo não pode se desenvolver. A única forma favorável a ele é aquela em que um grupo se caracteriza por um nome ou por costumes comuns.

Se, como o ilustra esse exemplo, é possível que de uma fonte única se desenvolvam costumes diferentes, não temos o direito de supor que todo povo que alcançou um alto grau de evolução deva ter passado por todas as etapas encontradas entre tribos de cultura primitiva.

Uma objeção ainda mais séria baseia-se em outra observação. A validade da igualdade geral da evolução da humanidade se baseia na hipótese de que os mesmos traços culturais devem ter se desenvolvido sempre das mesmas causas únicas e de que uma sequência lógica ou psicológica de passos representa também uma sequência cronológica (cf. p. 161 e 164). Salientamos que em campos especiais, quando os mesmos grupos sociais desenvolvem ininterruptamente certas atividades, pode haver razão para sustentar essa teoria. Mas isso não acontece quando tais condições não existem. Assim, a dedução de que as instituições maternas precedem as paternas, a que me referi anteriormente, baseia-se na generalização de que, pelo fato de em diversos casos famílias paternas terem-se desenvolvido a partir das maternas, todas as famílias paternas devem ter se desenvolvido na mesma forma. Não há prova demonstrativa de que a história da organização familiar seja governada por um conjunto único de condições específicas, de que a família do homem ou da mulher ou qualquer outro grupo tenha exercido uma influência dominante, nem de que haja alguma razão intrínseca para que um tipo deva ter precedido o outro. Portanto, podemos concluir igualmente que famílias paternas originaram-se, em alguns casos, de instituições maternas, e que, em outros casos, originaram-se de outra maneira.

De forma semelhante, presume-se que, pelo fato de muitas concepções de vida futura terem-se desenvolvido evidentemente de sonhos e alucinações, todas as ideias dessa natureza tiveram a mesma origem. Isso é verdade somente se se puder provar que nenhuma outra causa poderia ter levado às mesmas ideias.

Vejamos outro exemplo. Tem-se afirmado que, entre os indígenas do Arizona, a cerâmica desenvolveu-se a partir da fabricação de cestos, e daí se deduz que toda cerâmica deve, portanto, no desenvolvimento cultural da humanidade, ser posterior à fabricação de cestos. É óbvio que essa conclusão não é defensável, pois a cerâmica pode desenvolver-se de outras maneiras.

Na realidade, é possível citar um bom número de exemplos em que uma evolução convergente, partindo de diferentes começos, conduziu aos mesmos resultados. Referi-me, anteriormente, ao caso da arte primitiva e mencionei a teoria de que a forma geométrica se desenvolve a partir de representações realistas, que conduzem, através de um convencionalismo simbólico, a motivos puramente estéticos. Se isso for certo, uma grande diversidade de objetos poderia, assim, ter dado origem aos mesmos motivos decorativos, de modo que o motivo sobrevivente não teria a mesma origem realista; porém, mais importante do que isso é que motivos geométricos do mesmo tipo desenvolveram-se da tendência do artista de brincar com sua técnica, assim como o virtuoso brinca com seu instrumento; então, o fabricante exímio de cestos, ao variar a disposição de seu traçado, chegou ao desenvolvimento de desenhos geométricos da mesma forma que aqueles que foram desenvolvidos em outros lugares a partir de representações realistas. Podemos até dar um dar passo adiante e reconhecer que formas geométricas desenvolvidas da técnica sugeriam formas animais e foram modificadas de modo a assumir formas realistas; nesse sentido, no caso da arte decorativa, as mesmas formas podem estar situadas tanto no princípio de uma série evolutiva como no final (Boas, 1927).

Uma séria objeção ao raciocínio daqueles que procuram estabelecer linhas de evolução das culturas reside na frequente falta de comparabilidade dos dados com os quais estamos lidando. A atenção é dirigida fundamentalmente à semelhança dos fenômenos étnicos, enquanto negligenciamos as variações individuais. Tão logo voltamos nossa atenção para estas, notamos que a igualdade dos fenômenos étnicos é mais superficial que essencial, mais aparente que real. As semelhanças inesperadas atraíram nossa atenção a tal ponto que não reparamos nas diferenças. No estudo dos traços físicos de diferentes grupos sociais, manifesta-se a atitude mental inversa. Sendo evidente a semelhança dos traços principais da forma humana, nossa atenção se dirige às pequenas diferenças de estrutura.

É fácil encontrar exemplos de tal falta de comparabilidade. Quando falamos da vida após a morte como uma das ideias que se desenvolvem na sociedade humana como uma necessidade psicológica, estamos lidando com um grupo sumamente complexo de dados. Um povo crê que a alma continua existindo na forma que a pessoa tinha no momento de morrer, sem nenhuma possibilidade de mudança; outro acredita que a alma se reencarnará mais tarde em um filho da mesma família; um terceiro acredita que as almas se introduzem no corpo de animais; e outros ainda acreditam que os vultos ou espíritos prosseguem nos empenhos humanos, esperando ser trazidos de volta ao nosso mundo num distante porvir. Os elementos emocionais e os racionais que integram esses vários conceitos são totalmente diferentes; e percebemos que as várias formas da ideia de uma vida futura vieram a existir através de processos psicológicos que não são, de modo algum, comparáveis. Em certos casos, as semelhanças entre crianças e seus parentes falecidos; em outros casos, a lembrança do falecido como foi durante os últimos dias de sua vida; em outros casos, ainda, a saudade do filho ou do progenitor querido, e novamente o temor da morte – tudo isso pode ter contribuído, um elemento aqui e outro acolá, para o desenvolvimento da ideia de vida após a morte.

Outro exemplo irá corroborar esse ponto de vista. Já nos referimos ao "totemismo" – a forma de sociedade em que certos grupos sociais se consideram relacionados de algum modo com determinadas espécies de animais ou com um tipo de objeto. Essa é a definição de "totemismo" geralmente aceita; mas eu estou convencido de que nessa forma o fenômeno não é um problema único, mas abarca os elementos psicológicos mais diversos. Em alguns casos, o povo acredita ser descendente do animal de cuja proteção desfruta. Em outros, um animal ou algum outro objeto apareceu a um antepassado do grupo social e prometeu tornar-se seu protetor, e a amizade entre o animal e o antepassado foi então transmitida a seus descendentes. Em outros casos, ainda, acredita-se que certo grupo social numa tribo tem o poder de assegurar, por meios mágicos e com grande facilidade, certa categoria de animais, ou de aumentar seu número, e dessa forma se estabelece uma relação sobrenatural. Será reconhecido que também aqui os fenômenos antropológicos semelhantes na aparência exterior são, psicologicamente falando, muito diferentes e que, por conseguinte, não podemos deduzir deles leis psicológicas que os abarquem a todos (Goldenweiser, 1910).

Outro exemplo pode vir a propósito. Num exame geral das normas morais observamos que, paralelamente ao aumento da civilização, ocorre uma mudança gradual na valorização das ações. Entre os seres humanos primitivos, a vida humana tem pouco valor e é sacrificada à menor provocação. O grupo social, entre cujos membros as obrigações altruístas são vinculantes, é pequeno; e, fora do grupo, qualquer ação que possa ter como resultado vantagens pessoais não só é permitida, como aprovada. Desse ponto em diante, encontramos uma valorização cada vez maior da vida humana e uma ampliação do tamanho do grupo entre cujos membros as obrigações altruístas são vinculantes. As modernas ralações entre as nações mostram que essa evolução não alcançou ainda sua etapa final. Pareceria, portanto, que um estudo da consciência social em relação a delitos como o assassinato poderia ter interesse psicológico e levar a importantes resultados, esclarecendo a origem dos valores éticos. Do ponto de vista etnológico, o assassinato não pode ser considerado um fenômeno isolado. A unidade é estabelecida introduzindo nosso conceito jurídico de assassinato. Enquanto ato, o assassinato deve ser considerado o resultado de uma situação em que o respeito habitual pela vida humana é sobrepujado por motivos mais poderosos. Ele só pode ser considerado uma unidade no tocante à reação da sociedade frente ao assassinato, que se expressa na autorização de vingança, no pagamento de compensação ou no castigo. A pessoa que mata um inimigo como vingança de agravos recebidos, o jovem que mata seu pai antes de ele se tornar decrépito a fim de permitir-lhe continuar uma vida vigorosa no mundo do além, um pai que sacrifica o filho pelo bem-estar de seu povo atuam movidos por motivos tão diferentes que, psicologicamente, não parece admissível uma comparação de seus atos. Pareceria muito mais adequado comparar o assassinato de um inimigo por vingança com a destruição de sua propriedade com o mesmo propósito, ou comparar o sacrifício de um filho em benefício da tribo com qualquer outra ação realizada por fortes motivos altruístas, do que basear nossa comparação no conceito comum de assassinato (Westermarck, 1906).

Esses poucos dados serão suficientes para demonstrar que um mesmo fenômeno étnico pode desenvolver-se a partir de fontes diferentes; e podemos inferir que, quanto mais simples é o fato observado, tanto mais provável é que se tenha desenvolvido de uma fonte aqui, de outra ali.

Quando fundamentamos nosso estudo nessas observações, verifica-se que graves acusações podem ser levantadas contra a hipótese da ocorrência de uma sequência geral de etapas culturais em todas as raças humanas; que, ao contrário, reconhecermos tanto uma tendência de diversos costumes e crenças convergirem para formas semelhantes quanto uma evolução de costumes em direções divergentes. Para interpretar corretamente essas semelhanças de forma é necessário pesquisar seu desenvolvimento histórico; e só quando este for idêntico em diferentes áreas será admissível considerar os fenômenos em questão como equivalentes. Desse ponto de vista, os fatos do contato cultural assumem uma nova importância (cf. p. 157).

A cultura tem sido também interpretada de outras maneiras. Os geógrafos procuram explicar as formas de cultura como um resultado necessário do meio geográfico.

Não é difícil ilustrar a importante influência do ambiente geográfico. Toda a vida econômica do ser humano está limitada pelos recursos do país em que habita. A localização das aldeias e seu tamanho dependem da provisão disponível de alimentos; a comunicação depende dos caminhos ou cursos d'água disponíveis. As influências do meio ambiente são evidentes nos limites territoriais de tribos e povos; mudanças na provisão de alimentos durante as diversas estações podem determinar migrações sazonais. A variedade de habitações usadas por tribos de diferentes áreas demonstra sua influência. A casa de neve do esquimó, a choça de cortiças do indígena, o morar em cavernas das tribos do deserto podem servir para ilustrar a maneira como, de acordo com os materiais disponíveis, se consegue proteção contra as intempéries. A escassez de alimento pode determinar uma vida nômade e a necessidade de transportar os utensílios domésticos sobre as costas favorece o uso de recipientes de couro e de cestos como substitutos da cerâmica. As formas especiais dos utensílios podem ser modificadas pelas condições geográficas. Assim, o arco complexo do esquimó, que está relacionado com formas asiáticas, adota uma forma peculiar devido à falta de material longo e elástico para a vara do arco. Até nas formas mais complexas da vida mental pode-se descobrir a influência do meio ambiente, como nos mitos acerca da natureza que explicam a atividade dos vulcões ou a presença de curiosas formas terrestres, ou nas crenças e costumes relacionados com a caracterização local das estações.

No entanto, as condições geográficas têm apenas o poder de modificar a cultura. Por si mesmas não são criadoras. Isso é mais perceptível onde a natureza do país restringe o desenvolvimento da cultura. Uma tribo que vive sem comércio exterior num determinado ambiente está restrita aos recursos de sua região natal. O esquimó não tem alimentos vegetais em quantidades significativas; o polinésio que vive num atol não dispõe de pedras nem de peles de grandes mamíferos; os povos do deserto não contam com rios que lhes forneçam peixes ou lhes proporcionem meios de locomoção. Essas limitações evidentes são muitas vezes de grande importância.

Outra questão é se as condições exteriores são a causa imediata de novos inventos. Podemos compreender que um solo fértil induzirá um povo agrícola, cujo número aumenta rapidamente, a melhorar sua técnica de agricultura, mas não que essa possa ser a causa da invenção da agricultura. Por mais rico em minérios que seja um país, ele não cria técnicas para a manipulação dos metais; por mais rico que seja em animais suscetíveis de domesticação, isso não levará ao desenvolvimento da pecuária se o povo for inteiramente alheio aos usos de animais domesticados.

Ao afirmarmos que o ambiente geográfico é o único determinante a atuar sobre a mente supostamente idêntica em todas as raças da humanidade, deveríamos necessariamente chegar à conclusão de que um mesmo meio produzirá os mesmos resultados culturais em toda parte.

Obviamente, isso não é verdade, pois muitas vezes as formas das culturas de povos que vivem no mesmo tipo de ambiente mostram acentuadas diferenças. Não preciso ilustrar isso comparando o colono americano com o indígena norte-americano, ou as sucessivas raças de povos que se estabeleceram na Inglaterra e evoluíram desde a Idade da Pedra até o inglês moderno. Mas pode ser útil mostrar que, entre as tribos primitivas, o ambiente geográfico sozinho não determina absolutamente o tipo de cultura. Prova disso podemos encontrar no modo de vida do esquimó pescador e caçador e do chukchee criador de renas (Bogoras, 1904-1909; Boas, 1888); do hotentote pastor e do bosquímano caçador na África em sua antiga distribuição mais ampla (Schultze, 1907); do negrito e do malaio no sudeste da Ásia (Martin, 1905).

O ambiente sempre atua sobre uma cultura preexistente, não sobre um hipotético grupo sem cultura. Portanto, ele é importante só na medida em que limita ou favorece atividades. É possível até mostrar que antigos costumes, que podem ter estado em harmonia com certo tipo de ambiente, tendem a sobreviver em condições novas, onde representam mais um obstáculo do que uma vantagem para o povo. Um exemplo desse tipo, tomado de nossa própria civilização, é como fracassamos na utilização de tipos desconhecidos de alimentos que podem ser encontrados em países recém-colonizados. Outro exemplo é oferecido pelo chukchee criador de renas, que transporta em suas andanças de vida nômade uma tenda de complicadíssima estrutura, que em seu tipo corresponde à antiga casa permanente dos moradores da costa e apresenta o mais vivo contraste com a simplicidade e a leveza da tenda do esquimó (Bogoras, 1904-1909; 177s.; Boas, 1888: 551). Mesmo entre os esquimós, que conseguiram adaptar-se tão maravilhosamente bem a seu meio geográfico, costumes como o tabu a respeito do uso promíscuo do caribu e da foca impedem o total aproveitamento das oportunidades que o território oferece.

Parece, pois, que o ambiente tem um efeito importante sobre os costumes e as crenças do ser humano, mas só enquanto ajuda a determinar as formas especiais de costumes e de crenças. Estas, porém, se baseiam primordialmente em condições culturais que, em si mesmas, se devem a outras causas.

Nesse ponto, os estudiosos da Antropogeografia, que procuram explicar todo o desenvolvimento cultural com base nas condições ambientais geográficas, estão acostumados a proclamar que essas mesmas causas se fundam em condições anteriores, nas quais se originaram sob a pressão do ambiente. Essa teoria é inadmissível, porque a pesquisa de cada traço cultural individual demonstra que a influência do ambiente produz certo grau de adaptação entre o ambiente e a vida social, mas que nunca é possível encontrar uma explicação completa das condições prevalecentes, com base unicamente na ação do meio ambiente. Devemos recordar que, por maior que seja a influência que possamos atribuir ao ambiente, essa influência só pode tornar-se efetiva se for exercida sobre a mente; de modo que as características da mente devem entrar nas resultantes formas de atividade social. É tão pouco concebível que a vida mental possa ser explicada satisfatoriamente só pelo meio ambiente, já que esse meio ambiente pode ser explicado pela influência das pessoas sobre a natureza, que, como todos sabemos, tem provocado mudanças nos cursos de águas, a destruição de florestas e mudanças da fauna. Em outras palavras, parece inteiramente arbitrário negligenciar a parte que desempenham os elementos psíquicos ou sociais na determinação das formas de atividades e de crenças que ocorrem com grande frequência em todo o mundo.

A teoria do determinismo econômico da cultura não é mais adequada que a do determinismo geográfico. É mais atraente porque a vida econômica é uma parte integral da cultura e está intimamente relacionada com todas as suas fases, enquanto as condições geográficas constituem sempre um elemento externo. Contudo, não há razão para dizer que todas as outras fases da cultura são uma superestrutura sobre uma base econômica, pois as condições econômicas atuam sempre sobre uma cultura preexistente e elas próprias dependem de outros aspectos da cultura. Não é mais justificável dizer que a estrutura social é determinada pelas formas econômicas que alegar o inverso, pois uma estrutura social preexistente influenciará as condições econômicas e vice-versa, e jamais se observou um povo que não possua nenhuma estrutura social e não esteja sujeito a condições econômicas. A teoria de que as forças econômicas precederam todas as outras manifestações de vida cultural e exerceram suas influências sobre um grupo sem quaisquer traços culturais é insustentável. A vida cultural está sempre condicionada pela economia e a economia está sempre condicionada pela cultura.

A semelhança de elementos culturais, independentemente da raça, do ambiente e de condições econômicas, pode também ser explicada como resultado de um desenvolvimento paralelo baseado na semelhança da estrutura psíquica do ser humano em todo o mundo.

Bastian (apud Achelis, 1896: 189s.) reconhece a grande importância do meio geográfico na modificação dos fenômenos étnicos análogos, mas não lhes atribui poder criador. Para ele, a identidade das formas de pensamento encontradas em regiões muito afastadas entre si sugeria a existência de certos tipos definidos de pensamento, seja qual for o meio em que viva o ser humano e sejam quais forem suas relações sociais. Essas formas fundamentais de pensamento, "que se desenvolvem com necessidade inflexível onde quer que viva o ser humano", foram denominadas por ele "ideias elementares". Ele nega que seja possível descobrir as fontes últimas de inventos, ideias, costumes e crenças, que ocorreram em âmbito universal. Podem ter surgido de uma variedade de fontes, podem ser autóctones ou podem ser importados, mas estão aí. A mente humana está formada de tal modo que os produz espontaneamente ou os aceita sempre que lhe são apresentados. O número de ideias elementares é limitado. No pensamento primitivo, como também nas especulações dos filósofos, as mesmas ideias aparecem frequentemente na forma especial que lhes dá o ambiente em que encontram expressão como "ideias populares" (*Völkergedanken*).

As ideias elementares parecem a Bastian entidades metafísicas. É improvável que um pensamento ulterior possa elucidar sua origem, porque nós mesmos somos compelidos a pensar nas formas dessas mesmas ideias elementares.

Em muitos casos, uma enunciação clara da ideia elementar nos dá a razão psicológica de sua existência. Por exemplo: a mera declaração de que o ser humano primitivo considera os animais dotados de todas as qualidades do ser humano mostra que a analogia entre muitas das qualidades dos animais e as qualidades humanas levou a supor que todas as qualidades dos animais são humanas. O fato de que tão frequentemente se situa o reino das sombras no Oeste sugere sua localização como o lugar onde desaparecem o Sol e as estrelas. Em outros casos, as causas não são tão evidentes; por exemplo, nos difundidos costumes de restrições ao matrimônio que têm sido motivo de perplexidade para muitos pesquisadores. A prova da dificuldade desse problema está nas muitas hipóteses que foram inventadas para explicá-lo em todas as suas variadas fases.

Não há razão para aceitar a renúncia de Bastian. As forças dinâmicas que moldam a vida social são hoje as mesmas que moldaram a vida há milhares de anos. Podemos seguir os impulsos intelectuais e emocionais que movem o ser humano na atualidade e que conformam suas ações e pensamentos. A aplicação desses princípios irá esclarecer muitos de nossos problemas.

Nossas considerações anteriores nos permitem também avaliar a teoria de que o caráter biológico de uma raça determina sua cultura. Admitamos por ora que a estrutura genética de um indivíduo determine sua conduta. As ações de suas glândulas, seu metabolismo basal etc. são elementos que encontram expressão em sua personalidade. A personalidade, nesse sentido, significa as características emocionais, volitivas e intelectuais biologicamente determinadas que governam a maneira como um indivíduo reage à cultura em que vive. A constituição biológica não faz a cultura. Ela influencia as reações do indivíduo à cultura. Assim como o meio geográfico ou as condições econômicas não criam uma cultura, tampouco o caráter biológico de uma raça cria uma cultura de um tipo definido. A experiência tem demonstrado que membros da maioria das raças colocados numa certa cultura conseguem participar dela. Na América, homens como Juárez, presidente do México, ou os indígenas de excelente formação na América do Norte e do Sul são exemplos disto. Na Ásia, a história moderna do Japão e da China e na América os êxitos de negros cultos como cientistas, médicos, advogados, economistas são ampla prova de que a condição racial de um indivíduo não é um obstáculo à sua participação na civilização moderna. A cultura é, assim, o resultado de inúmeros fatores que interagem entre si e não existe evidência de que as diferenças entre as raças humanas, particularmente não entre os membros da raça branca, tenham qualquer influência diretiva sobre o curso do desenvolvimento da cultura. Tipos individuais têm encontrado sempre, desde o período glacial, uma cultura existente à qual reagiram.

A gama de diferenças individuais que ocorrem dentro de uma raça nunca foi pesquisada de maneira satisfatória. Mostramos que a variabilidade da forma corporal dos indivíduos componentes de cada raça é grande. Não podemos, no entanto, oferecer dados exatos a respeito da variabilidade dos traços fisiológicos fundamentais e menos ainda de traços mais intangíveis, tais como a personalidade fisiologicamente determinada, mas até a observação qualitativa demonstra que a variabilidade em cada unidade racial é grande. A dificuldade quase insuperável radica no fato de que os processos fisiológicos e psicológicos e especialmente a personalidade não podem ser reduzidos a um padrão absoluto que esteja livre de elementos ambientais. É, portanto, injustificado sustentar que uma raça tem uma personalidade definida. Vimos que, como consequência da variabilidade de indivíduos que compõem uma raça, as diferenças entre grupos maiores de tipos humanos ligeiramente variáveis são bem menores que as diferenças entre os indivíduos que compõem cada grupo, de modo que qualquer influência considerável da distribuição biologicamente determinada das personalidades sobre a forma de cultura parece muito pouco provável. Nunca foi apresentada nenhuma prova de que uma série suficientemente grande de indivíduos normais de um meio social idêntico, porém representativo de diferentes tipos europeus – por exemplo, um grupo composto por indivíduos loiros, altos, de cabeça alongada e nariz grande e outro composto por indivíduos mais escuros, mais baixos, de cabeça redonda e nariz menor – se comporte diferentemente. O oposto, isto é, que povos do mesmo tipo – como os alemães da Boêmia e os tchecos – se comportem de maneira muito diferente, acontece muito mais facilmente. A mudança da personalidade do altivo indígena do tempo anterior à chegada dos brancos para seu descendente degenerado é outro exemplo notório.

A mente do ser humano primitivo e o progresso da cultura

Vimos que as tentativas de reconstruir a história da cultura mediante a aplicação do princípio de que o simples precede o complexo e através da análise lógica e psicológica dos dados da cultura conduzem a erros no que corresponde aos fenômenos culturais particulares. Não obstante, as crescentes conquistas intelectuais, que se expressam no pensamento, nas invenções, nos expedientes para oferecer maior segurança à existência e no alívio da sempre urgente necessidade de obter alimento e habitação, produzem nas atividades da comunidade diferenciações que dão à vida um tom mais variado e mais rico. Nesse sentido, podemos aceitar a expressão "avanço da cultura". Corresponde ao uso comum do dia a dia.

Poderia parecer que com essa definição encontramos também a definição de primitivo. São primitivos aqueles povos cujas atividades estão pouco diversificadas, cujas formas de vida são simples e uniformes e cuja cultura em seu conteúdo e em suas formas é pobre e intelectualmente inconsequente. Suas invenções, sua ordem social, sua vida intelectual e emocional seriam também pouco desenvolvidas. Isso seria aceitável se existisse uma estreita relação recíproca entre todos esses aspectos da vida étnica; mas essas relações são variadas. Há povos, como os australianos, cuja cultura material é muito pobre, mas possuem uma organização social altamente complexa. Outros, como os indígenas da Califórnia, produzem excelente trabalho técnico e artístico, mas não revelam uma correspondente complexidade em outros aspectos de sua vida. Ademais, essa medida adquire um sentido diferente quando uma população extensa se encontra dividida em estratos sociais. Assim, as diferenças entre o *status* cultural da população rural pobre de muitas regiões da Europa e da América e, sobretudo, dos estratos mais baixos do proletariado, por um lado, e as mentes atuantes representativas da cultura moderna, por outro, são enormes. Dificilmente se poderá encontrar em qualquer lugar uma maior ausência de valores culturais do que na vida interna de alguns estratos de nossa própria população moderna. Contudo, esses estratos não são unidades independentes como tribos que carecem de uma multiplicidade de invenções, porque essas tribos utilizam as conquistas culturais obtidas pelo povo em conjunto. Esse contraste aparente entre a independência cultural das tribos primitivas e a dependência dos estratos sociais em relação ao complexo total da cultura é tão somente a forma extrema da dependência mútua das unidades sociais.

Ao nos ocuparmos da difusão dos valores culturais, mostramos que não há nenhum povo que está inteiramente imune a influências estrangeiras, mas todos eles assumiram e assimilaram inventos e ideias de seus vizinhos. Há também casos em que as realizações dos vizinhos não são assimiladas, mas sim incorporadas sem alterações. Em todos esses casos se produz uma dependência econômica e social da tribo. Exemplos dessa natureza podem ser encontrados particularmente na Índia. Os vedás caçadores do Ceilão constituem, certamente, uma tribo. No entanto, suas ocupações dependem das ferramentas de aço que obtêm de seus hábeis vizinhos, e sua língua e grande parte de sua religião são apropriadas em bloco. A dependência econômica dos todas é ainda mais notável. Eles dedicam-se exclusivamente ao cuidado de seu rebanho de búfalos e obtêm de seus vizinhos todos os outros artigos necessários à vida, em troca de produtos lácteos. Em outra forma, encontramos essa dependência, ao menos temporariamente, nos Estados belicosos que vivem do roubo, subjugam seus vizinhos e se apropriam dos produtos de seu trabalho. Na realidade, onde quer que ocorra um ativo intercâmbio de produtos de diferentes países, existe uma maior ou menor interdependência econômica e cultural.

Antes de qualificar a cultura de um povo como primitiva – no sentido de pobreza de realizações culturais – é preciso responder a três questões: primeiro, como se manifesta a pobreza nos diversos aspectos da cultura; segundo, se o povo em seu conjunto pode ser considerado uma unidade quanto a seus bens culturais; terceiro, qual é a relação entre os diversos aspectos da cultura: se todos estão sujeitos a ser igualmente pouco desenvolvidos ou se alguns podem ser avançados e outros não.

É muito fácil responder a essas questões em relação à habilidade técnica, pois toda nova invenção técnica é um acréscimo a conquistas anteriores. Os casos em que um novo invento adotado e desenvolvido por um povo suprime uma valiosa técnica anterior – como a técnica metalúrgica suplantou a da pedra – são pouco frequentes. Consistem, em geral, na substituição de uma técnica pouco adequada a determinado fim por outra mais adequada. Por isso, não seria difícil classificar as culturas no que diz respeito à sua riqueza de invenções se houvesse alguma regularidade na ordem de seu surgimento. Temos visto que não é esse o caso. Devemos julgar um povo pastoril mais rico em invenções do que uma tribo agrícola? Será que as tribos pobres do Mar de Okhotsk são menos primitivas que os indígenas artistas do noroeste da América porque eles possuem cerâmica? Será que o antigo mexicano é mais primitivo que uma pobre tribo negra porque esta casualmente conhece a arte de fundir o ferro? Uma avaliação tão rígida e absoluta das culturas conforme a série de invenções que cada qual possui não corresponde à nossa opinião. Já temos visto que esses inventos não representam uma sequência no tempo.

Evidentemente, as invenções sozinhas não determinam nossa opinião. Consideramos uma cultura tanto mais elevada ou evoluída quanto menor for o esforço requerido para se obter o mais indispensável para a vida e quanto maiores forem as realizações técnicas que não servem às necessidades diárias indispensáveis. Os objetos culturais fornecidos pela nova invenção também influenciarão nossas opiniões. Apesar da excepcional habilidade técnica e engenho do esquimó, não consideramos sua cultura muito elevada, porque toda sua habilidade e energia são empregadas na perseguição diária da caça e na procura de proteção contra o rigor do clima. Pouco tempo lhe sobra para utilizar-se da técnica com outros propósitos. As condições entre os bosquímanos, os australianos e os vedás são semelhantes às dos esquimós. Consideramos a cultura dos indígenas californianos um pouco mais elevada porque estes gozam de lazer bastante amplo, que eles empregam para aperfeiçoar a técnica de objetos que não são absolutamente indispensáveis. Quanto mais variado for o emprego das técnicas que proporcionam amenidades à vida, tanto mais elevada consideramos uma cultura. Onde quer que apareça a fiação, o tecido, a fabricação de cestos, a escultura em madeira ou osso, trabalhos artísticos em pedra, arquitetura, cerâmica ou trabalho em metal, não duvidamos que tenha ocorrido um progresso em relação às mais simples condições primitivas. Nossa opinião não será influenciada pela escolha do alimento de que vive o povo, sejam animais terrestres, peixes ou produtos vegetais.

Os dons da natureza nem sempre são obtidos em quantidades suficientes e com tanta facilidade para proporcionar oportunidade de diversão. Por mais perfeitas que sejam suas armas, o caçador não consegue sem muita fadiga a provisão de alimento necessária para sua própria subsistência e a de sua família e onde as exigências da vida, devido ao rigor do clima ou à escassez da caça, demandam toda a sua atenção, não há tempo para o desenvolvimento lúdico da técnica. Só em regiões em que o alimento abunda e é conseguido com pouco esforço encontramos um fértil desenvolvimento da técnica para objetos não indispensáveis. Regiões assim favorecidas são partes dos trópicos com sua riqueza de produtos vegetais e aqueles rios e partes do mar que fervilham de peixes. Nessas regiões, a arte de conservar os alimentos libera o ser humano e lhe concede tempo livre para atividades recreativas. Em outras regiões só se consegue abundante provisão de alimento quando o ser humano aumenta artificialmente a provisão natural por meio da pecuária e da agricultura. É por isso que essas invenções estão intimamente associadas com um avanço geral da cultura.

É preciso considerar outro ponto. Cabe supor que todos os mais antigos progressos técnicos do ser humano não foram resultado de invenções planejadas, senão que pequenas descobertas acidentais enriqueceram seu inventário técnico. Só posteriormente se reconheceram essas descobertas como novos recursos úteis. Embora a invenção planejada tenha desempenhado um papel pouco importante em tempos antigos, as descobertas foram realizadas por indivíduos. Portanto, é provável que acréscimos a inventos anteriores tenham ocorrido com maior rapidez na medida em que os indivíduos participaram de uma ocupação particular. Tendemos a ver nisso uma das causas principais da acelerada mudança cultural, observável em grupos populosos que compartilham as mesmas ocupações.

Devido às limitações impostas por uma natureza avara, o crescimento numérico de uma tribo de caçadores se mantém dentro de limites bem definidos. Apenas quando há à mão uma abundante oferta de alimento, uma população pode crescer rapidamente. Uma pesca abundante pode oferecer tal oportunidade; a pecuária aumentará a quantidade de alimento; mas uma população numerosa espalhada por uma área contínua e que baseia sua subsistência num mesmo tipo de ocupação só é possibilitada pela agricultura. Por essa razão, a agricultura é a base de toda cultura técnica mais avançada (Carr-Saunders, 1922).

Dessas considerações podemos extrair duas outras consequências.

Evidentemente, os requisitos para o trabalho intelectual são muito semelhantes aos exigidos para os inventos técnicos. Não há oportunidade para o trabalho intelectual enquanto todo o tempo for absorvido para satisfazer as necessidades do momento. Então, também aqui, quanto mais plenamente o povo ganhar tempo e mais energicamente se aplicar a atividades intelectuais, mais a cultura será considerada elevada. A atividade intelectual se expressa, em parte, nos progressos da técnica, porém mais ainda no jogo retrospectivo com as experiências interiores e exteriores da vida. Podemos estabelecer uma medida objetiva do progresso da cultura também a esse respeito, porque reconhecemos que a contínua e cuidadosa elaboração do tesouro da experiência humana de acordo com formas racionais resultará num aumento do conhecimento. Também aqui o progresso será mais rápido, na medida em que mais tempo lhe for dedicado. O necessário trabalho intelectual leva em parte à eliminação do erro e em parte a uma sistematização da experiência.

Ambas as coisas, as novas abordagens da verdade e um desenvolvimento mais sistemático do conhecimento, representam um ganho. A extensão e a natureza do conhecimento podem ser interpretadas, nesse sentido, como um instrumento de progresso cultural.

Outro elemento da cultura está estreitamente vinculado ao avanço da técnica recreativa. A habilidade técnica é uma exigência fundamental para o desenvolvimento da arte. Não existe arte decorativa quando o povo carece de pleno domínio de sua técnica e de tempo para valer-se dela. Podemos inferir daí que as mesmas condições que são importantes para o desenvolvimento da técnica governam o desenvolvimento da arte e que, com a variedade de habilidades técnicas, aumentará a variedade de formas de arte.

Antes de voltar a nossa atenção para outros aspectos da atividade mental, podemos resumir os resultados de nossa pesquisa, afirmando que na técnica, nos empenhos intelectuais e na arte decorativa existem critérios objetivos para avaliar as culturas e que os avanços nesses campos estão estreitamente relacionados entre si, porque dependem do progresso geral da habilidade técnica e do discernimento.

A segunda questão que nos propusemos investigar é até que ponto as conquistas culturais de um povo são compartilhadas por todos os seus membros. Nas culturas mais pobres, nas quais se requer a energia integral de cada indivíduo para satisfazer as necessidades elementares da vida, em que a consecução de alimento e habitação constitui o conteúdo principal de toda atividade, pensamento e emoção da vida diária, e nas quais não se desenvolveu nenhuma divisão de trabalho, a uniformidade dos hábitos de vida será tanto maior quanto mais unilaterais forem os meios de obter alimento. O esquimó precisa caçar mamíferos marinhos no inverno e animais terrestres no verão e, assim, os pensamentos de todos giram em torno dessa ocupação. Tal uniformidade não é uma consequência necessária do meio ambiente geográfico do esquimó, pois mesmo nessas condições tão simples pode existir uma divisão de trabalho. Assim, por exemplo, os chukchees, que vivem em condições climáticas semelhantes, estão divididos em dois grupos econômicos que dependem, de certo modo, um do outro; um dedicado à criação de renas, outro à caça de mamíferos marinhos. Assim também, entre os povos caçadores, uma pessoa se dedica preferivelmente à procura de um tipo de animais, outra, à procura de outro tipo. O modo de vida dos caçadores não é favorável à formação de grupos individualizados; mas *uma* divisão existe também aqui como em outras partes: a divisão entre homem e mulher. O homem é caçador ou pescador; a mulher recolhe plantas e animais que não fogem. Ela ocupa-se das tarefas domésticas e cuida das crianças pequenas. Todo o curso da vida está preenchido por essas ocupações enquanto não há tempo para a técnica recreativa. Logo que esta tem oportunidade de desenvolver-se, ocorrem diferenciações de tarefas de acordo com o gosto e a habilidade de cada um. Encontramos escultores em madeira, fabricantes de cestos, oleiros e tecelões. Podem não se dedicar exclusivamente a uma ocupação ou a outra, mas serão inclinados em maior ou menor grau num sentido ou noutro. Também encontramos pensadores e poetas, pois o jogo das ideias e das palavras exerce sua atração em época bem remota, provavelmente até num período em que ainda não havia muita oportunidade para uma técnica recreativa; porque, embora a caça e as tarefas domésticas não deixem tempo para o trabalho manual, o caçador que perambula ou fica de tocaia e a mãe que recolhe o alimento e cuida dos filhos têm oportunidade e ócio para exercitar a imaginação e o pensamento.

Onde quer que certa parte de um povo conquiste o domínio de uma técnica, descobrimos que eles são artistas criativos. Onde o ser humano adquire grande habilidade em uma técnica que só ele pratica, ele é o artista criador. Assim, a pintura e a escultura em madeira na costa noroeste da América são artes masculinas, enquanto a bela cerâmica dos pueblos e a confecção de cestos na Califórnia são artes femininas. A técnica domina a vida artística a tal ponto que na costa noroeste a mulher parece desprovida de imaginação e vigor. Em seu tecido e bordado, ela só sabe imitar a arte dos homens. Por outro lado, entre os pueblos e os californianos, o homem parece pouco dotado do ponto de vista artístico. Quando homens e mulheres desenvolveram cada qual suas próprias técnicas até um alto grau de perfeição, podem desenvolver-se dois estilos separados, como ocorre com os tlingit do Alasca, entre os quais as mulheres fazem cestos tecnicamente perfeitos, ornados com desenhos complexos de linhas retas, enquanto a arte dos homens desenvolveu figuras animais altamente estilizadas. É suficiente assinalar, neste ponto, que a diferenciação progressiva das atividades implica um enriquecimento das atividades culturais.

A diferenciação pode, contudo, produzir também uma unilateralidade tal nas ocupações de alguns segmentos da população que, consideradas por si sós, as diversas classes separadamente são muito mais pobres em cultura do que um povo que possua atividades menos diferenciadas. Isso ocorre espacialmente quando, no curso do desenvolvimento econômico, grandes segmentos da população ficam reduzidos à situação de ter que empregar toda sua energia para satisfazer suas necessidades diárias, ou quando sua participação na vida produtiva se torna impossível, como ocorre em nossa civilização moderna. Embora, nesse caso, a produtividade cultural do povo inteiro possa ser de alto mérito, a avaliação psicológica deve levar em conta a pobreza de cultura de grandes massas.

Nos vários aspectos da cultura considerados até aqui, destaca-se com bastante clareza uma conquista maior ou menor e, portanto, uma medida objetiva de avaliação; mas há outros aspectos nos quais não se pode responder com tanta facilidade à pergunta sobre o que é pobreza de cultura. Apontamos, anteriormente, que o conhecimento por si só não constitui riqueza de cultura, mas que a coordenação do conhecimento determina nosso juízo. Todavia, a avaliação da coordenação intelectual da experiência, dos conceitos éticos, da forma artística e do sentimento religioso é de natureza tão subjetiva que não é tarefa simples definir um incremento dos valores culturais.

Qualquer avaliação da cultura significa que se escolheu um ponto para o qual se movem as mudanças, e esse ponto é o protótipo de nossa civilização moderna. Com o aumento da experiência e do conhecimento sistematizado, ocorrem mudanças que nós chamamos progresso, ainda que as ideias fundamentais possam não ter sofrido mudança alguma. O código humano de ética para o fechado grupo social a que pertence uma pessoa é o mesmo em toda parte: o assassinato, o roubo, a mentira e o estupro são condenados. A diferença reside mais na extensão do grupo social em relação ao qual se sentem obrigações e no discernimento mais claro do sofrimento humano, isto é, num aumento de conhecimento.

Mais difícil ainda é definir o progresso no que concerne à organização social. O individualista extremo considera a anarquia seu ideal, enquanto outros acreditam na sujeição voluntária a um controle governamental. O controle do indivíduo pela sociedade ou a submissão à direção de um chefe, a liberdade individual ou a conquista do poder pelo grupo como um todo podem ser, cada um deles, considerado o ideal. O progresso só pode ser definido em relação ao ideal especial que temos em mente. Não existe progresso absoluto. Durante o desenvolvimento da civilização moderna a rigidez do *status* em que um indivíduo nasce, ou para o qual ele é trazido voluntariamente ou à força, perdeu muito de seu valor, embora se observe uma recrudescência na Alemanha atual onde o *status* de judeu é determinado não por suas qualidades pessoais, mas por seu nascimento; ou na Rússia, na Itália e na Alemanha, onde o *status* de uma pessoa depende de sua filiação partidária. Em outros países sobrevive no *status* de cidadão e no *status* matrimonial. Num estudo objetivo da cultura, o conceito de progresso deveria ser usado com muita cautela (Boas, 1932).

Numa tentativa de reconstruir as formas de pensamento do ser humano primitivo, devemos tentar retroceder na história das ideias até o período mais antigo possível. Comparando as primeiras formas detectáveis com as formas de pensamento moderno, podemos chegar a compreender as características do pensamento primitivo. Devemos antes de tudo ter clareza sobre a extensão do período durante o qual pode ter existido uma vida mental semelhante à nossa. Existem duas linhas de aproximação a esse problema: a pré-história e a linguagem. No Egito e na Ásia Ocidental, existiam culturas altamente desenvolvidas há mais de 7.000 anos. Dados pré-históricos provam que um longo período de desenvolvimento deve ter precedido o seu surgimento. Essa conclusão é corroborada por achados em outras partes do mundo. A agricultura na Europa é muito antiga e as condições culturais que a acompanham são inteiramente análogas às das tribos modernas que têm padrões culturais bastante complexos. Ainda mais antigamente, no final do período glacial, a cultura representada pelos vestígios encontrados em Madeleine, na França, possuía uma indústria e uma arte altamente desenvolvidas que podem ser comparadas com as de tribos modernas com nível semelhante de realizações. Parece admissível supor que o nível cultural de tribos tão semelhantes em sua cultura técnica pode ter sido semelhante também em outros aspectos. É, pois, justificada nossa suposição de que há 15.000 ou 20.000 anos as atividades culturais gerais do ser humano não eram diferentes das encontradas hoje.

A multiplicidade de formas linguísticas e a lentidão com que se desenvolvem as mudanças radicais na estrutura do idioma também levam à conclusão de que a vida mental do ser humano, tal como se expressa no idioma, deve ser muito antiga.

Devido à permanência das formas fundamentais dos idiomas, que se conservam durante longos períodos, seu estudo nos faz remontar até às origens da história do pensamento humano. Por esse motivo, será útil uma breve descrição de alguns dos traços essenciais da linguagem humana.

Em todo idioma falado é possível reconhecer um número bastante grande, porém definido, de articulações cujo agrupamento forma a expressão linguística. Um número limitado de articulações e grupos de articulações é indispensável para uma linguagem rápida. Cada articulação corresponde a um som, e um número limitado de sons é necessário para o entendimento acústico. Se num idioma o número de articulações fosse ilimitado, provavelmente nunca se desenvolveria a necessária exatidão de movimentos indispensáveis para a linguagem rápida e o pronto reconhecimento dos complexos de sons. A limitação do número de movimentos de articulação e sua repetição constante fazem também com que esses ajustes exatos se tornem automáticos e que se desenvolva uma firme associação entre a articulação e o som correspondente.

É uma característica fundamental e comum da linguagem articulada que os grupos de sons emitidos sirvam para expressar ideias, e cada grupo de sons tem um significado fixo. Os idiomas diferem não só no caráter de seus elementos fonéticos constitutivos e grupos de sons, senão também nos grupos de ideias que encontram expressão nos grupos fonéticos fixos.

O número total de combinações possíveis de elementos fonéticos é ilimitado, porém só um número determinado está realmente em uso. Isso significa que o número total de ideias expressas por grupos fonéticos distintos é limitado. Chamaremos esses grupos fonéticos de "radicais".

Dado que a esfera total de experiência pessoal que o idioma serve para expressar é infinitamente variada e seu alcance total deve ser expresso por um número limitado de radicais, uma extensa classificação de experiências deve, necessariamente, estar subjacente a toda linguagem articulada.

Isso coincide com um traço fundamental do pensamento humano. Em nossa experiência real não existem duas impressões sensoriais ou estados emocionais idênticos. Nós os classificamos, de acordo com suas semelhanças, em grupos mais amplos ou mais restritos, cujos limites podem ser determinados a partir de uma variedade de pontos de vista. Apesar de suas diferenças individuais, reconhecemos em nossas experiências elementos comuns e os consideramos relacionados ou até idênticos, sempre que possuam um número suficiente de traços característicos em comum. Assim, pois, a limitação do número de grupos fonéticos que são veículos de ideias diferentes é uma expressão da realidade psicológica de que muitas experiências individuais diferentes nos parecem representativas da mesma categoria de pensamento.

Esse traço do pensamento e da linguagem humanos pode ser comparado com a limitação da série total de possíveis movimentos de articulação pela seleção de um número limitado de movimentos habituais. Se toda a massa de conceitos, com todas as suas variantes, fosse expressa no idioma por grupos de sons e radicais inteiramente heterogêneos e não relacionados, ocorreria uma situação em que ideias estreitamente vinculadas não mostrariam sua conexão através da correspondente relação de seus símbolos sonoros e, para sua expressão, seria necessário um número infinitamente grande de radicais diferentes. Se fosse assim, a associação entre uma ideia e seu radical representativo não se tornaria suficientemente estável para ser reproduzida automaticamente, sem reflexão, num determinado momento. Assim como o uso rápido e automático de articulações fez com que somente um número limitado delas, cada qual com variabilidade limitada, e um número limitado de grupos de sons tenham sido escolhidos entre a gama infinitamente grande de possíveis articulações e grupos de articulações, assim também o número infinitamente grande de ideias foi reduzido pela classificação a um número menor, que através do uso constante estabeleceu firmes associações e pode ser usado automaticamente.

A conduta do ser humano primitivo e dos desprovidos de instrução demonstra que tais classificações linguísticas nunca chegam a ser conscientes e que, por conseguinte, deve-se buscar sua origem não em processos mentais racionais, mas em processos mentais automáticos.

Em diversas culturas, essas classificações podem estar fundadas em princípios fundamentalmente diferentes. Um conhecimento das categorias em que é classificada a experiência nas várias culturas ajudaria, portanto, a entender os processos psicológicos antigos.

Encontram-se diferenças de princípios de classificação no domínio das sensações. Por exemplo: tem-se observado que as cores são classificadas em grupos completamente diferentes, de acordo com suas semelhanças, sem nenhuma distinção concomitante em relação à capacidade de distinguir matizes de cor. O que chamamos verde e azul é, frequentemente, combinado em um termo como "cor de bílis", ou amarelo e verde são combinados num único conceito que poderá ser denominado "cor de folhas tenras". No transcorrer do tempo, fomos acrescentando nomes para tonalidades adicionais que nos tempos mais antigos, e em parte também hoje na vida diária, não são distinguidas. Dificilmente se pode exagerar a importância do fato de que, na linguagem e no pensamento, a palavra evoque um quadro diferente, de acordo com a classificação de verde e amarelo ou verde e azul como um grupo.

No domínio de outros sentidos ocorrem diferenças de agrupamento. Assim, salgado e doce ou salgado e amargo são concebidos às vezes como uma só categoria; ou o gosto do azeite rançoso e o do açúcar são colocados na mesma classificação.

Outro exemplo que ilustra as diferenças de princípios de classificação é oferecido pela terminologia da consanguinidade e da afinidade. Essas são tão diferentes que é quase impossível traduzir o conteúdo conceitual em um termo pertencente a um sistema para o conteúdo mental de outro sistema. Assim, um termo pode ser usado para a mãe e todas as suas irmãs, ou mesmo para a mãe e todas as primas em todos os graus, sempre que descendam na linha feminina da mesma antepassada feminina; ou o nosso vocábulo "irmão" pode, em outro sistema, ser dividido nos grupos de irmão mais velho e irmão mais novo. Também nesse caso as categorias não podem ter-se formado intencionalmente, mas devem ou ter surgido de costumes que combinam ou diferenciam os indivíduos ou podem ter contribuído para cristalizar a relação social entre os membros de grupos consanguíneos e afins.

Os grupos de ideias expressadas por radicais específicos acusam diferenças muito substanciais em idiomas distintos, e não se conformam de modo algum aos mesmos princípios de classificação. Tomemos, por exemplo, o caso da "água". Em esquimó "água" refere-se só à água fresca para beber; para água do mar existe um termo e um conceito diferente.

Como outro exemplo da mesma categoria, podemos citar as palavras que designam "neve" em esquimó. Encontramos uma palavra que significa "neve sobre o chão"; outra, "neve que cai"; uma terceira, "avalanche de neve"; uma quarta, "neve acumulada pelo vento".

No mesmo idioma, a foca em diferentes condições é designada com uma variedade de termos. Uma palavra é o termo geral para "foca"; outra significa a "foca aquecendo-se ao sol"; uma terceira, uma "foca flutuando sobre um pedaço de gelo", para não mencionar os numerosos nomes usados para designar as focas de diferentes idades e para designar o macho e a fêmea.

Como exemplo de termos que expressamos por palavras independentes, mas que em outras culturas são agrupados sob um só conceito, podemos escolher o idioma dakota. Os termos "dar um pontapé", "amarrar em feixes", "morder", "estar perto de", "socar", "esmagar" são todos derivados do elemento comum que significa "ser agarrado" e que os une a todos, enquanto nós usamos palavras diferentes para expressar as diversas ideias.

Parece bastante evidente que a seleção desses termos simples deve depender, até certo ponto, dos interesses principais de um povo; e onde é necessário distinguir certo fenômeno em muitos aspectos, que na vida do povo desempenham cada qual um papel distinto, podem ser formadas muitas palavras independentes, enquanto em outros casos podem bastar modificações de um único termo.

As diferenças nos princípios de classificação que ilustramos por meio de alguns substantivos e verbos podem ser reforçadas por observações que não estão estreitamente relacionadas com os fenômenos linguísticos. Assim, certos conceitos que nós consideramos como atributos são concebidos às vezes como objetos independentes. O caso mais conhecido dessa natureza é o da enfermidade. Para nós a enfermidade é uma condição do corpo. A maioria dos povos primitivos, e até membros de nossa própria sociedade, consideram qualquer enfermidade como um objeto que penetra no corpo e que pode ser removido dele. Assim indicam os muitos casos em que a enfermidade é removida por sucção ou manipulação e as crenças de que ela pode ser introduzida no corpo de um inimigo, ou ainda aprisionada numa árvore, impedido assim o seu retorno. Outras condições são tratadas às vezes da mesma forma: a vida, a fadiga, a fome e demais estados do corpo são tomados como objetos que estão no corpo ou podem atuar sobre ele a partir de fora. Assim também se considera a luz do Sol como algo que ele pode vestir ou despir.

As formas linguísticas sozinhas não seriam uma prova estrita dessa conceitualização de atributos, porque nós também podemos dizer que a vida abandona o corpo ou que uma pessoa tem dor de cabeça. Embora em nosso caso seja meramente uma maneira de dizer, sabemos que a expressão linguística está viva entre os primitivos e encontra expressão de muitas formas em suas crenças e ações.

A interpretação antropomórfica da natureza, predominante entre os povos primitivos, também pode ser concebida como um tipo de classificação da experiência. Parece provável que a analogia entre a capacidade de se mover dos homens e dos animais, como também de alguns objetos inanimados, e seus conflitos com as atividades humanas que poderiam ser interpretados como uma expressão de sua força de vontade tenha feito com que todos esses fenômenos fossem combinados dentro de uma única categoria. Creio que a origem das ideias religiosas fundamentadas nesse conceito está tão pouco fundada no raciocínio como a das categorias linguísticas. No entanto, enquanto o uso da linguagem é automático, de modo que antes do desenvolvimento de uma ciência da linguagem as ideias fundamentais nunca chegam à consciência, isso ocorre com frequência no domínio da religião, e o início subconsciente e seu desenvolvimento especulativo estão sempre entrelaçados.

Em virtude das diferenças nos princípios de classificação, todo idioma, do ponto de vista de outro idioma, pode ser arbitrário em suas classificações, pois o que parece uma única ideia simples num idioma pode ser caracterizado por uma série de radicais diferentes em outro.

Já vimos anteriormente que em todos os idiomas deve encontrar-se algum tipo de classificação da expressão. Essa classificação das ideias em grupos, em que cada um é expresso por um radical independente, torna necessário que conceitos que não são vertidos facilmente por um único radical sejam expressos por combinações ou por modificações dos radicais elementares, de acordo com as ideias últimas a que se reduz a ideia particular.

Essa classificação e a necessidade de expressar certas experiências por meio de outras relacionadas – que, ao limitar-se mutuamente, definem a ideia especial a ser expressa – envolvem a presença de elementos formais que determinam as relações dos radicais individuais. Se cada ideia pudesse ser expressa por um único radical, seriam possíveis idiomas sem forma. No entanto, já que as ideias individuais devem ser expressas por sua redução a um certo número de conceitos mais amplos, os recursos para expressar as relações se convertem em elementos importantes na linguagem articulada; e segue-se que todos os idiomas devem conter elementos formais, cujo número deve ser maior à medida que os radicais elementares que definem as ideias especiais diminuem. Num idioma que possui um vocabulário muito vasto e fixo, o número de elementos formais pode chegar a ser extremamente pequeno.

Esses elementos não se limitam estritamente àqueles que expressam as relações lógicas e psicológicas entre as palavras. Em quase todos os idiomas, eles incluem categorias que *devem* ser expressas. Assim, por exemplo, nos idiomas europeus não podemos formular nenhum enunciado sem definir sua relação temporal. Um ser humano está, esteve ou estará enfermo. Um enunciado desse tipo, sem definição de tempo, não pode ser feito no idioma inglês. Só quando estendemos o significado do presente a todo o tempo – como na afirmação "o ferro é duro" – incluímos todos os aspectos do tempo em uma única forma. Em contraposição, temos muitos idiomas em que não se confere nenhuma importância à diferença entre passado e presente; neles essa definição *não* é obrigatória. Outros ainda substituem a ideia de tempo pela de lugar e *exigem* que se expresse o lugar onde acontece uma ação – perto de mim, perto de você, ou perto dele –, de modo que é impossível, conforme a sua estrutura gramatical, fazer uma afirmação indefinida no tocante ao lugar. Outros, ainda, podem exigir que se afirme a fonte do conhecimento: se uma afirmação se baseia na própria experiência, em provas ou em boatos. Conceitos gramaticais como o de pluralidade, definido ou indefinido (no artigo), podem estar presentes ou ausentes. Por exemplo: a frase "o homem matou uma rena" contém como categorias obrigatórias "o" definido, "homem" singular, "matou" passado, "uma" singular indefinido. Um indígena kwakiutl deveria dizer "o" definido, "homem" determinado local singular – por exemplo, perto de mim visível –, "matou", tempo indefinido, objeto definido ou indefinido, determinado local – por exemplo, ausente invisível –, "rena" singular ou plural, determinado local –, por exemplo, ausente invisível. Ele também deve acrescentar a fonte de sua informação, se provém de sua própria experiência ou por ouvir dizer, e uma indicação se o homem, a rena ou o matar foram tema anterior de conversação ou pensamento.

As categorias obrigatórias de expressão distinguem nitidamente os idiomas uns dos outros.

Podemos mencionar algumas categorias que não nos são familiares nos idiomas europeus. A maioria dos idiomas indo-europeus classifica os objetos de acordo com seu sexo e estendem esses princípios aos objetos inanimados. Além disso, há uma classificação de acordo com a forma, que, no entanto, não é expressa por mecanismos gramaticais. Uma casa está de pé, a água corre, um inseto pousa, um país situa-se ou estende-se. Em determinados idiomas a classificação dos objetos de acordo com sua forma – em compridos, achatados, redondos, eretos, móveis – é um princípio de classificação gramatical; ou podemos encontrar outras classificações, tais como animado e inanimado, feminino e não feminino, membro de uma tribo e estranho. Muitas vezes essas classificações estão completamente ausentes.

Condições semelhantes se encontram no verbo. Muitos idiomas designam categorias gerais de movimento (por exemplo, "ir") e designam a direção mediante elementos adverbiais, como para cima, para baixo, para dentro, para fora. Em outros idiomas, esses elementos não existem e termos como "ir para dentro" e "ir para fora" devem ser expressos mediantes radicais diferentes (por exemplo, "entrar" e "sair"). Exemplos em que o instrumento de ação é expresso mediante um mecanismo gramatical foram dados antes. A forma de movimento – como em linha reta, em forma circular, em ziguezague – pode ser expressa mediante elementos subordinados, ou as modificações do verbo contidas em nossas conjunções podem ser expressas por modos formais.

Essas antigas modificações continuam existindo nos idiomas modernos e devemos pensar em suas formas. Caberia perguntar, portanto, se a forma do idioma pode obstaculizar a clareza do pensamento. Argumentou-se que a concisão e a clareza do pensamento de um povo dependem, em grande medida, de seu idioma. Afirmou-se que a naturalidade com que em nossos idiomas europeus modernos expressamos amplas ideias abstratas com um único termo e a facilidade com que amplas generalizações são colocadas na estrutura de uma simples sentença são uma das condições fundamentais da clareza de nossos conceitos, da força lógica de nosso pensamento e da precisão com que, em nossos pensamentos, eliminamos os detalhes insignificantes. Aparentemente, essa opinião tem muito a seu favor. Quando comparamos o inglês moderno com alguns dos idiomas indígenas extremamente concretos em sua expressão formativa, o contraste é notável. Enquanto nós dizemos "o olho é o órgão da visão", o indígena talvez não seja capaz de formar a expressão "o olho", porventura sendo necessário definir que se trata do olho de uma pessoa ou de um animal. O indígena talvez seja também incapaz de generalizar facilmente a ideia abstrata de um olho como representante de toda a categoria de objetos, talvez, simultaneamente, precise especificar, por meio de uma expressão como "este olho aqui". Ainda, pode ser que não consiga expressar com um único termo a ideia de um "órgão" e talvez precise especificá-lo usando uma expressão como "instrumento de ver", de maneira que a frase completa poderia assumir uma forma semelhante a esta: "o olho de uma pessoa indefinida é seu instrumento de ver". Não obstante, é preciso reconhecer que nessa forma mais específica é possível expressar corretamente a ideia geral. Ao que parece, é muito discutível até que ponto a restrição ao uso de certas formas gramaticais pode ser considerada realmente um obstáculo à formulação de ideias generalizadas. Parece muito mais provável que a ausência dessas formas se deva à falta de necessidade delas. O ser humano primitivo, quando conversa com seus companheiros, não costuma discutir ideias abstratas. Seus interesses estão concentrados nas ocupações de sua vida diária; e quando se toca em problemas filosóficos, estes aparecem ou relacionados a determinados indivíduos, ou nas formas mais ou menos antropomórficas de crenças religiosas. Dificilmente ocorrerão na linguagem primitiva discursos sobre qualidades sem conexão com o objeto ao qual pertencem ou sobre atividades ou situações desvinculadas da ideia do o ator ou o sujeito estarem em determinada situação. Assim, o indígena não falará da bondade como tal, ainda que possa muito bem falar da bondade de uma pessoa. Não falará de um estado de felicidade suprema separado da pessoa que se encontra em tal estado. Não se referirá à capacidade de ver sem designar um indivíduo que tem tal capacidade. Assim acontece que, em idiomas em que a ideia de posse é expressa por elementos subordinados a substantivos, todos os termos abstratos aparecem sempre com elementos possessivos. É, contudo, perfeitamente concebível que um indígena instruído no pensamento filosófico passe a libertar as formas nominais subjacentes dos elementos possessivos, e assim chegue a formas abstratas que correspondem estritamente às formas abstratas de nossos idiomas modernos. Realizei esse experimento com um dos idiomas da Ilha de

Vancouver, no qual nunca aparece nenhum termo abstrato sem seus elementos possessivos. Após alguma discussão, achei perfeitamente fácil desenvolver a ideia do termo abstrato na mente do indígena, que afirmou que a palavra sem um pronome possessivo faz sentido, embora não seja usada de modo idiomático. Consegui dessa maneira isolar, por exemplo, os termos correspondentes a "amor" e a "compaixão", que, de ordinário, aparecem somente em formas possessivas, como "seu amor por ele" ou "minha compaixão por você". Que esse modo de ver é correto também se pode observar em idiomas em que elementos possessivos aparecem como formas independentes.

Também há provas de que é possível prescindir de outros elementos de especialização, bastante característicos de muitos idiomas indígenas, quando, por uma razão ou outra, parece desejável generalizar um termo. Para usar um exemplo de um idioma ocidental,[1] a ideia de "estar sentado" é expressa quase sempre com um sufixo inseparável que indica o lugar em que uma pessoa está sentada, como "sentada no piso da casa, no chão, na praia, sobre uma pilha de objetos" ou "sobre uma coisa redonda" etc. Contudo, se por alguma razão deva ser enfatizada a ideia da condição de estar sentado, pode-se usar uma forma que expressa simplesmente "estar em posição sentada".[2] Nesse caso, a fórmula para a expressão generalizada existe; mas a oportunidade de aplicá-la surge raramente ou talvez nunca. Creio que o que vale para esses casos vale também para a estrutura de cada idioma individualmente. O fato de não se empregar formas generalizadas de expressão não prova a incapacidade de formá-las, mas prova simplesmente que, dado o estilo de vida do povo, essas formas não são necessárias; mas se desenvolveriam tão logo fossem requeridas.

Esse ponto de vista é corroborado por um estudo dos sistemas numerais das línguas primitivas. Como é bem sabido, existem idiomas em que os numerais não passam de três ou quatro. Disso se deduziu que os povos que falam tais idiomas não são capazes de formar o conceito de números maiores. Creio que essa interpretação das condições existentes é absolutamente errônea. Povos como os indígenas sul-americanos (entre os quais se encontram esses sistemas numerais defectivos) ou como os esquimós (cujo antigo sistema numérico provavelmente não passava de dez) não têm provavelmente necessidade de expressões numéricas maiores, porque não são muitos os objetos que eles precisam contar. Por outro lado, logo que esses mesmos povos entram em contato com a civilização e quando adquirem padrões de valor que precisam ser contados, adotam com perfeita naturalidade números mais altos de outros idiomas e desenvolvem um sistema de contar mais ou menos perfeito. Isso não significa que cada um dos indivíduos que nunca na sua vida fez uso de números mais altos adquirirá rapidamente sistemas mais complexos; mas a tribo, em conjunto, parece ser sempre capaz de adaptar-se às necessidades de contar. Deve-se ter presente que o contar não se faz necessário enquanto os objetos forem considerados de forma tão generalizada que suas individualidades se perdem inteiramente de vista. Por essa razão, é possível que mesmo uma pessoa que possui um rebanho de animais domesticados possa conhecê-los pelo seu nome e por suas características sem nunca desejar contá-los. Os membros de uma expedição guerreira podem ser conhecidos pelo nome, sem precisar ser contados. Em suma, não existe prova de que a ausência do uso dos números esteja relacionada de forma alguma com a incapacidade de formar os conceitos de cifras maiores quando isso for necessário.

Se queremos formar um correto julgamento da influência exercida pela língua sobre o pensamento, devemos ter presente que nossos idiomas europeus, tais como se encontram no presente, foram moldados, em grande medida, pelo pensamento abstrato dos filósofos. Termos como "essência", "substância", "existência", "ideia", "realidade", muitos dos quais agora comumente utilizados, são em sua origem fórmulas artificiais para expressar os resultados do pensamento abstrato. Nesse sentido, se assemelhariam aos termos abstratos artificiais e não idiomáticos que podem ser formados nas línguas primitivas.

Parece assim que os obstáculos ao pensamento generalizado, inerentes à forma de um idioma, são apenas de menor importância e que provavelmente a língua por si só não impediria um povo de avançar até formas mais generalizadas de pensamento, se o estado geral da cultura requiser a expressão de tal pensamento; e que, nessas condições, a língua seria moldada pelo estado cultural. Não parece provável, portanto, que haja alguma relação direta entre a cultura de uma tribo e a língua que seus membros falam, exceto na medida em que a forma da língua seja moldada pelo estado da cultura, mas não na medida em que certo estado de cultura seja condicionado por traços morfológicos da língua.

Já que o fundamento do pensamento humano reside no afloramento à consciência das categorias em que é classificada nossa experiência, a diferença principal entre os processos mentais dos primitivos e os nossos reside no fato de que nós conseguimos, mediante o raciocínio, partindo das categorias imperfeitas e automaticamente formadas, desenvolver um melhor sistema do campo total do conhecimento, passo que os primitivos não deram.

A primeira impressão que se obtém do estudo das crenças do ser humano primitivo é que, enquanto as percepções de seus sentidos são excelentes, sua capacidade de interpretação lógica parece deficiente. Creio que é possível demonstrar que a razão desse fato não se baseia em nenhuma peculiaridade fundamental da mente do ser humano primitivo, mas está, antes, no caráter das ideias tradicionais, por meio das quais cada nova percepção é interpretada; em outras palavras, está no caráter das ideias tradicionais com que cada nova percepção se associa, determinando as conclusões alcançadas.

Em nossa própria comunidade se transmite à criança um acúmulo de observações e pensamentos. Esses pensamentos são o resultado da cuidadosa observação e especulação de nossa geração atual e das anteriores; mas são transmitidos à maioria dos indivíduos como substância tradicional, mais ou menos como o folclore. A criança combina suas próprias percepções com todo esse acúmulo de material tradicional e interpreta suas observações por meio dele. É um erro supor que a interpretação realizada por cada indivíduo civilizado é um processo lógico completo. Nós associamos um fenômeno com certo número de fatos conhecidos, cujas interpretações são supostamente conhecidas, e ficamos satisfeitos com a redução de um fato novo a esses fatos anteriormente conhecidos. Por exemplo, se o indivíduo comum ouve falar da explosão de um produto químico antes desconhecido, contenta-se em pensar que é sabido que certos materiais têm a propriedade de explodir em condições adequadas e que, por conseguinte, a substância desconhecida possui a mesma qualidade. Em geral, não raciocinará além disso, nem procurará realmente dar uma explicação completa das causas da explosão. Da mesma forma, o público leigo está propenso a buscar em toda nova epidemia desconhecida o micro-organismo que a provoca, assim como antes se buscava a causa em miasmas e venenos.

Também na ciência a ideia dominante determina o desenvolvimento das teorias. Assim, tudo o que existe, animado ou inanimado, precisava ser explicado pela teoria da sobrevivência dos mais aptos.

A diferença no modo de pensar do ser humano primitivo e do ser humano civilizado parece consistir, em grande parte, na diferente natureza do material tradicional com que a nova percepção se associa. A instrução dada ao filho do ser humano primitivo não está baseada em séculos de experiências, mas consiste na rudimentar e imperfeita experiência de gerações. Quando uma experiência nova penetra na mentalidade do ser humano primitivo, o mesmo processo que observamos no ser humano civilizado provoca uma série de associações inteiramente diferentes e conduz, portanto, a um tipo diferente de explicação. Uma explosão repentina será associada talvez, em sua mente, a relatos que ouviu a respeito da história mítica do mundo e, em consequência, será acompanhada de um temor supersticioso. A nova epidemia desconhecida talvez seja explicada pela crença em demônios que perseguem a humanidade; e o mundo existente poderá ser explicado como o resultado de transformações ou através de objetivações dos pensamentos de um criador.

Quando reconhecemos que nem entre os seres humanos civilizados nem entre os primitivos o indivíduo comum leva até o fim a tentativa de explicação causal dos fenômenos, mas só até ao ponto de amalgamá-la com outros conhecimentos anteriores, reconhecemos que o resultado de todo o processo depende totalmente da natureza do material tradicional. Por isso a imensa importância do folclore para determinar o modo de pensar. Aí reside especialmente a enorme influência da opinião filosófica atual sobre as massas populares e a influência da teoria científica dominante sobre a natureza do trabalho científico.

Seria inútil tentar entender o desenvolvimento da Ciência Moderna sem uma compreensão inteligente da Filosofia Moderna; seria inútil tentar entender a história da Ciência Medieval sem conhecer a Teologia Medieval; e, do mesmo modo, é inútil tentar entender a Ciência Primitiva sem um conhecimento inteligente da Mitologia Primitiva. "Mitologia", "Teologia" e "Filosofia" são termos diferentes para designar as mesmas influências que modelam a corrente do pensamento humano e que determinam a natureza dos esforços do ser humano para explicar os fenômenos da natureza. Para o ser humano primitivo – que foi ensinado a considerar os corpos celestes como seres animados; que vê em cada animal um ser mais poderoso que o ser humano; para quem as montanhas, as árvores e as pedras estão dotadas de vida ou de virtudes especiais –, as explicações dos fenômenos irão sugerir-se completamente diferentes daquelas a que nós estamos acostumados, uma vez que nós ainda baseamos nossas conclusões na existência de matéria e força como causadoras dos resultados observados. A confusão da mentalidade popular provocada pelas modernas teorias da relatividade, da matéria, da causalidade demonstra quão profundamente estamos influenciados por teorias mal entendidas.

Não deveríamos deixar de ter presente nas pesquisas científicas o fato de que sempre incorporamos certo número de hipóteses e teorias em nossas explicações e que não levamos até ao fim a análise de nenhum fenômeno dado. Se devêssemos fazer assim, o progresso dificilmente seria possível, porque cada fenômeno requereria uma quantidade infinita de tempo para um tratamento completo. Estamos, porém, demasiado propensos a esquecer por completo a base teórica geral, e para a maioria de nós puramente tradicional, que é o fundamento de nosso raciocínio, e a supor que o resultado de nosso raciocínio é a verdade absoluta. Nisso cometemos o mesmo erro em que estão incorrendo e sempre incorreram todos os menos instruídos, inclusive os membros de tribos primitivas. Eles se satisfazem mais facilmente do que nós no presente; mas também eles supõem verdadeiro o elemento tradicional que entra em suas explicações e, portanto, aceitam como verdade absoluta as conclusões baseadas nele. É evidente que, quanto menor for o número de elementos tradicionais que entrem no raciocínio e quanto mais claros procurarmos ser a respeito da parte hipotética de nosso raciocínio, mais lógicas serão nossas conclusões. Existe no progresso da civilização uma tendência indubitável a eliminar os elementos tradicionais e a obter uma percepção cada vez mais exata da base hipotética de nosso raciocínio. Portanto, não é de surpreender que, na história da civilização, o raciocínio se torne cada vez mais lógico, não porque cada indivíduo leve seu pensamento até ao fim de uma maneira mais lógica, mas porque o material tradicional transmitido a cada indivíduo foi pensado e elaborado mais profunda e cuidadosamente. Enquanto na civilização primitiva o material tradicional suscita dúvidas e exames apenas num número muito pequeno de indivíduos, o número de pensadores que trata de libertar-se das cadeias da tradição aumenta à medida que a civilização avança.

Um exemplo que ilustra essa evolução e, ao mesmo tempo, a lentidão desse progresso é encontrado nas relações entre os indivíduos pertencentes a tribos diferentes. Existem muitas hordas primitivas para as quais todo estrangeiro que não pertence à horda é um inimigo e entre as quais é correto ferir um inimigo com a máxima força e habilidade e, se for possível, matá-lo. Tal conduta se funda principalmente na solidariedade da horda, no sentimento de que é dever de todo membro da horda destruir todo e qualquer possível inimigo. Portanto, toda pessoa que não é membro da horda deve ser considerada pertencente a uma categoria completamente diferente dos membros da horda e é tratada de acordo. Podemos seguir, passo a passo, a ampliação gradual do sentimento de solidariedade durante o progresso da civilização. O sentimento de solidariedade da horda amplia-se para o sentimento de unidade da tribo, para um reconhecimento de vínculos estabelecidos pela vizinhança do habitat e mais adiante para o sentimento de solidariedade entre os membros de nações. Este parece ser o limite do conceito ético de solidariedade humana alcançado até o presente. Quando analisamos o forte sentimento de nacionalidade, tão poderoso no momento atual e que suplantou os interesses locais de unidades menores, reconhecemos que ele consiste principalmente na ideia da preeminência daquela comunidade da qual acontece que somos membros – no valor preeminente de sua compleição corporal, de sua língua, de seus costumes e tradições, e na crença de que todas as influências exteriores que ameaçam esses traços são hostis e devem ser combatidas, não só com o justificável propósito de conservar suas peculiaridades, mas até com o desejo de impô-las ao restante do mundo. O sentimento de nacionalidade aqui expresso e o sentimento de solidariedade da horda são da mesma natureza, ainda que modificados pela gradual ampliação da ideia de solidariedade; mas o ponto de vista ético que torna justificável na época atual aumentar o bem-estar de uma nação às custas de outra e a tendência a julgar a nossa forma de civilização como mais perfeita – não como mais cara ao nosso coração – que a do restante da humanidade, são os mesmos que aqueles que impulsionam as ações do ser humano primitivo, que considera todo estrangeiro um inimigo e que não está satisfeito enquanto o inimigo não for morto. É um tanto difícil para nós reconhecer que o valor que atribuímos à nossa civilização se deve ao fato de que nós participamos desta civilização e que ela esteve controlando todas as nossas ações desde o instante em que nascemos; mas é certamente concebível que possa haver outras civilizações, baseadas talvez em tradições diferentes e num diferente equilíbrio entre emoção e razão, que não tenham menos valor que a nossa, embora talvez nos seja impossível apreciar seus valores sem termos crescido sob sua influência. A teoria geral da valorização das atividades humanas, desenvolvida pela pesquisa antropológica, nos ensina uma tolerância maior do que aquela que professamos atualmente.

Notas

[1] O kwakiutl da Ilha de Vancouver.
[2] Tem, todavia, o significado específico de "estar sentado em assembleia".

Estabilidade das culturas

Uma comunidade isolada que permanece sujeita às mesmas condições ambientais, e sem acasalamento seletivo, torna-se, após várias gerações, estável na forma corporal. Enquanto não houver estímulos que modifiquem a estrutura social e a vida mental, a cultura também será razoavelmente permanente. Tribos primitivas e isoladas nos parecem estáveis, porque sob condições não perturbadas os processos de mudança de cultura são lentos.

Nos primeiros tempos da humanidade, a cultura deve ter mudado quase imperceptivelmente. A história do ser humano, de um ser que fabrica ferramentas, remonta, talvez, a 150.000 anos mais ou menos. As ferramentas pertencentes a esse período são encontradas enterradas no solo. Elas são implementos de pedra de forma simples. Durante um período não inferior a 30.000 anos, as formas não mudaram. Quando observamos tal permanência entre os animais, explicamos isso como uma expressão do instinto. Objetivamente, a fabricação de ferramentas do ser humano desse período parece ser uma característica instintiva semelhante aos instintos das formigas e abelhas. A repetição do mesmo ato sem mudança, geração após geração, dá a impressão de um instinto biologicamente determinado. Ainda assim, não sabemos se tal visão seria correta, pois não podemos dizer o quanto cada geração aprendeu com suas predecessoras. Animais como aves e mamíferos não agem apenas instintivamente; eles também aprendem através do exemplo e da imitação. Cavalos e cães aprendem a reagir aos chamados ou à palavra falada. Os pardais ingleses criados por canários aprendem seu canto e suas notas de chamada. Os papagaios aprendem a imitar sons. Os macacos até aprendem a usar paus ou pedras como ferramentas.

Parece provável que as condições eram as mesmas no ser humano primitivo. Mesmo nos primeiros vestígios podem ser encontradas diferenças. Enquanto em algumas áreas a forma típica de um implemento era a lâmina de sílex, em outras era o cutelo ou o golpe de ponteiro. Segundo Menghin, uma cultura baseada no uso de osso originou-se na Ásia Ártica; outra baseada na fabricação de lâminas de sílex, na Ásia Oriental; e outra, baseada no cutelo de sílex, na Índia.

A importância do processo de aprendizagem se torna cada vez mais evidente à medida que nos aproximamos do período atual. As ferramentas se diferenciam cada vez mais. Nem todas as localidades apresentam as mesmas formas, e parece provável que, se pudéssemos examinar o comportamento do ser humano em períodos com mil anos de diferença, essas mudanças seriam descobertas.

No final da Era do Gelo, a diferenciação nas formas dos objetos manufaturados havia chegado a ser tão grande quanto a encontrada hoje entre as tribos primitivas. Não há nenhuma razão para supormos que a vida dos povos que viveram perto do fim da Era do Gelo, os magdalenianos, tenha sido, de alguma forma, mais simples do que a dos esquimós modernos.

Com o início do atual período geológico, a diferenciação dos grupos locais e das atividades em cada grupo foi considerável. Mudanças que no início exigiram dezenas de milhares de anos, mais tarde milhares de anos, ocorreram agora em séculos e trouxeram uma multiplicidade constantemente crescente de formas.

Com a aproximação do período histórico, o grau de estabilidade da cultura diminuiu ainda mais, e, nos tempos modernos, as mudanças estão avançando com grande rapidez, não apenas nos produtos materiais de nossa civilização, mas também nas formas de pensamento.

Desde os primeiros tempos, a rapidez das mudanças tem crescido a um ritmo cada vez maior.

A taxa de mudança na cultura não é, de forma alguma, uniforme. Podemos observar em muitos casos períodos de estabilidade comparativa seguidos por outros de rápidas modificações. As grandes migrações teutônicas no final da Antiguidade trouxeram mudanças fundamentais na cultura e na linguagem. Elas foram seguidas por períodos de consolidação. A conquista árabe do norte da África destruiu uma civilização antiga e novas formas tomaram seu lugar. A assimilação da cultura também pode ser observada entre muitas tribos primitivas, e, embora não saibamos o ritmo das mudanças, muitas vezes há fortes evidências internas de um rápido ajuste a um novo nível. Na linguagem, a alternância entre períodos de mudança rápida e estabilidade comparativa pode ser observada com frequência. A transição do anglo-saxão e do normando para o inglês foi rápida. O desenvolvimento do inglês desde aquela época tem sido bastante lento. Períodos similares de distúrbios ocorreram no desenvolvimento do persa moderno.

As mudanças de velocidade incomum são devidas à influência da civilização europeia sobre as culturas primitivas. Quando elas não desaparecem completamente, um novo ajuste é alcançado com grande rapidez. Isso é exemplificado pela cultura moderna dos indígenas do México e do Peru. Parte de sua antiga cultura material sobrevive. Sob o verniz do catolicismo e de outras formas culturais espanholas, persistem antigas ideias, reajustadas à civilização sobreposta. Desenvolveu-se uma mistura que não cede até que as escolas modernas e uma participação mais ativa nos assuntos mundiais perturbem o equilíbrio. Um exemplo notável de ajuste entre antigo e novo é encontrado entre as tribos pueblo do Novo México, que conscientemente e tanto quanto possível se isolaram da vida americana ao seu redor. Sua vida diária tem sido modificada pelo uso de produtos de fabricação americana. O uso de artigos em tecidos, janelas e portas de vidro, implementos agrícolas, móveis domésticos; as igrejas católicas são frequentadas aos domingos; os dias dos santos são celebrados; e tudo isso é assimilado às formas de vida mais antigas. As formas antigas de casas persistem; em alguns pueblos, o estilo antigo de se vestir sobrevive; como até agora, o milho é moído na pedra de moer; antigos tipos de forno espanhóis para assar pão continuam a ser usados, e as antigas crenças religiosas e cerimônias foram tão ajustadas que continuam, sem sérios conflitos internos, lado a lado com o catolicismo. O novo equilíbrio só é perturbado quando as condições gerais da vida tornam impossível o isolamento contínuo e a geração mais jovem encontra um novo ajuste às condições alteradas.

Ainda mais impressionante é a rapidez da mudança de cultura entre os negros dos Estados Unidos. Desde sua introdução como escravizados, sua língua, seus costumes e crenças ancestrais desapareceram rapidamente com sua absorção na vida econômica da América. O dr. Parsons, o dr. Herskovits e a srta. Zora Hurston mostraram que, à medida que avançamos do sul para o norte, da Guiana holandesa para os Estados do norte, os sobreviventes da cultura negra se tornam cada vez menos. Os isolados negros bush do Suriname são essencialmente africanos na cultura. Os distritos negros do sul retêm alguns elementos africanos, enquanto o habitante negro da cidade do norte é, para todos os efeitos e propósitos, como seu vizinho branco, exceto na medida em que as barreiras sociais tendem a perpetuar uma ou outra peculiaridade de comportamento.

Apesar das rápidas mudanças em muitos aspectos de nossa vida moderna, podemos observar, em outros aspectos, uma acentuada estabilidade. As características de nossa civilização são conflitos entre a inércia da tradição conservadora e o radicalismo que não respeita o passado, mas tenta reconstruir o futuro com base em considerações racionais destinadas a promover seus ideais. Esses conflitos podem ser observados na Educação, no Direito, na teoria econômica, na religião e na arte. Disciplina contra a liberdade de controle, subordinação sob o domínio público contra a liberdade individual, capitalismo contra o socialismo, dogma contra a liberdade de crença, formas de arte estabelecidas contra a expressão estética sujeitas apenas a caprichos individuais, são alguns desses conflitos. Eles só são possíveis quando, em uma cultura em rápida mudança, o antigo e o novo vivem lado a lado.

Estamos acostumamos a medir a capacidade de uma raça por suas conquistas culturais que implicam rápidas mudanças. As raças entre as quais as últimas mudanças foram mais rápidas aparecem, portanto, como as mais desenvolvidas.

Por essas razões, é importante estudar as condições que contribuem para a estabilidade e para a mudança; e saber se as mudanças são orgânicas ou culturalmente determinadas.

O comportamento determinado organicamente é chamado de instintivo. Quando a criança chora e sorri, quando mais tarde ela caminha, suas ações são instintivas, nesse sentido. Respirar, mastigar, retirar-se de um ataque repentino contra os sentidos, aproximar-se dos objetos desejados são, presumivelmente, determinadas organicamente. Elas não precisam ser aprendidas. A maioria dessas ações é indispensável para a manutenção da vida. Jamais podemos explicar os motivos que nos levam a realizar atos organicamente determinados. O estímulo se apresenta e nós reagimos de imediato, sem esforço consciente. Ainda assim, algumas dessas reações podem ser modificadas ou mesmo suprimidas impunemente. Assim, podemos aprender a superar a reação ao medo. É difícil fazer isso, mas não impossível.

Com base nessa experiência, estamos inclinados a considerar todo tipo de comportamento que é marcado por uma reação imediata e involuntária como instintivo. Isso é um erro, pois os hábitos que nos são impostos durante a infância têm as mesmas características. Eles determinam as formas particulares de nossas atividades, mesmo aquelas que se baseiam na estrutura de nosso organismo. Devemos reconhecer que as *formas* específicas de nossas ações são determinadas culturalmente.

Devemos comer para poder viver. O ser humano ártico é obrigado, por necessidade, a viver de uma dieta de carne; o hindu vive de alimentos vegetais por opção.

O fato de andarmos sobre nossas pernas é organicamente condicionado. A maneira como andamos, nosso andar particular, depende das formas de nossos sapatos, do corte de nossas roupas, da maneira como carregamos cargas, da conformação do solo que pisamos. As formas de movimento peculiar podem ser, em parte, fisiologicamente determinadas, mas muitas são devidas à imitação. Elas são repetidas com tanta frequência que se tornam automáticas. Elas passam a ser o modo pelo qual nos movemos "naturalmente". A resposta é tão fácil e pronta como uma ação instintiva, e uma mudança do hábito adquirido para um novo é igualmente difícil. Quando completamente estabelecido, o nível de consciência de uma ação automática é o mesmo que o de uma reação instintiva.

Em todos esses casos, a *faculdade* de desenvolver um certo hábito motor é determinada organicamente. A *forma* particular de movimento é automática, adquirida pelo uso constante e habitual.

Essa distinção é particularmente clara no uso da linguagem. A *faculdade* da fala é organicamente determinada e deve ser chamada, portanto, de instintiva. Entretanto, *o que* falamos é determinado unicamente por nosso ambiente. Adquirimos um idioma ou outro, de acordo com o que ouvimos falar ao nosso redor. Acostumamo-nos a movimentos bem definidos de lábios, língua e todo o grupo de órgãos articuladores. Quando falamos, estamos totalmente inconscientes de qualquer um desses movimentos e igualmente da estrutura da língua que falamos. Ficamos ressentidos com os desvios na pronúncia e na estrutura. Como adultos, achamos extremamente difícil, se não impossível, adquirir o domínio completo de novas articulações e novas estruturas, como as que são necessárias para aprender uma língua estrangeira. Nossos hábitos linguísticos não são instintivos. Eles são automáticos.

Nossos pensamentos e nossa fala são acompanhados por movimentos musculares – algumas pessoas diriam até que *são* nossos pensamentos. Os tipos de movimentos não são, de forma alguma, os mesmos em todos os lugares. A mobilidade do italiano contrasta de forma notável com a contenção do inglês.

A faculdade humana de usar ferramentas é determinada organicamente. Ela é instintiva. Isso, entretanto, não significa que o tipo de ferramenta desenvolvida seja prescrito pelo instinto. Mesmo o mínimo conhecimento do desenvolvimento das ferramentas prova que as formas especiais características de cada área e período dependem da tradição e não são, de forma alguma, determinadas organicamente. A escolha do material depende em parte do ambiente, em parte do estado das invenções. Utilizamos aço e outros materiais fabricados artificialmente; o ferro africano, outras pedras, ossos ou conchas. As formas das partes funcionais dos implementos dependem das tarefas que eles devem realizar, e as alças, dos nossos hábitos motores.

O mesmo se aplica normalmente aos nossos gostos e aversões. Somos organicamente capazes de produzir e apreciar música. O tipo de música que apreciamos depende, para a maioria de nós, apenas do hábito. Nossas harmonias, ritmos e melodias não são do mesmo tipo das que são apreciadas pelos siameses, e uma compreensão mútua, se ela puder ser alcançada, pode ser obtida apenas por um longo treinamento.

Tudo o que é adquirido na infância por hábitos invariáveis se torna automático.

Há um efeito negativo do automatismo, não menos importante do que o positivo, que resulta na facilidade de desempenho.

Qualquer ação que difere daquelas por nós realizadas habitualmente nos parece imediatamente ridícula ou censurável, de acordo com o tom emocional que a acompanha. Muitas vezes, os desvios das ações automáticas são fortemente ressentidos. Um cão ensinado a dar sua pata traseira em vez da pata dianteira nos faz rir. O traje formal usado em momentos em que as convenções não permitem parece ridículo. Assim como o vestuário que já esteve na moda, mas que está fora de uso. Basta pensar na saia de aro de meados do século XX ou nas cores brilhantes das roupas dos homens e na impressão que elas criariam hoje. Devemos também perceber a resistência que nós mesmos temos de aparecer com um traje inapropriado.

Mais sérias são as resistências em assuntos que evocam reações emocionais mais fortes. As maneiras à mesa são um bom exemplo. A maioria de nós é extremamente sensível a uma quebra de boas maneiras à mesa. Há muitas tribos e povos que ignoram o uso do garfo e que mergulham os dedos no prato. Achamos que isso é nojento porque estamos acostumados ao uso do garfo e da faca. Estamos acostumados a comer em silêncio. Entre algumas tribos indígenas, é indelicado não estalar os lábios, sinal de que está gostando da comida. O que é nauseante para nós é próprio deles.

Ainda mais impressionante é nossa reação às violações de pudor. Nós mesmos testemunhamos uma mudança marcante em relação ao que é considerado pudor, o que é impudor. Um estudo comparativo mostra que o pudor é encontrado em todo o mundo, mas que as ideias do que é pudor e do que é impudor variam incrivelmente. Há

30 anos, o vestido da mulher de hoje seria tido como indecente. Os negros sul-africanos cumprimentam uma pessoa de alto escalão virando as costas e se afastando dela com uma reverência. Alguns indígenas sul-americanos consideram indecente comer diante de outras pessoas. Qualquer que seja a forma de comportamento decente, uma violação da etiqueta é sempre causa de forte ressentimento.

Isso é característico de todas as formas de comportamento automático. O desempenho de uma ação automática é acompanhado pelo mais baixo grau de consciência. Ao mesmo tempo, testemunhar uma ação contrária ao nosso comportamento automático desperta uma atenção intensa, e resistências mais fortes devem ser superadas se formos obrigados a realizar tal ação. No que diz respeito aos hábitos motores, a resistência se baseia na dificuldade de adquirir novos hábitos, que cresce à medida que envelhecemos, talvez não por causa da crescente inadaptação, mas sim porque somos constantemente obrigados a agir e não dispomos de tempo para nos ajustar a novas formas. Em questões triviais, a resistência pode tomar a forma de medo do ridículo; em questões mais sérias, pode haver o medo do ostracismo social. Mas não é apenas o medo da atitude crítica da sociedade que cria resistência. É também a nossa própria indisponibilidade para a mudança, a nossa completa reprovação do que não é convencional.

A intolerância de grupos sociais fortemente divididos é frequentemente baseada na força das reações automáticas e no sentimento de intenso repúdio sentido em atos contrários ao nosso próprio automatismo. O aparente fanatismo demonstrado na perseguição dos hereges deve ser explicado dessa maneira. Numa época em que o dogma ensinado pela Igreja era imposto a cada indivíduo tão intensamente que se tornava uma parte automática de seu pensamento e ação, havia também um forte sentimento de oposição, de hostilidade a qualquer um que não participasse desse sentimento. O termo *fanatismo* não expressa muito corretamente a atitude da Inquisição. Sua base psicológica era antes a impossibilidade de mudar um hábito de pensamento que se havia tornado automático e a consequente impossibilidade de seguir novas linhas de pensamento que, por essa mesma razão, pareciam antissociais; isto é, criminosas.

Temos um espetáculo semelhante no atual conflito entre nacionalismo e internacionalismo, com sua intolerância mútua.

Mesmo na Ciência, uma intolerância semelhante pode ser observada na luta de teorias opostas e na dificuldade de romper pontos de vista tradicionais.

Tanto o efeito positivo quanto o negativo das ações automaticamente estabelecidas implicam que uma cultura repleta dessas ações deve ser estável. Cada indivíduo se comporta de acordo com o ambiente da cultura em que vive. Quando a uniformidade da reação automática é rompida, a estabilidade da cultura será enfraquecida ou perdida. A conformidade e a estabilidade estão inseparavelmente conectadas. A não conformidade rompe a força da tradição.

Somos, assim, levados a uma investigação das condições de conformidade ou não conformidade.

A conformidade com atividades instintivas é reforçada por nossa estrutura orgânica, a conformidade com ações automáticas, por hábito. O bebê aprende a falar por imitação. Durante os primeiros anos de vida, os movimentos de laringe, língua, céu da boca e lábios são gradualmente controlados e finalmente executados com grande precisão e rapidez. Se a criança é removida para um novo ambiente, no qual outra língua é falada, antes do tempo em que os movimentos de articulação tenham se estabilizado, e enquanto certo esforço na fala ainda for necessário, os movimentos exigidos pela nova língua são adquiridos com perfeita facilidade. Para o adulto, uma mudança de uma língua para outra é muito mais difícil. As exigências da vida cotidiana o obrigam a usar a fala, e os órgãos articuladores seguem os hábitos automáticos e fixos de sua infância. Por imitação, certas modificações ocorrem, mas uma ruptura completa com os hábitos iniciais é extremamente difícil, para muitos, quase impossível, e provavelmente em nenhum caso totalmente perfeita. Os movimentos não habituais reaparecem quando, devido a uma doença, o controle do sistema nervoso central é interrompido.

Os primeiros hábitos controlam também os movimentos do corpo. Na infância, adquirimos certas formas de lidar com o nosso corpo. Se esses movimentos se tornaram automáticos, é quase impossível mudar para outro estilo, porque todos os músculos estão sintonizados para agir de forma fixa. Mudar o andar, adquirir um novo estilo de caligrafia, mudar o ritmo dos músculos do rosto em resposta à emoção são tarefas que nunca podem ser realizadas de forma satisfatória.

O que é verdade no manejo do corpo é igualmente verdade nos processos mentais. Quando aprendemos a pensar de maneira definitiva, é extremamente difícil romper e seguir novos caminhos. Para uma pessoa que nunca esteve acostumada, quando criança, a reprimir as emoções, como chorar ou rir, será difícil uma transição para as restrições cultivadas entre nós. Os ensinamentos da primeira infância permanecem para a maioria das pessoas o dogma da vida adulta, cuja verdade nunca é duvidada. Recentemente, a importância das impressões da primeira infância foi novamente enfatizada pelos psicanalistas. O que quer que aconteça durante os primeiros cinco anos de vida define o ritmo para as reações do indivíduo. Os hábitos estabelecidos nesse período tornam-se automáticos e resistem fortemente a qualquer pressão que requeira mudança.

Seria exagero afirmar que esses hábitos são os únicos responsáveis pelas reações do indivíduo. Sua organização corporal certamente desempenha um papel. Isso aparece com mais clareza no caso de indivíduos patológicos ou daqueles extraordinariamente dotados de uma forma ou de outra; mas toda a população consiste de indivíduos que variam muito em forma e função corporal, e como as mesmas formas e faculdades ocorrem em muitos grupos, o comportamento do grupo não pode ser profundamente influenciado pela estrutura. As diferenças devem ser devidas a hábitos automáticos culturalmente adquiridos, e estes estão entre as mais importantes fontes de conservadorismo.

Alguns poucos exemplos podem ilustrar as condições que fixam nossos hábitos. A produção de fogo por fricção é conhecida em quase todos os lugares. A maioria dos povos usa o simulador de fogo que é girado para frente e para trás entre as mãos ou por meios mecânicos. Outros utilizam um corta-fogo; outros, ainda, uma serra de fogo. O princípio é sempre o mesmo. É esfregada a madeira contra a madeira sob pressão e com tal rapidez que o pó produzido pela fricção finalmente se acende. O movimento aplicado é diferente; em um caso, furar; em outro, fresar ou cortar; em um terceiro, serrar. Outro exemplo é a produção de farinha. Alguns povos a obtêm moendo grãos entre pedras; outros, triturando os grãos em um pilão. A forma de pilões para esmagar depende do material, do uso de uma ou de duas mãos, e do modo de segurar o pilão. As mãos de pilão podem ter cabo ou não, e ser usadas com uma ou duas mãos. Sua finalidade é sempre a mesma, mas suas formas diferem de acordo com a maneira de manusear o pilão. Algumas tribos usam enxós manuais com longos cabos, outras seguram a enxó junto à lâmina de corte. Uma faca de serra é usada para cortar em direção ao corpo; outras formas de faca, para se afastar do corpo. Para uma pessoa acostumada a cortar com uma faca de serra, o cabo de uma faca não adequado para esse movimento é de difícil manuseio. Os hábitos motores das pessoas são refletidos na forma dos cabos de suas ferramentas.

Os movimentos determinados pelas formas dos cabos são às vezes muito especiais, e uma mudança para outra forma de cabo é correspondentemente difícil. Um bom exemplo disso é a prancha de arremesso do esquimó. A prancha serve para dar um impulso maior a uma lança ou a um dardo do que aquele que pode ser dado pela mão. É, por assim dizer, uma extensão da mão. Uma das extremidades é segurada na mão. Na superfície há uma ranhura na qual a lança se apoia de modo que sua extremidade final seja apoiada na outra extremidade. Quando o braço oscila para frente no movimento de arremesso, a lança se apoia na outra extremidade da tábua, que, por causa de sua maior distância do ombro, se move mais rapidamente e, assim, dá um maior impulso à arma. A precisão com que a lança é lançada depende da familiaridade íntima da mão com a prancha, pois a menor variação em sua posição modifica o voo da flecha. As formas da prancha de arremesso diferem consideravelmente de tribo para tribo. Em Labrador e na região mais ao norte, é larga e pesada, com garras para o polegar e os demais dedos. No Alasca, é esguia, com uma empunhadura disposta de maneira bem diferente. A mão acostumada com a prancha larga exigiria tempo considerável para aprender o uso da prancha mais estreita. Um implemento do mesmo tipo ocorre na Austrália, mas sua forma é fundamentalmente diferente. Presumo que um australiano que tentasse usar uma prancha de arremesso esquimó não conseguiria acertar seu alvo.

O mesmo se aplica às nossas ferramentas modernas. Os movimentos do corpo são ajustados ao cabo da ferramenta. O cabo não foi mudado até que a maquinaria fosse introduzida. O cabo da plaina parece ter sido adaptado à mão. Sua forma se desenvolveu de modo a facilitar os movimentos que utilizamos. Se fosse outro o nosso movimento de aplainar, a forma do cabo também teria que ser diferente; mas o uso do cabo que foi desenvolvido fixa os movimentos habituais que adquirimos.

Nossa postura pode servir como outro exemplo. Sentamos em cadeiras. Gostamos de ter nossas costas apoiadas e os pés no chão. Os indígenas não acham isso nada confortável. Eles se sentam no chão. Alguns esticam as pernas para frente, outros para o lado. Muitos se agacham, dobrando as pernas inferiores para trás e sentando-se no chão, entre os pés. Para a maioria dos adultos, entre nós, essa posição é impossível.

A forma dos móveis depende de nossa postura habitual. Algumas pessoas dormem de costas; outras, de lado. Ao dormir de lado, é conveniente apoiar a cabeça com um travesseiro. As pessoas que dormem de costas acham conveniente apoiar o pescoço em um suporte estreito enquanto os ombros descansam na base e a cabeça é suspensa. O apoio para o pescoço não pode ser usado quando se costuma dormir de lado. As formas das cadeiras, camas, mesas e muitos tipos de utensílio doméstico são, portanto, determinadas por nossos hábitos motores. Eles se desenvolveram como uma expressão desses hábitos, mas seu uso obriga todas as gerações sucessivas a seguir os mesmos hábitos. Assim, eles tendem a estabilizá-los e torná-los automáticos.

A dificuldade de mudar as formas dependendo de hábitos motores estabelecidos é bem ilustrada pela permanência do teclado do piano, que suporta todos os esforços de aperfeiçoamento; ou pela complexidade das formas e a inadequação do número de símbolos de nosso alfabeto, o que dificilmente é percebido pela maioria daqueles que escrevem e leem. Em todas essas questões, a universalidade do hábito no grupo social traz a conformidade de todos os indivíduos constituintes.

A atividade mais automática do ser humano é sua fala, e vale a pena perguntar até que ponto a fala habitual causa conformidade em nossas ações e pensamentos. O problema também pode ser formulado de modo que perguntamos até que ponto a linguagem controla a ação e o pensamento, e em que medida nosso comportamento controla a linguagem. Alguns aspectos dessa questão já foram abordados anteriormente.

A linguagem é constituída de tal forma que, quando surgem novas necessidades culturais, ela fornecerá as formas que as expressam. Há um grande número de palavras em nosso vocabulário que surgiram com novas invenções e novas ideias que seriam ininteligíveis para nossos ancestrais que viveram há duzentos anos. Por outro lado, as palavras não mais necessárias desapareceram.

O que é verdade para as palavras é igualmente verdadeiro para as formas. Muitas línguas primitivas são definidas na expressão de ideias. Localidade, tempo e modalidade de qualquer afirmação são indicados com precisão. Um indígena da Ilha de Vancouver não diz "o homem está morto", ele diria "este homem que faleceu jaz morto no chão desta casa". Ele não expressa, de acordo com a forma de sua linguagem, a ideia de "o homem está morto" de forma generalizada. Pode parecer que isso é um defeito em sua linguagem, que ele não pode formar uma afirmação generalizada. De fato, ele não tem necessidade de declarações generalizadas. Ele fala a seus semelhantes sobre os eventos específicos da vida cotidiana. Ele não fala sobre a bondade abstrata, ele fala sobre a bondade de certa pessoa e ele não tem nenhum recurso para usar o termo abstrato. A questão é o que acontece quando sua cultura muda e são necessários termos generalizados. A história de nossa própria língua mostra claramente o que acontece. Não nos importamos de forçar a linguagem a novos moldes e criar as formas de que necessitamos. Se o filósofo desenvolve uma nova ideia, ele força a linguagem a produzir dispositivos que expressem adequadamente suas ideias e, se estes enraizarem, a linguagem segue a orientação assim dada. Um exame cuidadoso das línguas primitivas mostra que essas possibilidades são sempre inerentes à sua estrutura. Quando os missionários treinam os nativos para traduzir a Bíblia e o Livro de Oração, eles os obrigam a violentar as formas atuais; e isso sempre pode ser feito. Nesse sentido, podemos dizer que a cultura determina a linguagem.

Mais instrutivas a esse respeito são as partes do vocabulário que expressam sistemas de classificação; mais notadamente no sistema numérico e na terminologia de relacionamento.

Toda a contagem é baseada em um agrupamento de unidades. Nós agrupamos por dezenas e o fazemos automaticamente. Alguns idiomas agrupam por cinco e combinam quatro cincos – isto é, os dedos das mãos e os dos pés – em uma unidade superior. Em inglês, sua terminologia seria um, dois, três, quatro, cinco; um, dois, três, quatro, cinco por outro lado; um, dois, três, quatro, cinco em um pé; um, dois, três, quatro, cinco no outro pé; e, finalmente, para nossos 20, uma pessoa. Se eu quiser dizer em tal linguagem 973, tenho que agrupar as unidades não em 9 vezes 10 vezes 10 (900) mais 7 vezes 10 (70) mais 3, mas em 2 vezes 20 vezes 20 (800) mais 3, por outro lado (= 8) vezes 20 (160) mais 3 em um pé (= 13). Em outras palavras, contamos 973 unidades como 900+70+3. No outro idioma, 973 são contadas como 2x400 mais (5+3) vezes 20 mais (10+3). Cada número é dividido em grupos de unidades, múltiplos de 20, de 400, de 8.000, e assim por diante. Adquirir essa nova classificação automaticamente é um processo extremamente difícil.

Nossos termos de relacionamento são baseados em alguns princípios simples: geração, sexo, descendência direta ou linhagem lateral. Meu tio é uma pessoa da primeira geração ascendente, homem, da linhagem lateral. Entre outras pessoas, os princípios podem ser bem diferentes. Por exemplo, a diferença entre linhagem direta e linhagem lateral pode ser desconsiderada, enquanto os termos podem diferir de acordo com o sexo do interlocutor. Assim, um homem chama sua mãe e todas as mulheres da primeira geração ascendente por um termo, e também seus filhos e sobrinhos por um único termo. O conceito e o significado emocional de nosso termo mãe não podem persistir em tal terminologia. O ajuste aos novos conceitos, que tornam impossível a reação emocional automática aos termos de relacionamento, também será extremamente difícil.

Por outro lado, a linguagem influencia as formas de nosso pensamento. Cada língua tem sua própria maneira de classificar a experiência sensorial e a vida interior, e o pensamento é, em certa medida, influenciado pelas associações entre as palavras. Para nós, atividades como quebrar, rasgar, dobrar podem suscitar ideias sobre o tipo de coisas que quebramos, rasgamos ou dobramos. Em outras línguas, os termos expressam com tanto vigor a forma como essas ações são feitas, por pressão, por puxar, com a mão; ou a rigidez, a dureza, a forma, a flexibilidade do objeto, que o fluxo de ideias é determinado dessa maneira.

Mais importante do que isso é o tom emocional das palavras. Particularmente, aquelas palavras que são símbolos de grupos de ideias às quais respondemos automaticamente de forma definida têm um valor fundamental para moldar nosso comportamento. Elas funcionam como uma liberação para ações habituais. Em nossas civilizações modernas, as palavras "patriotismo", "democracia" ou "autocracia", "liberdade", pertencem a essa classe. O conteúdo real de muitas delas não é importante; importante é o seu valor emocional. A liberdade pode não existir, a palavra-símbolo sobreviverá em todo o seu poder, embora a condição real possa ser de sujeição. O nome democracia induzirá as pessoas a aceitar a autocracia, desde que o símbolo seja mantido intacto. Os conceitos vagos expressos por essas palavras são suficientes para suscitar as reações mais fortes que estabilizam o comportamento cultural das pessoas, mesmo quando a forma interna da cultura sofre mudanças consideráveis que passam despercebidas por causa da preservação do símbolo.

As palavras não são os únicos símbolos que influenciam o comportamento dessa maneira. Há também muitos símbolos objetivos, como as bandeiras nacionais ou a cruz, ou formas literárias e musicais fixas que atingiram o valor dos símbolos, como as orações formais de vários credos, canções e hinos nacionais.

A força conservadora de todos eles repousa em seu efeito emocional.

A uniformidade da reação automática de toda a sociedade é uma das forças que mais contribuem para a estabilidade. Quando todos reagem da mesma maneira, torna-se difícil para um indivíduo romper com os hábitos comuns. Em uma cultura complexa, na qual se encontram diversas atitudes, a probabilidade de mudança deve ser muito maior.

Isso é notavelmente ilustrado pelo contraste entre a cultura das tribos primitivas e nossa civilização moderna. Nossa sociedade não é uniforme. Entre nós, mesmo os mais instruídos não podem participar de toda a nossa civilização. Entre as tribos primitivas, as diferenças de ocupações, interesses e conhecimentos são comparativamente pequenas. Cada indivíduo está em grande parte familiarizado com todos os pensamentos, emoções e atividades da comunidade. A uniformidade de comportamento é semelhante àquela esperada entre nós de um membro de um mesmo "ambiente" social. Uma pessoa que não se conforma aos hábitos de pensamento e ações de seu "ambiente" perde a convivência e deve sair. Em nossa civilização moderna, é provável que ela encontre outro "ambiente" adequado aos hábitos com os quais possa se conformar. Na sociedade primitiva tais "ambientes" estão ausentes. Conosco, a presença de muitos grupos de diferentes padrões de interesse e comportamento é um estímulo para o autoexame crítico, pois conflitos de interesses de grupo e outras formas de contato íntimo estão sempre presentes. Entre os povos primitivos, esse estímulo não ocorre dentro da unidade tribal. Por essas razões, a independência individual é alcançada com muito mais dificuldade e os padrões tribais têm muito mais força.

A independência individual é tanto mais fraca quanto mais marcadamente uma cultura é dominada por uma única ideia que controla as ações de cada indivíduo. Podemos ilustrar isso com o exemplo dos indígenas da costa noroeste da América e o dos das planícies. Os primeiros são dominados pelo desejo de obter destaque social pela exibição de riqueza e pela ocupação de uma posição de alto escalão que depende da ancestralidade e da conformidade com as exigências sociais da posição. A vida de quase todos os indivíduos é regulada por esse pensamento. O desejo de prestígio social encontra expressão na acumulação de riquezas, no esbanjamento da riqueza acumulada, na exibição luxuosa, na superação de rivais de igual posição, no casamento para assegurar a posição para os filhos, mais até do que num ambiente de jovens ricos em nossas cidades, que herdaram riquezas e que perderam a casta, a menos que atinjam o ritmo social de seu ambiente. A uniformidade desse contexto e a intensidade com que ele é cultivado nos jovens não permitem que outras formas surjam e mantenham estável o panorama cultural. Observações bastante semelhantes podem ser feitas entre os nativos da Nova Guiné, entre os quais a demonstração de riqueza também é uma paixão dominante.

Muito diferente é o contexto de vida dos indígenas das planícies. O desejo de obter honras através de atos bélicos suscita pensamentos e ações de todos. A posição social está intimamente ligada ao sucesso na guerra, e o desejo de destaque é inculcado na mente de cada criança. A combinação dessas duas tendências determina o estado mental da comunidade e impede o desenvolvimento de ideais diferentes.

Novamente, as condições são diferentes entre as tribos sedentárias do Novo México. De acordo com a dra. Ruth L. Bunzel, o principal desejo dos indígenas zuñi é se conformar com o nível geral de comportamento e não ser proeminente. A proeminência traz consigo tantos deveres e inimizades que é evitada. O interesse dominante na vida é a ocupação com cerimonialismo, e isso, combinado com o medo de responsabilidades excepcionais, dá um ritmo estável à vida.

O contraste fundamental entre o formalismo dos pueblos e o abandono à exaltação de outras tribos indígenas foi claramente estabelecido pela dra. Benedict. Entre os pueblos não há desejo de cultivar costumes que levem à excitação individual ou coletiva, nenhum uso de drogas para produzir êxtase, nenhuma dança orgíaca, nenhuma autotortura, nenhuma visão autoinduzida, características que são comuns a quase todas as outras tribos indígenas.

Não menos instrutivo é o papel fundamental desempenhado pela ideia da sacralidade das pessoas de alto escalão, expressa particularmente pelo tabu de suas pessoas e dos objetos que lhes pertencem, que prevalece praticamente em toda a Polinésia e que deve ser um traço ancestral da cultura polinésia.

Em todos esses casos, a uniformidade dos hábitos sociais e a falta de exemplos de diferentes tipos de comportamento tornam os desvios difíceis e colocam em uma classe antissocial o indivíduo que não se conforma, mesmo que sua revolta se deva a uma mente superior e à força de caráter.

Na sociedade primitiva, a perspectiva cultural geral é, na maioria dos casos, uniforme, e os exemplos que se opõem ao comportamento habitual são de ocorrência rara. A participação de muitos em uma atitude uniforme tem um efeito estabilizador.

A história europeia também mostra de forma conclusiva que os pontos de vista fundamentais, uma vez estabelecidos, são sustentados com tenacidade. As mudanças se desenvolvem lentamente e contra forte resistência. A relação do indivíduo com a Igreja pode servir como um exemplo. A submissão voluntária à autoridade da Igreja que caracterizou a vida europeia e a americana em tempos anteriores e a aceitação sem hesitação do dogma tradicional estão dando lugar à independência individual, mas a transição tem sido lenta e ainda é vigorosamente resistida por aqueles que aderem à atitude anterior. A facilidade com que as mudanças de afiliação denominacional ou a completa ruptura com a Igreja são aceitas foi impensável por muitos séculos e até hoje é causa de ressentimento em muitos.

A lenta ruptura do feudalismo e o desaparecimento gradual dos privilégios da realeza e da nobreza são outros exemplos pertinentes.

A história do racionalismo é igualmente instrutiva. O esforço para compreender todos os processos como os efeitos de causas conhecidas levou ao desenvolvimento da ciência moderna e se expandiu gradualmente sobre campos cada vez mais amplos. A aplicação rígida do método exige a redução de todos os fenômenos à sua causa. Um propósito, um ponto de vista teleológico e um acidente são excluídos. Foi provavelmente uma das maiores atrações da teoria darwiniana da seleção natural o fato de ela ter substituído a explicação proposital da origem das formas de vida, uma explicação puramente causal.

A força do ponto de vista racionalista também se manifesta na atitude da psicanálise, que se recusa a aceitar qualquer de nossas ações ordinárias e cotidianas como acidentais, exigindo uma conexão interna e causal entre todos os processos mentais.

Seria um erro afirmar que a aplicação universal do racionalismo é a forma final de pensamento, o resultado final que nosso organismo está destinado a alcançar. A oposição à sua negação do propósito ou à sua transformação do propósito em causa e à sua desconsideração do acidente como influente no fenômeno individual tem dificuldade em ser reconhecida.

Quando, em tempos de grande agitação popular, as massas da sociedade civilizada são influenciadas por uma única ideia, a independência do indivíduo se perde da mesma forma que na sociedade primitiva. Passamos por um período em que tais ideias dominavam, durante a Primeira Guerra Mundial, e é provável que todas as nações europeias tenham sido afetadas da mesma maneira. O que parecia antes da eclosão das hostilidades como diferenças importantes desapareceu, e um pensamento entusiasmou todas as nações.

A força impulsionadora das ideias populares é mais fraca em uma cultura diversificada, na qual a criança é exposta às influências de tendências conflitantes, de modo que ninguém tem a oportunidade de se estabelecer automaticamente, de se tornar suficientemente firme na natureza para evocar uma resistência intensa contra hábitos diferentes. Quando existe apenas uma atitude dominante, o surgimento de uma atitude crítica requer uma mente forte e criativa. Onde muitas existem e nenhuma tem um apelo emocional marcante, é dada oportunidade para uma escolha crítica.

Quanto maior a diferenciação dos grupos dentro da unidade social, e quanto mais próximo o contato entre eles, menor é a probabilidade de que qualquer uma das linhas tradicionais de comportamento seja tão firmemente estabelecida que se torne inteiramente automática. Em uma cultura diversificada, a criança, desde que não se torne membro de um grupo fortemente segregado, está exposta a tantas tendências conflitantes que poucas têm a oportunidade de se tornar tão fortemente arraigadas na natureza a ponto de evocar uma resistência energética contra hábitos diferentes. Uma sociedade estratificada constituída de classes pouco definidas, com privilégios e pontos de vista diferentes está, portanto, mais sujeita a mudanças do que uma sociedade homogênea. Quando em uma sociedade estratificada os grupos são fortemente segregados, de modo que desenvolvam seus próprios códigos de comportamento, seu conservadorismo em relação às suas atitudes especializadas pode facilmente igualar-se ao das sociedades não estratificadas, quanto mais exclusivas elas forem. Um exemplo disso é o código de honra que prevaleceu até recentemente entre os oficiais dos exércitos europeus, o qual exigia a resolução por duelo de disputas envolvendo pontos de honra, conforme entendidos pela classe, enquanto a resolução judicial era considerada desonrosa. Fenômenos similares não estão ausentes na sociedade primitiva. Assim, o código de honra da Sociedade do Cachorro Louco, entre os indígenas das planícies, exigia um tipo de bravura não esperado do guerreiro comum.

A falta de estratificação pode ser responsável pelo intenso conservadorismo dos esquimós, cuja cultura mudou muito pouco durante um longo período. Eles estão distantes do contato com culturas estrangeiras e sua sociedade é notavelmente homogênea, com todas as famílias praticamente no mesmo nível e todas participando plenamente da cultura tribal. Em contraste com a permanência de sua cultura, há evidências de mudanças relativamente rápidas entre os indígenas da Colúmbia Britânica. Eles estão expostos ao contato com culturas de tipos distintos; e devido à diversidade de privilégios de indivíduos, famílias e sociedades, seus costumes têm se encontrado em um estado de fluxo.

As mudanças são facilitadas em todos os casos em que os costumes são confiados aos cuidados de alguns poucos indivíduos. Entre muitas tribos, as cerimônias sagradas estão na guarda de alguns sacerdotes ou de um único chefe ou sacerdote. Embora eles devam preservar fielmente o cerimonial em todos os seus detalhes, temos amplas evidências mostrando que, devido ao esquecimento, à ambição, ao funcionamento de uma mente filosófica ou imaginativa, ou à morte prematura do guardião do segredo, as formas podem sofrer mudanças rápidas.

A influência de um indivíduo sobre a cultura depende não apenas de sua capacidade, mas também da prontidão da sociedade em aceitar mudanças. Durante as condições instáveis da vida cultural produzida pelo contato entre as civilizações europeias e as primitivas, é dada ao indivíduo a oportunidade de exercer uma influência marcante sobre a vida tribal. Não é fácil encontrar instâncias em que uma nova invenção possa ser atribuída a um indivíduo conhecido, mas há evidências disponíveis que mostram como de repente um novo elemento, sugerido ou inventado por um nativo, ou às vezes por um forasteiro, se espalha. Uma invenção desse tipo é a fechadura projetada pelos esquimós da Smith Sound para substituir as fechaduras de armas quebradas que, sem as ferramentas e os materiais necessários, não foram capazes de consertar. Quando o ferro entrou em uso, a mudança do formato da cabeça e da haste de marfim do arpão deve ter sido feita com a ajuda de baleeiros americanos e escoceses, mas foi rapidamente adotada.

Outro exemplo veio ao meu conhecimento no inverno de 1930-1931. Em tempos passados, todos os indígenas de Fort Rupert, Colúmbia Britânica, viviam em grandes casas quadradas de tábua. Algumas delas ainda existem. Elas são equipadas com pequenos quartos dispostos em uma plataforma que percorre as paredes internas. Uma grande lareira fica no centro da casa. Quando uma festa é realizada, a sala central é esvaziada e as pessoas se sentam ao redor das paredes ao pé da plataforma. Atualmente, muitos deles vivem em casas de estruturas tão planejadas que uma grande sala frontal, não mobiliada, com um fogão no centro, serve como sala de reunião geral. A cozinha, os quartos e as despensas são pequenos e ficam atrás da sala da frente. A planta foi evidentemente projetada para tornar possível o antigo tipo de montagem, pois os hóspedes se sentam ao redor das paredes, no chão, da mesma forma que nas antigas casas de tábua. Na mesma tribo, uma mulher introduziu, por volta de 1920, um novo estilo de decoração, de cestas abertas de raiz de abeto. A decoração é feita com a introdução de talas largas de madeira nas malhas. Isso agora tem sido feito por todas as mulheres que produzem cestas, e, com a nova decoração, novas formas de cestas se desenvolveram. Ao mesmo tempo, as tecelãs começaram a copiar a cestaria imbricada dos lillooet, uma tribo do interior da Colúmbia Britânica, e isso também foi amplamente absorvido.

Ainda mais características são as novas formas de dogma e prática religiosa que surgiram nas condições modernas. Surgiram muitos profetas nativos que, com maior ou menor sucesso, modificaram as crenças religiosas do povo. Suas revelações, no entanto, foram reflexos da cultura mista. Foi o caso da religião da Dança dos Fantasmas, que teve origem entre os Utes e se disseminou para grande parte da América do Norte; assim é a religião shaker do estado de Washington, uma Igreja organizada segundo o padrão cristão, cujo dogma começou como uma curiosa mistura de cristianismo e crença antiga, mas tem se desenvolvido cada vez mais na direção do espírito do antigo xamanismo. Atualmente, a difusão do culto ao peiote pelos indígenas apresenta as mesmas características. As visões induzidas pela droga, as crenças antigas e os ensinamentos cristãos resultaram em uma variedade de cultos nos quais o antigo e o novo estão inextricavelmente entrelaçados.

A influência do indivíduo sobre o estilo de arte também pode ser rastreada em vários casos. Normalmente, o artista é cercado pelo estilo peculiar da arte e da técnica de seu ambiente. Eu tive vários alunos indígenas em uma escola do governo em Alert Bay, Colúmbia Britânica, desenhando figuras de animais, sem que desse qualquer sugestão sobre o animal a ser escolhido ou sobre a forma como ele deveria ser desenhado. Muitos dos meninos de 12 anos ou mais escolheram a orca e a desenharam de acordo com o estilo antigo da arte indígena, tão fortemente gravado em suas mentes que os desvios eram raros, embora novas combinações ocorressem. Os casos mais conhecidos de novos estilos desenvolvidos por indivíduos são os de Maria Martinez do pueblo de San Ildefonso, que inventou uma nova técnica de desenho opaco sobre um fundo de preto brilhante combinado com novos padrões; e o de Nampeyo, uma mulher hopi que criou um novo estilo de cerâmica baseado nos desenhos em cacos de tigelas de cerâmica pré-histórica.

Um líder político pode acrescentar novas ideias a antigas formas políticas, embora as formas mais antigas exerçam uma influência sobre sua mente e limitem a extensão em que as novas podem se tornar aceitáveis. Assim, a famosa Liga dos Iroqueses que, muito provavelmente, tinha em seus principais contornos a criação de um indivíduo, baseava-se na antiga organização social das tribos. Talvez o exemplo mais notável desse tipo seja a reorganização do Zulu por Chaka, que criou um governo militar rígido.

Somente quando uma nova cultura, uma mudança de religião ou de vida econômica é imposta pela força, como aconteceu com os incas ou como aconteceu na expansão inicial do cristianismo e do maometismo, e ainda em algumas regiões durante o extermínio forçado do protestantismo, ou como está acontecendo agora na Rússia em seu reajuste econômico, é que um grupo pode ter sucesso na tentativa de impor mudanças radicais na cultura.

Normalmente, as novas ideias criadas em uma sociedade não são livres, mas dirigidas pela cultura em que surgem. Somente quando a cultura é abalada pelo impacto de ideias estrangeiras ou por mudanças violentas de cultura devido a condições perturbadoras é que é dada ao indivíduo a oportunidade de estabelecer novas linhas de pensamento que podem dar uma nova direção à mudança cultural.

Não é necessário insistir na rapidez das recentes mudanças de atitude provocadas pelos avanços da Ciência e pela difusão geral do conhecimento, que favorecem a crítica racional da tradição e, assim, minam muitas das crenças e dos costumes que sobrevivem de tempos anteriores. Cabe ressaltar, no entanto, que apesar da decidida ruptura de crença na tradição, persistem fortes resistências. Essas são bem ilustradas pelas atitudes supersticiosas dos estudantes universitários, coletadas pelo professor Tozzer, pela tendência de acreditar em meios espíritas claramente fraudulentos, mesmo entre pessoas instruídas, e pela prontidão da aceitação da ciência cristã.

Em geral, podemos observar que as ações são mais estáveis do que os pensamentos.

A facilidade com que as palavras mudam seus significados, enquanto mantêm a forma como são produzidas pelos movimentos dos órgãos articuladores, é um dos muitos exemplos que podem ser citados.

Mais exemplos notáveis são encontrados em uma variedade de fatos culturais. Na América do Norte, rituais similares são realizados em uma ampla área. O plano geral e a maioria dos detalhes são os mesmos entre muitas tribos. Todas elas fazem quase as mesmas coisas. Por outro lado, o significado do ritual difere consideravelmente entre as várias tribos. A chamada Dança do Sol, que é similar no plano e nas principais características de sua execução, serve em uma tribo como uma prece pelo sucesso na guerra; por outra é usada como uma promessa em orações para a recuperação de doenças graves. É também um meio de prevenção de doenças.

A arte decorativa dos indígenas das planícies é outro excelente exemplo. Os desenhos utilizados na pintura e nos bordados são em grande parte formas simples, como linhas retas, triângulos e retângulos. Sua composição também é tão parecida entre muitas tribos que devemos necessariamente supor a mesma origem para as formas. Consideramos os desenhos como puramente ornamentais. Para os indígenas eles têm um significado, mais ou menos da mesma forma que associamos um significado à bandeira e a outros emblemas nacionais ou religiosos. Os significados, os pensamentos relacionados com os desenhos, são muito variáveis. Um triângulo isósceles, com pequenas linhas retas descendo de sua base, sugere para uma tribo uma pata de urso com suas longas garras; para outra, uma tenda com as estacas que seguram a cobertura; para uma terceira, uma montanha com nascente ao pé; para uma quarta, uma nuvem com chuva caindo. O significado muda de acordo com os interesses culturais do povo; a forma, que é dependente em suas atividades industriais, não muda.

A mesma observação pode ser feita nos contos de povos primitivos. Contos idênticos são contados em amplos territórios por povos de tipos fundamentalmente diferentes de cultura. As ideias que se prendem a um conto dependem de interesses culturais. O que é um mito sagrado em uma tribo é contado para divertimento em outra. Se o interesse dos povos se concentra nas estrelas, podemos ter o conto como um mito estelar, se eles estão interessados em animais, isso pode explicar as condições no mundo animal; se eles têm no coração a vida cerimonial, o conto tratará de cerimônias.

Explicações secundárias também são comuns em nossa própria civilização. Falamos de alguns dos antigos costumes que perderam ou mudaram seus significados como "sobreviventes". Muitas das parafernálias usadas pela realeza europeia, ou pela Igreja, são sobreviventes de tempos primitivos que mudaram seu significado.

Um bom exemplo é a história dos tabus de alimentos. O tabu judaico de animais que não sejam ruminantes com cascos fendidos é análogo aos tabus alimentares de povos de todo o mundo. Sua origem é pré-mosaica e não tem nenhuma relação com o desenvolvimento do monoteísmo judaico. Ainda assim, é interpretado pela ortodoxia judaica como um elemento importante da sua religião. Em nossos tempos racionalistas, tenta-se explicar o tabu da carne de porco particularmente com base na suposta experiência de sua nocividade em países tropicais.

Muito semelhante é a história do tabu do incesto. Não sabemos qual pode ser sua origem, mas em quase toda parte sua violação é considerada uma das mais hediondas ofensas religiosas. Hoje em dia, muitas vezes é ingenuamente assumido que se baseia na experiência do efeito prejudicial da endogamia. Essa certamente não é a sua causa, pois o incesto não é um conceito biológico, mas sociológico. Não se trata de impedir os casamentos entre parentes por sangue, mas sim entre aqueles que pertencem a grupos considerados parentes. Assim, os casamentos entre filhos de dois irmãos ou entre filhos de duas irmãs são frequentemente considerados incestuosos, enquanto entre as mesmas tribos o filho de uma mulher é obrigado a se casar com a filha de seu irmão. Ambos os grupos são, biologicamente falando, também intimamente relacionados.

Uma mudança análoga está se desenvolvendo em relação ao domingo. Agora é considerado um dia de descanso para que as pessoas se recuperem do trabalho da semana. Ele se originou como um dia sagrado e é análogo aos dias de azar ou aos dias em que as tribos inimigas se reúnem pacificamente para fins de trocas.

Esses costumes devem ser considerados automáticos, estabelecidos por hábitos de longa duração. Quando são conscientizados, nossos impulsos racionalistas requerem uma explicação satisfatória, e isso segue o padrão de pensamento predominante.

Cultura primitiva e vida moderna

Nas páginas anteriores, consideramos o efeito de uma série de fatores biológicos, psicológicos e sociais fundamentais sobre os problemas modernos. Há muitos outros aspectos da cultura moderna que podem ser examinados de um ponto de vista antropológico.

Uma das grandes dificuldades da vida moderna é apresentada pelo conflito de ideais; individualismo contra a socialização; nacionalismo contra o internacionalismo; prazer da vida contra a eficiência; racionalismo contra um profundo emocionalismo; tradição contra a lógica dos fatos.

Podemos discernir tendências de mudança em todas essas direções; e as mudanças que aparecem a um como progresso aparecem a outro como retrocesso. Tentativas de promover o individualismo, de restringir a eficiência, de tornar a tradição mais coercitiva, seriam consideradas questionáveis e energicamente combatidas por muitos. O que é desejável depende de avaliações que não são universalmente aceitas.

Tais diferenças de opinião não existem no domínio da física ou da química. Os objetivos aos quais aplicamos os conhecimentos físicos ou químicos são definidos. Temos certas necessidades que devem ser atendidas. Uma ponte deve ser construída, casas devem ser construídas, maquinários para realizar algum trabalho específico são necessários, a comunicação deve ser facilitada, tinturas devem ser feitas, fertilizantes devem ser inventados. Algumas invenções criam novas necessidades que anseiam por ser satisfeitas por outras invenções. Sempre um objeto definido deve ser atingido, cujo valor está na melhoria das condições externas da vida. Contanto que estejamos satisfeitos com os confortos e as instalações resultantes, a aplicação de nossos conhecimentos é valiosa. A importância das realizações baseadas nos avanços das Ciências Físicas é prontamente reconhecida, na medida em que elas nos permitem superar os obstáculos que afetariam nossa vida se tivéssemos que passar sem elas.

A aplicabilidade dos resultados da pesquisa aos problemas práticos da vida social é semelhante quando consideramos os objetivos universalmente reconhecidos como desejáveis. A saúde individual, dependendo da saúde de todo o grupo, é talvez uma das mais simples de todas. Mesmo nesse caso, surgem dificuldades. Há indivíduos com problemas de saúde cuja existência pode, de alguma forma, colocar em perigo a saúde pública. É de maior valor segregá-los do corpo social em sua desvantagem ou correr o leve risco de sua influência desfavorável sobre toda a população? A resposta a essa pergunta dependerá de avaliações que não têm base na Ciência, mas em ideais de comportamento social, e essas não são as mesmas para todos os membros de um grupo social moderno.

Em geral, podemos dizer que, na aplicação prática das Ciências Sociais, faltam padrões absolutos. Não adianta dizer que queremos alcançar o maior bem para o maior número, se não formos capazes de chegar a um acordo sobre o que constitui o maior bem.

Essa dificuldade é fortemente enfatizada assim que olhamos além dos limites de nossa própria civilização moderna. Os ideais sociais dos negros da África Central, dos australianos, esquimós e chineses são tão diferentes dos nossos que as valorizações dadas por eles ao comportamento humano não são comparáveis. O que é considerado bom por um é considerado mau por outro.

Seria um erro presumir que nossos próprios hábitos sociais não fazem julgamentos sobre o modo de vida e o pensamento de pessoas diferentes. Um único fenômeno, como nossa reação ao que chamamos de "boas maneiras", ilustra como somos fortemente influenciados pelo comportamento habitual. Somos extremamente sensíveis às diferenças de modos; modos definidos à mesa, etiqueta de vestuário, uma certa reserva, são peculiares para nós. Quando são encontradas diferentes maneiras à mesa, tipos estranhos de vestimentas e uma expansividade incomum, sentimos uma repulsa, e a valorização de nossas próprias maneiras faz com que a nossa descrição das formas estranhas se torne uma nódoa.

O estudo científico das formas sociais generalizadas exige, portanto, que o pesquisador se liberte de todas as valorações baseadas em nossa cultura. Uma pesquisa objetiva, estritamente científica, só pode ser feita se conseguirmos entrar em cada cultura em sua própria base, se elaborarmos os ideais de cada povo e incluirmos em nosso estudo objetivo geral os valores culturais encontrados entre os diferentes ramos da humanidade.

Mesmo no domínio da Ciência, o método favorito de abordagem dos problemas exerce uma influência dominante sobre nossas mentes. Isso é bem ilustrado pelas modas prevalecentes em diferentes períodos: a dialética da Idade Média era tão satisfatória para as mentes científicas comuns daquele período quanto a aversão à dialética e a insistência na observação nos tempos modernos. A concentração do pensamento biológico sobre problemas de evolução no início do período darwiniano apresenta outro exemplo. As mudanças caleidoscópicas de interesse, principalmente nas pesquisas fisiológicas e psicológicas de nosso tempo – como as teorias baseadas nas funções das glândulas de secreção interna, na constituição racial e individual, ou na psicanálise –, são outros. A intensidade apaixonada com que essas ideias são adotadas, levando a uma submersão temporária de todas as outras e a uma crença em seu valor como base suficiente para a pesquisa, prova quão facilmente a mente humana é levada à crença em um valor absoluto daquelas ideias que se expressam na cultura circundante.

As razões para esse tipo de comportamento não estão longe de serem descobertas. Estamos aptos a seguir as atividades habituais de nossos semelhantes sem um exame cuidadoso das ideias fundamentais das quais suas ações brotam. A conformidade na ação tem como consequência a conformidade no pensamento. A emancipação do pensamento atual é para a maioria de nós tão difícil na Ciência quanto na vida cotidiana.

A emancipação de nossa própria cultura, exigida do antropólogo, não é facilmente alcançada, porque estamos muito aptos a considerar o comportamento no qual somos criados como natural para toda a humanidade, como um comportamento que deve necessariamente se desenvolver em toda parte. É, portanto, um dos objetivos fundamentais da Antropologia científica aprender quais traços de comportamento, se é que existem, são organicamente determinados e são, portanto, propriedade comum da humanidade, e quais são devidos à cultura em que vivemos.

Somos ensinados a enfatizar as diferenças nacionais que ocorrem entre os europeus e seus descendentes. Não obstante as peculiaridades características de cada nação ou divisão local, o contexto cultural essencial é o mesmo para todas elas. As formas culturais da Europa são determinadas pelo que aconteceu na Antiguidade no Mediterrâneo Oriental. Em nossa civilização moderna, temos que reconhecer a descendência da cultura grega e romana. As pequenas variações locais são construídas sobre uma semelhança fundamental. Elas são insignificantes quando as comparamos com as diferenças que existem entre a Europa e os povos que não se desenvolveram com base na antiga cultura mediterrânea. Nem mesmo a Índia e a China podem ser completamente separadas das influências históricas que emanam da Ásia Ocidental e da região mediterrânea.

O estudo objetivo de tipos de cultura que se desenvolveram em linhas historicamente independentes, ou que se tornaram fundamentalmente distintas, permite ao antropólogo diferenciar de modo claro entre aquelas fases da vida que são válidas para toda a humanidade e outras que são culturalmente determinadas. Munido desse conhecimento, ele chega a um ponto de vista que lhe permite ver criticamente nossa própria civilização e fazer um estudo comparativo de valores com uma mente relativamente não influenciada pelas emoções suscitadas pelo comportamento automaticamente regulado do qual ele participa como membro de nossa sociedade.

A liberdade de julgamento assim obtida depende de um reconhecimento claro do que é determinado organicamente e do que é determinado culturalmente. A pesquisa desse problema é dificultada a cada passo por nossa própria sujeição a padrões culturais que são mal interpretados como padrões humanos geralmente válidos. O fim só pode ser alcançado por uma pesquisa paciente, na qual nossas próprias avaliações e atitudes emocionais são conscienciosamente mantidas em segundo plano. Os dados psicológicos e sociais válidos para toda a humanidade que são assim obtidos são básicos para toda cultura e não estão sujeitos a avaliações variáveis.

Os valores de nossos ideais sociais, portanto, ganharão em clareza através de um estudo rígido e objetivo das culturas estrangeiras.

Se pudéssemos ter certeza de que, após a descoberta do comportamento organicamente determinado, o estudo de formas culturais distintas levaria, em última instância, à descoberta de leis definitivas que governassem o desenvolvimento histórico da vida social, poderíamos esperar construir um sistema para um tratamento razoável de nossos problemas sociais. No entanto, é questionável se tal ideal está ao nosso alcance.

A dificuldade fundamental pode ser ilustrada por exemplos tirados do mundo inorgânico. Quando expressamos uma lei em Física ou em Química, queremos dizer que, dadas certas condições, um resultado definitivo se seguirá. Eu laço um objeto em um determinado lugar e ele cairá com velocidade e aceleração definidas. Coloco dois elementos em contato e eles formarão, sob condições controladas, um composto definido. O resultado de um experimento pode ser previsto se as condições que o controlam forem conhecidas. Se nosso conhecimento de Mecânica e Matemática for suficiente e a posição de todos os planetas em um dado momento for conhecida, podemos prever quais movimentos vão acontecer e quais movimentos aconteceram no passado, desde que nenhuma influência externa perturbadora se faça sentir.

Os fenômenos sociais não podem ser sujeitos a experimentos. Condições controladas, excluindo influências externas perturbadoras, são inalcançáveis. Isso complica todo processo que tentamos estudar.

Quanto mais complexos os fenômenos, mais difícil é prever o futuro a partir de uma condição existente em um determinado momento, mesmo que as leis essenciais que regem os acontecimentos sejam conhecidas. Supondo, por exemplo, que estejamos estudando a erosão na encosta de uma montanha, podemos prever qual curso deve ser tomado ou como chegou às formas atuais? Encontramos uma ravina. Em sua cabeceira está uma grande rocha que desviou a água e fez com que ela abrisse um canal para si mesma em um dos lados. Se a pedra não estivesse lá, a ravina teria tido uma direção diferente. Acontece que o solo em uma direção era macio, de modo que a água corrente o penetrou prontamente. Estamos lidando apenas com as leis da erosão, mas mesmo o conhecimento mais íntimo delas não pode explicar adequadamente o curso atual da ravina. A rocha pode estar em seu lugar porque foi solta por um animal que caminhava ao longo da encosta da montanha. Ela caiu e parou no local onde obstruiu o curso da água corrente.

Todos os incidentes dessa classe que influenciam o processo isolado que queremos estudar são excluídos na experimentação. São acidentes na medida em que não têm nenhuma relação lógica com o processo sobre o qual desejamos adquirir conhecimento. Mesmo no problema astronômico aludido, as posições dos corpos celestes no momento inicial são, nesse sentido, acidentais, pois não podem ser derivadas de nenhuma lei mecânica. Influências externas perturbadoras que não têm nenhuma relação com a lei devem ser admitidas como acidentes que determinam a distribuição da matéria no momento escolhido como o inicial.

Essas condições tornam a previsão do que vai acontecer em um caso especial extremamente difícil, senão impossível. As ocorrências acidentais que logicamente não estão relacionadas aos fenômenos estudados modificam a sequência de eventos que poderiam ser determinados se as condições fossem absolutamente controladas e protegidas contra todas as interferências externas. Essa condição é alcançada em um experimento físico ou químico completamente definido, mas nunca em fenômeno da natureza que só possa ser observado, não controlado. Apesar dos avanços em nosso conhecimento sobre a mecânica das correntes de ar, a previsão do tempo permanece incerta em relação ao estado real do tempo em uma determinada hora em um determinado local. Um prognóstico geral e razoavelmente correto para uma área maior pode ser possível, mas uma sequência exata de eventos individuais não pode ser dada. As causas acidentais são muito numerosas para permitir uma previsão precisa.

O que é verdade nesses casos é cada vez mais verdadeiro nos fenômenos sociais. Suponhamos que exista uma sociedade que tenha desenvolvido sua cultura de acordo com certas leis descobertas por um exame minucioso do comportamento de diversas sociedades. Por alguma razão, talvez devido a ataques hostis que nada tenham a ver com o funcionamento interno da sociedade, as pessoas deixam suas casas e migram de um país fértil para um deserto. Elas terão que se ajustar a novas formas de vida; novas ideias se desenvolverão no novo ambiente. O fato de terem sido transplantadas de uma região para outra é apenas um acidente – como a pedra solta que determinou a direção da ravina.

Mesmo uma consideração apressada da história do ser humano mostra que acidentes desse tipo são a regra em toda sociedade, pois nenhuma sociedade está isolada, mas existe em relações mais ou menos íntimas com seus vizinhos.

As condições de controle também podem ser de uma natureza bem diferente. A atividade na qual as pessoas subsistem pode mudar seu habitat ou se extinguir; uma área arborizada pode se tornar um campo aberto. Todos os casos de mudança de ambiente geográfico, ou econômico, implicam mudanças na estrutura da sociedade, mas esses são eventos acidentais de forma alguma relacionados ao funcionamento interno da própria sociedade.

Como exemplo, podemos considerar a história da Escandinávia. Se tentarmos entender o que os povos são no momento atual, temos que perguntar sobre sua ascendência. Devemos considerar as mudanças climáticas e geográficas que ocorreram desde o período em que as geleiras do pleistoceno se retraíram e permitiram que o ser humano se estabelecesse, as mudanças na vegetação, o contato precoce com os vizinhos do sul e do leste. Todas elas não têm nenhuma relação com as leis que podem governar a vida interior da sociedade. Elas são acidentes. Se os europeus centrais não tivessem tido qualquer influência sobre a Escandinávia, o povo não seria o que é. Esses elementos não podem ser eliminados.

Por essas razões, toda cultura só pode ser entendida como um crescimento histórico. Ela é determinada em grande parte por ocorrências externas que não se originam na vida interior dos povos.

Pode-se pensar que essas condições não prevaleciam nos primeiros tempos, que as sociedades primitivas eram isoladas e que as leis que governam seu desenvolvimento interior poderiam ser aprendidas diretamente a partir de estudos comparativos de suas culturas. Esse não é o caso. Mesmo os grupos mais simples com os quais estamos familiarizados se desenvolveram pelo contato com seus vizinhos. O bosquímano da África do Sul aprendeu com o negro; o esquimó, com o indígena; o negrito, com o malaio; o vedá, com o cingalês. As influências culturais não se limitam nem mesmo aos vizinhos próximos; o trigo e a cevada viajaram nos primeiros tempos por uma grande parte do Velho Mundo; o milho indígena, pelas duas Américas.

Se descobrirmos que as formas jurídicas da África, da Europa e da Ásia são semelhantes e diferentes daquelas da América primitiva, isso não significa que as formas americanas sejam mais antigas; que as formas americanas e as do Velho Mundo representem uma sequência natural, a menos que se possa demonstrar uma ordem real e necessária do desenvolvimento. É muito mais provável que, por contato cultural, as formas legais do Velho Mundo tenham se espalhado por uma ampla área.

É mais do que questionável se é justificável construir, a partir de um mero exame estático das formas culturais do mundo, sobre uma sequência histórica que expressaria leis de desenvolvimento cultural. Toda cultura representa um desenvolvimento complexo e, por causa das primeiras associações íntimas de povos que habitavam grandes áreas, não é admissível assumir que as causas acidentais que modificam o curso do desenvolvimento se anularão e que a grande massa de provas nos dará uma imagem de uma lei de desenvolvimento da cultura.

Estou longe de afirmar que não existem leis gerais relacionadas ao desenvolvimento da cultura. Quaisquer que sejam, elas são, em cada caso particular, sobrepostas por uma quantidade de acidentes que provavelmente foram muito mais potentes nos fatos reais do que as leis gerais.

Podemos reconhecer relações definidas e causalmente determinadas entre as condições econômicas de um povo e o tamanho da população. O número de indivíduos de uma tribo caçadora que habitam um determinado território é obviamente limitado pela quantidade de caça disponível. Haverá fome assim que a população exceder o máximo que pode ser mantido em um ano desfavorável. Se os mesmos povos desenvolverem a agricultura e a arte de preservar os alimentos por um longo período, uma população mais densa é possível, e, ao mesmo tempo, cada indivíduo terá mais lazer e haverá um maior número de indivíduos desfrutando do lazer. Sob essas condições, a população está sujeita a aumentar. Podemos talvez dizer que a complexidade da cultura e o número absoluto de indivíduos que constituem uma população estão correlacionados. Se esse desenvolvimento realmente ocorre em uma determinada população, é uma questão completamente diferente.

Como outro exemplo do que poderia ser chamado de lei social, menciono a reinterpretação do comportamento e da crença tradicional. Pode-se afirmar como regra geral que as interpretações de costumes e atitudes não concordam com suas origens históricas, mas se baseiam nas tendências culturais gerais da época em que a interpretação é dada. Exemplos já foram dados antes.

Ainda outro exemplo do que poderia ser descrito como uma "lei" social não seria descabido. Ações importantes, quando acompanhadas de dificuldade de execução e probabilidade de fracasso, ou aquelas que envolvem perigo, dão origem a uma variedade de tipos de comportamento cerimonial. A fabricação de uma canoa é frequentemente um ato de grande importância cerimonial, como na Polinésia, ou é acompanhada de crenças e práticas supersticiosas, como na costa noroeste da América. A caça e a pesca das quais depende o sustento do povo, as atividades agrícolas, o pastoreio e as expedições de guerra, estão quase sempre ligadas a cerimônias mais ou menos elaboradas e crenças complexas, de modo geral, quanto mais profundamente o sucesso ou o fracasso afetam a vida do povo. Podemos reconhecer uma expressão da mesma "lei" nas celebrações formais com as quais gostamos de acompanhar a realização de grandes empreendimentos técnicos, a conclusão da educação dos jovens, ou a abertura de uma importante assembleia.

Generalizações desse tipo são possíveis, mas não nos permitem prever os acontecimentos reais em uma cultura específica. Tampouco nos permitem estabelecer leis gerais que regem o curso do desenvolvimento histórico da cultura.

Quando tentamos aplicar os resultados dos estudos antropológicos aos problemas da vida moderna, não devemos esperar resultados paralelos aos obtidos por experimentos controlados. As condições são tão complexas que é duvidoso se alguma "lei" significativa pode ser descoberta. Há certas tendências no comportamento social que se manifestam; mas as condições nas quais elas atuam são controladas por acidente, na medida em que as diversas atividades da sociedade e sua relação com o mundo exterior são logicamente independentes. Para dar apenas um exemplo: o desenvolvimento técnico da eletricidade dependia de um trabalho puramente científico. As descobertas científicas dependiam do avanço geral da Física e de interesses puramente teóricos. Elas foram aproveitadas pela tendência dos nossos tempos de explorar tecnicamente cada descoberta. As modificações de nossas vidas provocadas pelo uso do telefone, do rádio, dos raios X e de muitas outras invenções estão tão pouco relacionadas com a própria descoberta científica que, em relação a elas, esta desempenha o papel de um acidente. Se algumas das descobertas tivessem sido feitas em outra época, seus efeitos sobre nossa vida social poderiam ter sido bem diferentes. Assim, toda mudança em um aspecto da vida social atua como um acidente em relação a outros apenas remotamente relacionados a ela.

Por essas razões, a Antropologia nunca se tornará uma ciência exata, no sentido de que o conhecimento do *status* de uma sociedade em um determinado momento nos permitirá prever o que vai acontecer. Podemos ser capazes de *compreender* os fenômenos sociais. Não acredito que algum dia seremos capazes de *explicá-los* reduzindo um e todos eles às leis sociais.

Esses pontos de vista devem ser levados em conta quando tentamos abordar os problemas do progresso cultural. Eles também podem nos ajudar na crítica de algumas das teorias nas quais as aspirações sociais modernas se baseiam.

O rápido desenvolvimento da Ciência e da aplicação técnica do conhecimento científico são as indicações impressionantes do progresso da civilização moderna.

Um aumento em nosso conhecimento e no controle da natureza, um acréscimo de novas ferramentas e processos aos conhecidos anteriormente pode muito bem ser chamado de progresso, pois nada precisa ser perdido, mas novos poderes são adquiridos e uma nova perspectiva é aberta. Muito do aumento do conhecimento é, ao mesmo tempo, a eliminação do erro e, nesse sentido, também representa um progresso. Na aquisição de novos métodos de controle das forças da natureza, nenhum padrão qualitativo está envolvido. Trata-se de um aumento quantitativo na extensão das conquistas anteriores. No reconhecimento de erros anteriores, nosso padrão é a verdade; mas, ao mesmo tempo, o reconhecimento do erro implica conclusões mais racionais, muitas vezes úteis. Em todas essas aquisições, está envolvido um processo de raciocínio. As conquistas são o resultado de um trabalho intelectual que se estende por campos cada vez mais amplos e cada vez mais detalhados.

A descoberta de métodos de conservação de alimentos, a invenção de múltiplos implementos da caça e de ferramentas de manufatura; de vestuário, abrigo e utensílios para a vida cotidiana; a descoberta da agricultura e a associação com animais que levou à sua domesticação; a substituição de pedra, osso e madeira por metais; tudo isso são degraus na longa escada que trouxe às nossas modernas invenções, que agora tem sido acrescentadas com velocidade avassaladora.

O conhecimento tem aumentado rapidamente. A rude observação da natureza ensinou ao ser humano muitos fatos simples – as formas e os hábitos de animais e plantas, os cursos dos corpos celestes, as mudanças climáticas e as propriedades úteis dos materiais, do fogo e da água.

Um longo e difícil passo foi dado quando o conhecimento adquirido foi sistematizado pela primeira vez e a pesquisa consciente foi tentada para expandir os limites do conhecimento. Nos primeiros tempos, a imaginação foi utilizada para fornecer as ligações causais entre os fenômenos da natureza, ou para dar explicações teleológicas que satisfizessem a mente. Gradualmente, o domínio do jogo da imaginação foi restringido, e tem sido feita a tentativa séria de submeter hipóteses imaginativas ao exame minucioso da observação.

Assim, podemos reconhecer o progresso em uma direção definida no desenvolvimento da invenção e do conhecimento. Se valorizássemos uma sociedade inteiramente com base em suas realizações técnicas e científicas, seria fácil estabelecer uma linha de progresso que, embora não uniforme, leva da simplicidade à complexidade.

Outros aspectos da vida cultural não são com a mesma facilidade levados a uma sequência progressiva. Isso pode ser ilustrado pelas mudanças na vida cultural, efetuadas pelo progresso no conhecimento técnico e na habilidade. As tribos primitivas, que devem dedicar todas as suas energias e todo o seu tempo à aquisição das mais elementares necessidades da vida, não produziram muito que ajudasse a desfrutar da vida. Seus confortos, prazeres sociais, produtos de arte e cerimônias são limitados por suas necessidades diárias. Esses começam a florescer quando as condições da vida permitem o tempo livre. Uma comparação da vida dura dos fueguinos, esquimós, australianos e bosquímanos com a dos povos que comandam uma abundância de alimentos e períodos prolongados de descanso para a aquisição de suprimentos necessários mostra o efeito do lazer sobre a vida cultural. A riqueza dos produtos dos negros africanos, o tempo à sua disposição para funções cerimoniais e sociais, baseia-se em sua liberdade comparativa de cuidar de seu sustento cotidiano. Os pescadores, como os da costa do Pacífico Norte da América, que desfrutam de estações de descanso durante as quais vivem de provisões armazenadas, desenvolveram uma arte complexa e uma vida social e cerimonial cheia de interesse para si mesmos. A abundância de alimentos permitiu aos melanésios desenvolverem uma rica vida interior. Em toda parte, entre os povos primitivos, o tempo livre e o enriquecimento da cultura andam de mãos dadas, pois é com o lazer que desenvolvem novas necessidades, e novas necessidades criam novas invenções. Mas o lazer por si só não é suficiente. A menos que o indivíduo participe de uma multiplicidade de atividades culturais, se sua vida for restrita dentro de uma bússola estreita, o lazer não é lucrativo. Na sociedade primitiva, a participação de todos na vida tribal cria condição para um emprego útil do lazer. Quando uma classe ociosa é criada e parte do povo é obrigada a trabalhar por ela, somente a classe ociosa pode se beneficiar de suas condições mais favoráveis.

É uma crítica à nossa civilização o fato de não termos aprendido a utilizar o enorme aumento do tempo livre da maneira como era feito pelo ser humano primitivo. Até recentemente, a intensidade da atividade técnica, que gera um desejo cada vez maior de confortos e conveniências físicas, era de tal forma exigente e ocupava tanto o tempo das pessoas, que, para a maioria, o tempo livre era muito limitado. No entanto, o tempo necessário para o trabalho manual foi muito reduzido durante o século passado. Nos últimos tempos, a facilidade de produção por meios mecânicos e a racionalização da produção, juntamente com o estabelecimento de novos centros de produção, sem um aumento correspondente dos centros de consumo, criaram uma condição na qual há um amplo tempo livre. Mas o ócio está tão distribuído que parte da população está envolvida em frenética atividade, enquanto muitos ficam de lado, fora do fluxo de produção e, portanto, incapazes de fazer uso do tempo de lazer garantido, sem contribuir com novos valores culturais, como um peso morto no progresso humano.

Assim, o avanço no conhecimento técnico, não acompanhado de um correspondente ajuste social na distribuição do tempo de lazer, levou a um desperdício de energia humana que poderia contribuir para o prazer de viver.

A vida primitiva mostra que o tempo livre enriquece a vida humana, pelo menos enquanto todos participam ativamente da produção de valores culturais. Entre eles o ócio de todos é frequentemente obtido pelo descanso sazonal, permitindo que cada indivíduo participe da vida social da tribo.

O empobrecimento das massas provocado por nossa infeliz distribuição do tempo livre certamente não é um avanço cultural, e o termo "progresso cultural" pode ser usado apenas em um sentido restrito. Ele se refere ao aumento do conhecimento e do controle da natureza.

Não é fácil definir progresso em qualquer fase da vida social que não seja no conhecimento e no controle da natureza.

Pode parecer que o baixo valor dado à vida na sociedade primitiva e a crueldade do ser humano primitivo são indícios de um baixo padrão ético. É bem possível mostrar um avanço no *comportamento* ético quando comparamos a sociedade primitiva com a nossa. Westermarck e Hobhouse examinaram esses dados detalhadamente e nos deram uma elaborada história da evolução das ideias morais. Suas descrições são bem verdadeiras, mas não acredito que elas representem um crescimento de *ideias* morais, mas sim reflitam as mesmas ideias morais manifestadas em diferentes tipos de sociedade e assumindo formas que variam de acordo com a extensão do conhecimento do povo.

Devemos ter em mente o significado de um modo de vida puro, de praticar todas as virtudes exigidas pela tradição. A pureza sexual, evitar a contaminação por qualquer coisa que possa ser impura, determina o código específico de quase todas as tribos. A transgressão de qualquer dos costumes sociais que têm um forte valor emocional na vida do povo é considerada um pecado. A história do que é considerado em nossa civilização um pecado, ou um erro punível, mostra que o alcance desses conceitos varia de acordo com nossa atitude mais ou menos racional em relação ao aspecto particular de nossa vida social. A heterodoxia era um crime, ateísmo imperdoável; a quebra dos tabus alimentares não era facilmente tolerada; trabalhar no domingo era pecado. O comportamento sexual anormal era e ainda é punido, embora comecemos a reconhecê-lo como resultado de fatores biológicos, de modo que tem sido considerado mais como um estado patológico do que como um erro punível. A restrição das relações sexuais a um *status* autorizado pela Igreja ou pelo Estado mostra um enfraquecimento considerável. Evitar todos esses pecados, por exemplo, com a piedade, que incluía a observância de restrições santificadas pela Igreja; com a pureza sexual até o momento em que a Igreja e o Estado permitem relações sexuais etc. são de caráter análogo à restrição aos "pecados" conforme discriminados na sociedade primitiva. As vidas dos mártires de todos os tempos que morreram por convicções contrárias às leis sociais de seu tempo ilustram a intensidade com que uma violação era sentida como um pecado imperdoável. A vida nativa abunda em exemplos análogos, tanto em ocorrências reais quanto em contos romanescos. Os transgressores de tabus – tanto os descrentes como os pecadores descuidados – são punidos pelos poderes sobrenaturais e pela sociedade. Quebrar uma lei de incesto social, ignorar um tabu, omitir uma purificação prescrita, são pecados imperdoáveis. É bastante claro que, em relação a todos esses casos, trata-se mais do avanço do conhecimento que torna obsoleta a regulação tradicional da vida, do que de uma mudança no sentimento de obrigação ética que acarreta mudanças no comportamento ético.

A questão é antes se existem certas atitudes éticas fundamentais que se manifestam de diversas formas em todos os ramos da humanidade.

Se restringirmos nossas considerações à sociedade fechada à qual um indivíduo pertence, não encontramos nenhuma diferença apreciável nos princípios de moralidade. Vimos em outro lugar que em uma sociedade fechada sem diferenciação de posição, pelo menos em teoria, uma absoluta solidariedade de interesse e a mesma obrigação moral de comportamento altruísta são o código ideal, o mesmo que entre nós. O comportamento em relação ao escravizado ou aos membros de sociedades estrangeiras pode ser cruel. Pode não haver consideração por seus direitos. As obrigações dentro da sociedade são vinculativas. A ideia predominante de uma diferença fundamental, até mesmo específica, entre os membros da sociedade fechada e os de fora impede o desenvolvimento de um sentimento de simpatia.

Consideramos nosso direito matar criminosos perigosos para a sociedade, matar em legítima defesa e em guerra. Também matamos animais pelo mero prazer e emoção da caça. Exatamente as mesmas regras prevalecem na sociedade primitiva. Elas dão uma impressão diferente, porque o crime, a autodefesa, a guerra e a matança de animais não têm o mesmo significado que entre nós. Uma violação das leis que regulam o casamento pode ser considerada um crime hediondo, que põe em perigo a existência de toda a comunidade, porque suscita a ira de poderes sobrenaturais; uma violação aparentemente leve de boas maneiras pode ser um insulto mortal. A suposta feiticeira pode ser criminosa ou pode dar o direito à pessoa que acredita estar ameaçada por ela, como uma questão de autodefesa, de matar o infrator. A guerra pode não ser iniciada pelas formalidades normalmente impostas pelo uso internacional moderno – embora muitas vezes desconsiderada, se a necessidade ou interesse próprio a tornam desejável –, mas pode ser baseada em uma hostilidade entre os grupos que se inflama com a mais leve provocação e sem aviso, permitindo o que devemos chamar de traição mais baixa.

É verdade que na vida do ser humano primitivo a vingança como um direito e um dever é profundamente sentida e que sua forma é muito mais cruel do que nossos padrões éticos permitiriam. Ao julgarmos as causas psicológicas dessa diferença, devemos considerar os perigos infinitamente maiores da vida na sociedade primitiva. O clima, os perigos da perseguição, os ataques de animais selvagens ou de inimigos tornam a vida muito mais precária do que em comunidades civilizadas e entorpecem o sentimento de sofrimento. O prazer impensado que as crianças sentem ao atormentar animais e os portadores de deficiência, uma expressão de sua incapacidade de identificar seus próprios processos mentais com os dos outros, é bastante análogo às ações do ser humano primitivo. O significado dessa atitude será melhor compreendido quando compararmos nosso sentimento de simpatia pelo sofrimento animal com o dos hindus. Enquanto matamos animais de que precisamos para a alimentação, embora sem infligir sofrimento desnecessário, toda a vida é sagrada para o hindu. Nós reivindicamos o direito de matar animais de que precisamos; o hindu estende o direito de viver sobre todas as suas criaturas semelhantes.

Pode parecer que a virtude de perdoar os erros é totalmente estranha à cultura primitiva, pois a retaliação é quase sempre considerada um dever. Reconhecemos o perdão como uma virtude, ainda mais porque nem sempre é praticado. No entanto, ainda estamos longe de reconhecer que a punição legal é mais uma vingança da sociedade do que uma proteção contra um criminoso perigoso ou uma tentativa de reeducação. Creio que a aparente ausência de perdão na sociedade primitiva está, como a crueldade primitiva, relacionada em parte à precariedade da existência e à consequente necessidade de autoproteção, em parte à inimizade entre sociedades fechadas nas quais, sob a pressão da opinião pública, o indivíduo é obrigado a participar. É difícil encontrar perdão e tolerância entre sociedades fechadas, mesmo em nossa civilização; para confirmar isso, basta testemunhar as relações entre nações, disputas partidárias e denominacionais, ou aquelas decorrentes de uma competição acirrada em assuntos comerciais. É necessário examinar atentamente a vida primitiva para ver que a ideia de perdoar os erros como algo louvável não está ausente. De vez em quando aparece em contos populares claramente reconhecidos como uma atitude desejável. Na costa noroeste da América, há o do menino abandonado que se torna rico e salva da fome sua tribo, que não tinha piedade dele – embora em outros contos ele retalie aqueles que foram os instigadores de seus infortúnios. Entre os pueblos, as crianças abandonadas por seus próprios pais os salvam assim que estão convencidas de seu arrependimento.

Devemos comparar o código de ética primitivo com nossa própria ética, e a conduta primitiva, com nossa própria conduta. Pode-se dizer com segurança que o código, no que diz respeito às relações entre os membros de um grupo, não difere do nosso. É dever de cada pessoa respeitar a vida, o bem-estar e a propriedade de seus semelhantes, e abster-se de qualquer ação que possa prejudicar o grupo como um todo. Todas as violações desse código são ameaçadas com punições sociais ou sobrenaturais.

Quando a tribo é dividida em pequenos grupos autônomos e as obrigações morais do indivíduo são confinadas aos membros do grupo, pode resultar um estado de aparente desrespeito à lei. Quando a tribo forma uma unidade firme, dá-se a impressão de tranquilidade pacífica, que corresponde mais de perto às nossas próprias condições. Um exemplo do tipo anterior é apresentado pelas tribos do norte da Ilha Vancouver, cada uma dividida em um número considerável de clãs ou grupos familiares de interesses conflitantes. A solidariedade não se estende além dos limites do clã. Por essa razão, os conflitos entre os clãs são bastante frequentes. Os danos causados a um membro de um clã levam a rixas entre clãs.

A distinção entre membros de um grupo e estranhos persiste na vida moderna, não apenas nas relações cotidianas, mas também na legislação. Toda lei que faz discriminação entre cidadãos e estrangeiros, toda tarifa protetora que é por sua natureza hostil ao estrangeiro é uma expressão de um duplo padrão ético, um para conterrâneos, outro para estrangeiros.

O dever de autoperfeição se desenvolveu na sociedade moderna, mas aparentemente está ausente em formas mais primitivas de vida humana. Os conflitos irreconciliáveis de valorações que são característicos de nosso tempo e aos quais nos referimos anteriormente estão em parte ausentes nas sociedades simples porque, nestas, prevalece um único padrão de comportamento. Já nos referimos à liberdade do esquimó do controle humano e vimos que, no entanto, ele está cercado por todos os lados pela estreiteza de sua cultura material, suas crenças e práticas tradicionais. Não há nenhum grupo conhecido por ele que possua padrões diferentes, que apresente o problema da escolha entre alternativas culturais conflitantes que afetam nossas vidas, embora possam surgir conflitos baseados em diferentes aspectos de sua própria cultura. Também nos referimos ao desenvolvimento social da criança em Samoa, onde a falta de estratificação em grupos de ideais decididamente distintos torna extremamente difícil o desenvolvimento de novos tipos de pensamento. Ocorre de vez em quando que uma pessoa não se enquadra temperamentalmente em sua cultura, como, entre os indígenas da costa noroeste, um nobre tímido, sem ambição, ou um plebeu agressivo e ambicioso; mas esses casos são, em geral, raros, e é difícil para o indivíduo deixar as marcas de suas qualidades em seu ambiente. Assim, acontece que os deveres éticos que sentimos para conosco, que em alguns estratos de nossa sociedade colocam o dever da autoperfeição infinitamente mais alto do que o do serviço à comunidade, parecem perdidos no simples esforço de cada pessoa para atingir os padrões de sua sociedade.

A conduta real da pessoa não corresponde ao código de ética, e a obediência depende do grau de controle social e religioso. Entre nós, as ações contrárias ao código de ética são fiscalizadas pela sociedade, que responsabiliza cada pessoa por suas ações. Em muitas sociedades primitivas não existe tal poder. O comportamento de um indivíduo pode ser censurado, mas não há uma responsabilidade rigorosa, embora o medo de punições sobrenaturais possa servir como substituto.

Não há evolução de ideias morais. Todos os vícios que conhecemos, mentira, roubo, assassinato, estupro, são desaprovados na vida dos iguais em uma sociedade fechada. Há progresso na conduta ética, baseada no reconhecimento de grupos maiores que participam dos direitos usufruídos pelos membros da sociedade fechada e em um crescente controle social.

É difícil definir o progresso nas ideias éticas. É ainda mais difícil discernir o progresso universalmente válido na organização social, pois o que escolhemos chamar de progresso depende dos padrões escolhidos. O individualista extremo pode considerar a anarquia como seu ideal. Outros podem acreditar na arregimentação voluntária extrema; outros ainda, em um controle poderoso do indivíduo pela sociedade ou na sujeição a uma liderança inteligente. Ocorreram desenvolvimentos em todas essas direções e ainda podem ser observados na história dos Estados modernos. Podemos falar de progresso em certas direções, dificilmente de progresso absoluto, exceto na medida em que depende do conhecimento que contribui para a segurança da vida humana, da saúde e do conforto.

O progresso geralmente válido nas formas sociais está intimamente associado ao avanço no conhecimento. Ele se baseia fundamentalmente no reconhecimento de um conceito mais amplo de humanidade, e, com isso, no enfraquecimento dos conflitos entre as sociedades individuais. O estrangeiro não é mais uma pessoa sem direitos, cuja vida e propriedade são presas legítimas de qualquer um que possa conquistá-lo, mas os deveres intertribais são reconhecidos. Estes são desenvolvidos, no entanto, quer a tribo queira evitar a retaliação dos vizinhos, quer as relações amistosas sejam estabelecidas por meio de casamentos mistos ou de outras formas, mas a intensa solidariedade da unidade tribal e suas subdivisões é passível de se romper.

A importante mudança de atitude provocada por essa expansão é um enfraquecimento do conceito de um *status* no qual cada pessoa nasce.

A história da civilização demonstra que a extensão em que o *status* de uma pessoa é determinado pelo nascimento, ou por algum ato voluntário, ou forçado posteriormente, tem perdido em força. Em sociedades primitivas de estrutura complexa, o *status* de uma pessoa como membro de um clã, de uma faixa etária, de uma sociedade, é muitas vezes absolutamente determinado e envolve obrigações inevitáveis. As leis de casamento misto são determinadas pelo *status* de uma pessoa em sua família ou pela divisão tribal hereditária e impedem a livre escolha dos parceiros. As obrigações e os privilégios também podem variar de acordo com a família ou a divisão em que uma pessoa nasce. Na África Oriental, as classes agrícolas e os pastores são divisões tribais hereditárias. A chefia na Polinésia e na África e em muitas outras partes do mundo é hereditária em linhas genealógicas. Todos os privilégios hereditários pertencem a essa classe e eles se mantêm mesmo em nossos tempos. A sucessão real, a vinculação de heranças descendentes em linhagens familiares, as leis obrigatórias que prescrevem as quantidades a que os herdeiros lineares têm direito são expressões do reconhecimento de um *status* no qual uma pessoa nasce. Um *status* também pode ser inato, embora não determinado pelos vínculos familiares. Na África do Sul, uma pessoa que se acredita ter a qualidade de feiticeira nunca pode perder esse *status*, porque é congênito.

O *status* de idade e sexo desempenha um papel importante onde existem sociedades de idade rigidamente organizadas. Entre algumas tribos negras, o menino é introduzido em um grupo de meninos de sua própria idade, que mantêm ao longo da vida o *status* de uma sociedade à qual cada membro está vinculado por obrigações sociais. Na Austrália, os idosos formam um grupo de autoridade reconhecida. Em países que mantêm exércitos com serviço obrigatório, o cidadão do sexo masculino tem um *status* definido em relação aos deveres militares, dependendo de sua idade. Isso é verdade tanto para os zulus quanto para os franceses ou os poloneses.

A filiação a sociedades também pode determinar o *status* de uma pessoa. Algumas vezes o *status* é permanente, outras vezes pode ser alterado com o consentimento da comunidade, expresso por algum ato público, muitas vezes religioso. Na maioria das sociedades primitivas, um sacerdote não pode estabelecer os deveres que ele assumiu. As sociedades secretas da África Ocidental que exercem poderes políticos conferem um *status* permanente a seus membros.

Em tempos anteriores, entre nós, a condição do nobre, a do servo, mesmo a de membro de uma guilda, era definida pelo nascimento; a do sacerdote, por autoridade da Igreja. Para a maioria de nós, ainda existem duas formas de *status* que implicam sérias obrigações e que persistem, a menos que o *status* seja alterado por consentimento do Estado. Estes são a cidadania e o casamento. O último *status* mostra, mesmo agora, fortes evidências de enfraquecimento. No sentido da perda da fixidez do *status*, a liberdade do indivíduo tem aumentado.

A multiplicidade de formas que se pode encontrar na sociedade humana, bem como as observações sobre a variabilidade dos tipos humanos, lançam luz importante sobre as questões políticas modernas, particularmente sobre a exigência de igualdade, sobre as relações de gênero e sobre a negação do direito à propriedade individual.

Anatomia, fisiologia e psicologia dos grupos sociais demonstram com igual força que não existe igualdade entre todos os seres humanos. A capacidade física e mental e o vigor estão desigualmente distribuídos entre os indivíduos. Elas também dependem da idade e do gênero. Mesmo na ausência de qualquer forma de organização que implique subordinação, a liderança se desenvolve. A sociedade esquimó é fundamentalmente anárquica porque ninguém é obrigado a se submeter ao ditado. No entanto, os movimentos da tribo são determinados por líderes a cuja energia, habilidade e experiência superior outros se submetem. O homem, o provedor da família, determina os movimentos da casa e suas esposas e dependentes o seguem.

Depende das condições históricas até que ponto os poderes de um líder podem ser desenvolvidos. Nos primeiros tempos, as instituições monárquicas se espalharam por uma grande parte do Velho Mundo, as instituições democráticas, pelo Novo Mundo. É comum a todas as formas de organização política que, onde quer que seja realizado trabalho comunitário, surjam líderes reconhecidos. Entre os indígenas norte-americanos que eram avessos ao controle político centralizado, a caça ao búfalo exigia regulamentações policiais rigorosas às quais a tribo tinha que se submeter, pois a caça desorganizada e individualizada colocaria em risco o suprimento de alimentos tribais. A caça e a guerra, em particular, exigem liderança. Até que ponto cada indivíduo deve se submeter à liderança depende da complexidade da organização, da necessidade de ação conjunta e de conflitos decorrentes de ocupações individuais.

A suposição de que toda liderança é uma aberração da natureza primitiva do ser humano e uma expressão do desejo individual pelo poder não pode ser mantida. Temos apontado repetidamente que o ser humano é um ser gregário, vivendo em sociedades fechadas, e que novas sociedades fechadas estão sempre surgindo. Quase todas as sociedades fechadas de animais têm líderes e, em muitos casos, uma ordem definida de classificação pode ser observada. Um caso típico é a organização de um galinheiro, no qual prevalece uma ordem definida de classificação. A primeira galinha bica a segunda, a segunda, a terceira, e assim por diante até a última, que é bicada por todas. A ordem só é perturbada se uma galinha se revolta e consegue superar a líder, cujo lugar ela então ocupa. Outros exemplos são os rebanhos de mamíferos que têm seus batedores e vigias e que se protegem em formação ordenada. Parece improvável que as condições fossem diferentes na horda primitiva do ser humano.

Observações sobre a sociedade primitiva lançam uma luz interessante sobre a relação de gênero. Encontramos em toda parte uma clara distinção entre as ocupações do homem e as da mulher. A maioria das mulheres, sobrecarregada durante grande parte de sua vida adulta pelo cuidado de crianças pequenas, está vinculada ao lar de forma mais rígida do que os homens. Elas são prejudicadas em sua mobilidade e, por essa razão, mais do que por qualquer outra coisa, não podem participar da vida extenuante do caçador e do guerreiro. Aqui também é útil uma comparação com as formas de vida dos animais gregários, pois a divisão das tarefas de acordo com o sexo não é incomum. Em algumas espécies, os machos são protetores do rebanho, em outros casos, as fêmeas.

As ocupações domésticas do lar não impedem necessariamente a participação ativa das mulheres na vida cultural superior da tribo. Devido à habilidade alcançada em suas variadas atividades técnicas, elas são em alguns casos artistas criativas, enquanto os homens que se dedicam à caça não participam de forma alguma da produção artística. Onde prevalece um sistema econômico mais complexo, no qual a riqueza depende da gestão e dos cuidados com a produção assegurada pelos membros da família, sua influência em questões sociais, ou mesmo políticas, pode ser importante. Elas não são necessariamente excluídas das atividades religiosas e atuam como xamãs ou sacerdotisas.

Visto que entre as tribos primitivas as mulheres solteiras são praticamente ignoradas, a condição da mulher é em geral determinada pelas limitações impostas a todas pela gestação e o cuidado das crianças.

Entre as tribos primitivas, a mortalidade infantil é alta, e os intervalos entre os nascimentos são proporcionalmente curtos. Com a atual diminuição da mortalidade infantil, a redução voluntária no número de filhos e o crescente número de mulheres solteiras, os deslocamentos de muitas mulheres tornaram-se mais livres e uma das causas fundamentais da diferenciação entre as posições sociais dos homens e das mulheres foi removida. Não foi de forma alguma apenas a pressão econômica que levou à demanda por oportunidades mais amplas e igualdade de direitos entre homens e mulheres, mas a remoção das limitações devidas à maternidade foi o que deu à mulher a liberdade de ação de que usufrui o homem.

Os valores culturais produzidos pela mulher na sociedade primitiva nos fazem duvidar da existência de qualquer diferença fundamental no poder criativo entre os gêneros. Antes, suspeitamos que as diferenças imponderáveis no tratamento de crianças pequenas, as diferentes atitudes de pai e mãe para filho ou filha, a diferenciação do *status* de homem e mulher inerente à nossa tradição cultural, superam quaisquer diferenças reais que possam existir.

Em outras palavras, o poder criativo e a independência do homem e da mulher me parecem em grande parte independentes das diferenças fisiologicamente determinadas em termos de interesses e caráter. O perigo no desejo moderno de liberdade da mulher reside na supressão intencional das funções ligadas à maternidade que poderiam impedir a livre atividade. A sociedade sempre precisará de um número suficiente de mulheres que tenham filhos e daquelas que estejam dispostas a se dedicar amorosamente à sua educação.

O casamento é outro aspecto da relação entre os gêneros sobre o qual é lançada luz pelo estudo de culturas estrangeiras. Os costumes da humanidade mostram que o casamento permanente não se baseia sobretudo na permanência do amor sexual entre dois indivíduos, mas que ele é essencialmente regulado por considerações econômicas. O casamento formal está ligado à transferência de propriedade. Em casos extremos, a própria mulher é um valor econômico que é adquirido, embora ela possa não se tornar propriedade de seu marido, no sentido de que ele pode dispor dela à vontade, sem interferência de sua própria família ou dela mesma.

As relações sexuais ocasionais entre homem e mulher são de uma ordem diferente e entre muitas tribos são permitidas ou mesmo esperadas. Em outros casos, as meninas são cuidadosamente vigiadas e as relações sexuais ilícitas são severamente punidas.

Uma sanção religiosa do casamento praticamente não existe em nenhuma tribo primitiva. A monogamia estrita ocorre em casos raros e sugere que as relações sexuais nos primeiros tempos não eram de caráter uniforme em todas as partes do mundo. Os elementos vinculantes no casamento são considerações de propriedade, nas quais os filhos que acrescentam força potencial à família são incluídos. Parece provável que nossa visão do casamento se tenha desenvolvido a partir dessa fase inicial através de uma reinterpretação.

Em uma família bem equilibrada, com pais competentes, a permanência da união matrimonial é, sem dúvida, mais adequada ao desenvolvimento sadio do indivíduo e da sociedade. Mas nem todas as famílias são bem equilibradas e competentes, e a permanência da afeição não é universal. Pelo contrário, quase todas as sociedades ilustram a inconstância de afeto e a instabilidade das uniões entre os jovens. As uniões só se tornam bastante estáveis na velhice, quando as paixões sexuais diminuíram. A instabilidade é encontrada tanto na civilização moderna quanto nas sociedades mais simples. Evidentemente, o ser humano não é um ser absolutamente monógamo.

Os esforços para impor ao ser humano à monogamia absoluta nunca foram bem-sucedidos e a tendência de nossos tempos é reconhecer isso. A crescente facilidade do divórcio, que mais se difundiu no México e na Rússia, é a prova disso. Igualmente significativos são os esforços para amenizar a posição nada invejável da mãe solteira, as tentativas de remover o estigma imerecido do filho ilegítimo e as reivindicações de um único padrão de ética sexual para homem e mulher.

O antropólogo pode não ser capaz de propor, com base em sua ciência, as medidas que devem ser tomadas para remediar a hipocrisia que se prende ao tratamento geral das relações sexuais sem encorajar indevidamente a quebra do vínculo matrimonial. Ele só pode apontar que o ponto de vista tradicional de continência absoluta não é aplicável até que um casamento monogâmico seja contraído, pois é contrário à natureza de uma grande parte da humanidade. Em muitos casos, ele é aceito e seguido como outros padrões sociais, mas não sem dar origem a crises graves.

É interessante pesquisar o conceito de propriedade em tribos simples. Não sabemos de uma única tribo que não reconheça propriedade individual. As ferramentas e utensílios que uma pessoa faz e usa são praticamente sempre sua propriedade individual, que ela pode usar, emprestar, dar ou destruir, desde que não prejudique a vida de sua família ao fazê-lo. Um esquimó que destruísse seu caiaque e seus equipamentos de caça tornaria a si e a sua família dependentes da manufatura de outros; a mulher esquimó que destruísse seus utensílios de cozinha ou suas vestimentas privaria a família de bens valiosos que não poderiam ser substituídos sem a ajuda de seu marido ou de outros homens. Nesse sentido, o controle de sua propriedade não é totalmente livre. Qualquer teoria econômica que não reconheça esses fatos é contrária aos dados antropológicos.

O conceito de propriedade em recursos naturais é de um caráter diferente. Exceto nos raros casos de povos verdadeiramente nômades, a tribo está ligada a uma área geográfica definida que é sua propriedade, na medida em que estrangeiros que tentarem utilizá-la serão considerados intrusos. Em sociedades mais simples, o território tribal e todos os seus recursos pertencem à comunidade como um todo; ou quando a tribo consiste em subdivisões, o território tribal pode ser subdividido entre eles, e não serão permitidas invasões mútuas. Na maioria dos casos, não é necessário desenvolver os recursos naturais através do trabalho e a oferta é ampla para as necessidades do povo. Pedra, concha, madeira ou metal puro para manufaturas são mais ou menos facilmente obtidos. Quando se trata de trabalho preparatório para o desenvolvimento dos produtos da natureza, os direitos de propriedade disponíveis se desenvolvem. O africano que limpa a floresta, planta e cultiva seu jardim, tem direitos de propriedade sobre o solo até abandoná-lo e permitir que ele volte ao seu estado silvestre original. O indígena da costa noroeste que constrói um açude de peixe em um local favorável considera-o propriedade sua. Quanto maior a quantidade de trabalho concedido por um indivíduo, família ou clã para a exploração de um determinado pedaço de terra ou água, mais provavelmente encontraremos o conceito de propriedade pessoal, familiar ou do clã em relação ao solo e os seus produtos. Em locais onde casas permanentes são construídas, uma relação semelhante pode se desenvolver no local da construção. O pastoreio que requer atenção constante ao bem-estar dos animais por parte do pastor estabelece uma estreita conexão entre os dois e, a menos que prevaleçam as condições feudais nas quais o rebanho é propriedade de um soberano, o rebanho é propriedade do pastor. Em todos esses casos, os conflitos são passíveis de se desenvolver. Na África e na Melanésia, os direitos de uso da terra são regulamentados; às vezes, o uso da terra abandonada pode passar de uma mão para outra, enquanto o uso de árvores pode ser mantido pelo antigo proprietário. Entre os indígenas, as brigas são comuns no que diz respeito ao direito de uso de açudes de peixe, ou mesmo a locais onde se podem erguer açudes. Entre os pastores, o roubo do rebanho é uma fonte comum de rixas locais. O conflito no sentimento de que o controle pessoal dos recursos naturais infringe os interesses da comunidade como um todo surge desde muito cedo. Nos tempos modernos, quando o desenvolvimento dos recursos naturais por uma pessoa ou um grupo de pessoas poderosas se tornou necessário, porque a exploração lucrativa requer conhecimento científico, o uso de máquinas, de amplos meios e de métodos para controlar a ampla distribuição dos produtos; e quando aqueles que estão no controle reivindicam os recursos como sua propriedade pessoal, porque são o meio de colocá-los em uso, o conflito entre as reivindicações de propriedade da comunidade e dos indivíduos atingiu seu grau mais alto.

Não é possível acompanhar no breve compasso dessas observações a variedade de conceitos de propriedade que se desenvolvem a partir do controle primitivo: a centralização da propriedade nas mãos de uma classe favorecida ou de indivíduos, e os privilégios que aumentam com a crescente complexidade da sociedade.

As teorias do desenvolvimento da cultura foram construídas com base na suposição da influência determinante de causas únicas. Entre elas, as mais importantes são as teorias do determinismo geográfico e econômico.

Determinismo geográfico significa que o ambiente geográfico controla o desenvolvimento da cultura; o determinismo econômico, que as condições econômicas da vida moldam todas as manifestações da cultura primitiva e da civilização complexa.

É fácil mostrar que ambas as teorias atribuem uma importância exagerada a fatores que desempenham um papel importante na vida do ser humano, mas que são apenas um de muitos elementos determinantes.

O estudo da história cultural de qualquer área em particular mostra claramente que as condições geográficas por si só não têm força criativa e, decerto, não são determinantes absolutos da cultura.

Antes da introdução do cavalo, as pradarias da América Ocidental eram pouco habitadas, pois o suprimento de alimentos era incerto. Quando os indígenas começaram a usar cavalos, todo o seu modo de vida mudou, porque a caça aos búfalos se tornou muito mais produtiva e as pessoas passaram a ser capazes de perseguir as manadas migratórias de búfalos. Muitas tribos migraram para o oeste e abandonaram a agricultura. Quando o homem branco se estabeleceu nas pradarias, a vida voltou a ser diferente. A agricultura e a pecuária foram adaptadas ao novo ambiente. De acordo com o tipo de cultura do povo que ocupava as pradarias, essas desempenharam um papel diferente. Elas obrigaram o ser humano a adaptar sua vida às novas condições e modificaram a cultura. O ambiente não criou uma nova cultura.

Outro exemplo não será descabido. A tundra ártica na América e na Ásia tem mais ou menos o mesmo caráter. Ainda assim, a vida dos indígenas e a dos esquimós do Ártico e a das tribos da Sibéria não são as mesmas. Os americanos são exclusivamente caçadores e pescadores. Os asiáticos domesticaram as renas. O ambiente não tem o mesmo significado para o caçador e para o pastor; mas o pastoreio não foi inventado devido ao estresse do ambiente. Trata-se de um tipo de cultura asiática que assume uma forma particular no clima Ártico.

Quando as principais rotas comerciais da Europa para o Oriente cruzavam o mar Mediterrâneo e as embarcações eram de tamanho moderado, a distribuição dos centros de comércio, das rotas marítimas e dos portos disponíveis era bem diferente daquela encontrada em tempos posteriores, quando, devido às alterações de condições políticas e culturais, a novas descobertas, a novas exigências e, nos tempos modernos, a navios maiores, o mesmo ambiente motivou novos ordenamentos, a decadência de cidades outrora prósperas e o aumento da importância de outras.

O erro da teoria do determinismo geográfico está no pressuposto de que existem tribos em nosso globo sem cultura, que devem aprender a se adaptar ao ambiente em que vivem. Não conhecemos nenhuma tribo sem alguma forma de cultura, e mesmo nos tempos do Paleolítico, talvez há 50.000 anos, essa condição não existia. O ambiente só pode agir sobre uma cultura, e o resultado das influências ambientais depende da cultura sobre a qual ele age. A fertilidade do solo não criou agricultura em nenhum lugar, mas quando a agricultura existe, ela é adaptada às condições geográficas. A presença de minério de ferro e carvão não cria indústrias, mas, quando se tem conhecimento do uso desses materiais, as condições geográficas exercem uma poderosa influência sobre o desenvolvimento local.

As condições geográficas exercem um poder limitador ou modificador, na medida em que os materiais disponíveis, as formas topográficas e o clima obrigam a certos ajustes, mas muitos tipos diferentes de cultura são encontrados ajustados a tipos similares de ambiente.

O erro que muitas vezes é cometido é semelhante ao que durante muito tempo tornou a Psicologia experimental improdutiva. Não há sociedade sem algum tipo de cultura, e não há uma mente vazia sobre a qual a cultura – ou a educação do indivíduo – não deixou impressão. Uma reação imediata da mente a um estímulo não depende apenas da organização da mente e do estímulo, mas também das modificações que a mente sofreu, devido a seu desenvolvimento no contexto de uma cultura.

O determinismo econômico está aberto às mesmas objeções. A teoria é mais atraente do que o determinismo geográfico porque as condições econômicas são parte integrante da cultura e estão intimamente interligadas a todos os outros aspectos. Em nossa vida, sua influência se faz sentir nas mais variadas formas e a civilização moderna não pode ser compreendida sem uma atenção constante ao seu contexto econômico.

No entanto, seria um erro afirmar que todas as manifestações da vida cultural são determinadas pelas condições econômicas. As formas culturais mais simples provam isso. Há muitas tribos de caçadores e pescadores cuja vida econômica é construída sobre bases semelhantes. No entanto, elas diferem fundamentalmente em costumes e crenças. Os bosquímanos africanos e os aborígines australianos; os indígenas árticos e algumas das tribos ribeirinhas da Sibéria; os indígenas do Alasca, os do Chile e os nativos da ilha de Sacalina, na Ásia Oriental, são comparáveis no que diz respeito aos seus recursos econômicos. Ainda assim, sua organização social, suas crenças e costumes são diversos. Não há nada que indique que isso se deva a diferenças econômicas; ao contrário, o uso de seus recursos econômicos depende de todos os outros aspectos da vida cultural.

Mesmo as diferenças no *status* do homem e da mulher não são econômicas. Elas se devem mais às diferenças na vida fisiológica do homem e da mulher. Com base nisso, há uma diferença na ocupação, nos interesses e na atitude mental. Estes, por sua vez, produzem diferenciação econômica, mas o *status* econômico não é a causa primária do *status* do homem e da mulher.

Podemos observar aqui que o efeito de diferenciação torna-se uma causa de mais diferenciação. Essa relação pode ser observada em todos os fenômenos específicos da natureza. Um vale foi formado como o efeito da erosão. É a causa de que, na ação posterior da erosão, as águas seguem seu curso. A vegetação verdejante é o efeito de um solo úmido. É a causa da retenção de mais umidade no solo. Uma família realiza trabalho conjunto, e o trabalho conjunto fortalece a unidade da família. O tempo livre obtido pela preservação de um suprimento abundante de alimentos estimula a invenção, e as invenções proporcionam o tempo livre.

A interação entre as diversas forças é tão íntima que selecionar uma como única força criativa transmite uma impressão equivocada do processo. Parece impossível reduzir as crenças fundamentais da humanidade a uma fonte econômica. Elas surgem de uma variedade de fontes, uma das quais é a conceituação inconsciente da natureza. A organização do agregado familiar é controlada em parte pelo tamanho da unidade econômica permitida pelo fornecimento de alimentos, em parte por laços de associação que são estabelecidos por crenças ou hábitos tão pouco relacionados às condições econômicas que seriam exigidos grande engenhosidade e um raciocínio forçado para reduzi-los a causas econômicas.

É justificável pesquisar as intrincadas relações da vida econômica e de todas as outras numerosas manifestações de cultura, mas não é possível descartar todos os aspectos restantes como dependentes das condições econômicas. É tão necessário estudar a vida econômica como dependente de invenções, estrutura social, arte e religião quanto estudar as relações inversas.

As condições econômicas são a causa de muitas dessas condições e são, com igual verdade, seu efeito. Laços e conflitos sociais, conceitos, vida emocional, atividades artísticas são em sua origem psicológica e social apenas incompletamente redutíveis a fatores econômicos.

Assim como o ambiente geográfico atua apenas sobre uma cultura que o modifica, as condições econômicas atuam sobre uma cultura existente e, por sua vez, são modificadas por ela.

Uma última questão deve ser respondida. A Antropologia pode ajudar a controlar o desenvolvimento futuro da cultura e do bem-estar humano ou devemos ficar satisfeitos em registrar o progresso dos eventos e deixá-los seguir seu curso? Acredito que vimos que o conhecimento da Antropologia pode nos guiar em muitas de nossas políticas. Isso não significa que podemos prever os resultados finais de nossas ações. Tem sido afirmado que a cultura humana é algo superorgânico, que segue leis que não são desejadas por nenhum indivíduo que participa da cultura, mas que são inerentes à própria cultura. Algumas das mudanças graduais mencionadas anteriormente podem parecer apoiar esse ponto de vista. O aumento do conhecimento, a libertação do indivíduo dos grilhões tradicionais, a extensão das unidades políticas tem prosseguido regularmente.

Não parece necessário considerar a cultura uma entidade mística que existe fora da sociedade de seus portadores individuais e que se move por sua própria força. A vida de uma sociedade é levada adiante por indivíduos que agem isolada e conjuntamente sob a pressão da tradição em que cresceram e estão rodeados pelos produtos de suas próprias atividades e das de seus antepassados. Estes determinam a direção de suas atividades de forma positiva ou negativa. Eles podem agir e pensar de acordo com os padrões transmitidos ou podem ser levados a se mover em direções opostas. A ocupação com um pensamento ou uma invenção pode levar a direções diferentes. Visto retrospectivamente, eles podem parecer como um crescimento predeterminado.

O estado da sociedade em um determinado momento depende das interações dos indivíduos sob a pressão do comportamento tradicional. Não é a soma das atividades dos indivíduos, mas os indivíduos e a sociedade estão funcionalmente relacionados.

As forças que provocam as mudanças estão ativas nos indivíduos que compõem os grupos sociais, não na cultura abstrata.

Aqui, assim como em outros fenômenos sociais, o acidente não pode ser eliminado, acidente que pode depender da presença ou da ausência de indivíduos eminentes, dos favores concedidos pela natureza, de descobertas ou contatos casuais e, portanto, a previsão é precária, senão impossível. Não é possível definir leis de desenvolvimento, exceto nas formas mais generalizadas, nem prever um percurso de crescimento detalhado.

Tudo que podemos fazer é observar e julgar dia a dia o que estamos fazendo, compreender o que está acontecendo à luz do que aprendemos e moldar nossos passos em conformidade.

História e Ciência em Antropologia: uma resposta

Foi para mim interessante ler a análise do dr. Kroeber não só em relação ao meu trabalho científico, mas também à minha personalidade.[1] Talvez eu possa interpretar mal a ambas. No entanto, desejo expressar minha total discordância com a sua avaliação. É bem verdade que, quando jovem, dediquei meu tempo ao estudo da Física e da Geografia. Em 1887, tentei definir minha posição em relação a esses assuntos,[2] dando expressão à minha consciência da diversidade de seus pontos de vista fundamentais. Eu me alinhei claramente com aqueles que são motivados pelo apelo efetivo de um fenômeno que nos impressiona como uma unidade, embora seus elementos possam ser irredutíveis a uma causa comum. Em outras palavras, o problema que me atraiu foi sobretudo a compreensão inteligente de um fenômeno complexo. No que se refere à Geografia, meu interesse era dirigido à Etnologia, e esse mesmo interesse prevaleceu. Para entender um fenômeno, temos que saber não apenas o que ele é, mas também como surgiu. Nosso problema é histórico. O dr. Kroeber sugere como:

> a característica distintiva da abordagem histórica, em qualquer campo, não a de lidar com sequências temporais, embora isso quase inevitavelmente ocorra quando os impulsos históricos são genuínos e fortes; mas um esforço de integração descritiva. [...] O processo na história é um nexo entre fenômenos tratados como fenômenos, não uma coisa a ser procurada e extraída de fenômenos.

Confesso que para mim isso não faz nenhum sentido. Temos descrições de cultura mais ou menos adequadamente compreendidas. Estes são materiais valiosos. Se bem-feitos, eles produzem a maioria do material iluminador em relação ao funcionamento da cultura, ou seja, a vida do indivíduo como controlada pela cultura e o efeito do indivíduo sobre a cultura. Mas eles não são história. Para interpretação histórica, o material descritivo tem que ser tratado de outras maneiras. Para esse trabalho, as comparações arqueológicas, biológicas, linguísticas e etnográficas fornecem pistas mais ou menos adequadas.

Se o dr. Kroeber chama meu primeiro trabalho etnológico, "O esquimó central" (escrito em 1885), de histórico, eu não consigo entendê-lo. É uma descrição baseada em um conhecimento íntimo da vida cotidiana do povo, com lacunas, devido à minha ignorância dos problemas. Os únicos pontos históricos feitos baseiam-se em uma comparação da tribo estudada com outras tribos esquimós e com os indígenas da bacia do Mackenzie, em um estudo cuidadoso das evidências de habitações anteriores dos esquimós, e um palpite sobre o curso de suas primeiras migrações. O resto é uma descrição pura e simples. Se em escritos posteriores eu não enfatizei as condições geográficas, a razão deve ser procurada em uma crença exagerada na importância dos determinantes geográficos com os quais comecei minha expedição em 1883-84 e na completa desilusão em relação ao seu significado como elementos criativos na vida cultural. Continuarei sempre a considerá-los relevantes para limitar e modificar as culturas existentes, mas aconteceu que em meu trabalho de campo posterior essa questão nunca veio à tona como particularmente esclarecedora.

Permita-me lembrar ao dr. Kroeber um pequeno incidente que ilustra meu interesse na interpretação sociológica ou psicológica das culturas, um aspecto que agora é chamado pelo novo termo *funcionalismo*. Eu lhe havia pedido para coletar tradições arapaho sem considerar as formas "verdadeiras" de contos e costumes antigos, cuja descoberta dominava, naquela época, as ideias de muitos etnólogos. O resultado foi uma coleção de histórias, algumas das quais extremamente grosseiras. Isso despertou a ira de Alice C. Fletcher, que queria conhecer apenas o indígena ideal, e odiava o que ela chamava de modos de "garoto estável" de um grupo social inferior. Como ela tentou desacreditar o trabalho do dr. Kroeber com base nisso, escrevi um pequeno artigo sobre "O Significado Etnológico das Doutrinas Esotéricas",[3] no qual tentei mostrar a inter-relação "funcional" entre o conhecimento exotérico e o esotérico, e enfatizei a necessidade de conhecer os hábitos de pensamento de pessoas comuns expressos na narração de histórias. Considerações similares sobre as relações estruturais internas entre vários fenômenos culturais estão contidas em uma contribuição sobre as sociedades secretas do kwakiutl, no volume comemorativo do aniversário de Adolf Bastian (1896) e, de outro ângulo, em uma discussão sobre o mesmo assunto nos relatórios sobre o XIV Congresso dos Americanos, 1904 (publicado em 1906); esse último mais do ponto de vista do estabelecimento de um padrão de comportamento cultural. Estas eu deveria chamar de contribuições à história cultural que lidam com as formas como toda uma cultura indígena em seu contexto entre culturas vizinhas constrói seu próprio tecido.

Em uma tentativa de seguir a história de uma cultura em tempos anteriores, estamos confinados às evidências indiretas e é nosso dever usá-las com a maior circunspecção. O dr. Kroeber me acusa de não estar interessado nessas questões. Não sei, então, por que usei anos da minha vida para tentar desvendar o desenvolvimento histórico da organização social, das sociedades secretas, da difusão das formas de arte, dos contos populares na costa noroeste da América. Penso que um estudo tão detalhado vale a pena, não apenas por si mesmo, mas porque ilumina também aspectos gerais da história da humanidade, pois aqui vemos a totalidade dos fenômenos culturais refletidos na cultura individual. Será que um trabalho cuidadoso desse tipo não parece valer a pena para o dr. Kroeber, mas requer o voo de uma imaginação desenfreada para ter sua aprovação? Não consigo entender de outra forma o seu elogio a uma palestra pública que fiz como Presidente da Academia de Ciências de Nova York sobre "A História da Raça Americana",[4] guardando minha declaração, porém, logo no início, dizendo que eu deveria dar rédeas mais livres à minha imaginação do que eu normalmente me permito. Quando já em 1895[5] fiz uma análise cuidadosa do material então disponível, mostrando as relações das mitologias da costa noroeste entre si e com outras áreas da América e do Velho Mundo, o objetivo era demonstrar as relações históricas. Talvez eu não tenha ido suficientemente longe para o dr. Kroeber ao estabelecer o centro de origem de cada elemento; mas aí eu me abstenho, porque acredito que isso só pode ser feito em casos excepcionais. O fato de um fenômeno ter seu maior desenvolvimento em um determinado ponto não prova que teve sua origem ali. A crença nisso, que considero uma suposição injustificada e uma ponderação mais leve das provas, diferencia nossos métodos. Em uma conversa, o dr. Kroeber admitiu que eu queria um alto grau de probabilidade para uma conclusão, enquanto ele estava satisfeito com muito menos. Essa é uma posição epicurista, não a de um cientista moderno.

Lamento que não possa considerar justo o resumo do meu trabalho. É verdade que eu mesmo tenho feito pouco trabalho arqueológico. Minha única contribuição, acredito, foi o estabelecimento da sequência de trabalhos arcaicos, tipo Teotihuacán e astecas, no México – exceto o trabalho de Ball nas Ilhas Aleutas –, o primeiro trabalho estratigráfico na América do Norte; mas, no plano da Expedição Jesup, atribuí uma parte importante ao trabalho arqueológico que, nas cuidadosas mãos de Harlan I. Smith, forneceu importantes resultados no rio Eraser, mostrando a invasão da cultura do interior. Se mais ao norte não deu nenhum resultado, a causa não foi falta de interesse, mas a incapacidade de encontrar material significativo. Posso também afirmar ter mantido, ano após ano, perante nosso público científico, a necessidade de um trabalho arqueológico cuidadoso no norte do Alasca, que infelizmente foi desviado de seu objeto principal por descobertas artísticas sensacionais, embora o principal problema continue sendo a ocorrência ou não de tipos pré-esquimós na região do mar de Bering.

Em relação ao trabalho linguístico, as críticas do dr. Kroeber não me parecem de modo algum atingir o alvo. A relação das línguas é um poderoso meio de pesquisa histórica. Ela permanece igualmente válida, quer assumamos uma relação puramente genética, quer nos perguntemos se por contato as línguas podem exercer influências mútuas de longo alcance. Essa questão é importante para a interpretação das relações, mas não tem absolutamente nada a ver com uma abordagem histórica ou não histórica. Se for possível resolver isso, saberemos interpretar historicamente os dados linguísticos. Que estou aqui como em outro lugar, em oposição a suposições mal fundamentadas, é evidente, mas não tem nada a ver com o caso. Aqui também uma possibilidade de 40% não é uma prova satisfatória para mim.

As restrições do dr. Kroeber ao meu livro sobre "arte primitiva" são totalmente ininteligíveis para mim. Ele diz que o estilo não foi tratado. Há um capítulo inteiro sobre estilo e um capítulo específico sobre o estilo da costa noroeste destinado a ser uma amostra do tratamento do problema. Talvez o dr. Kroeber tenha uma ideia própria do que é estilo, assim como ele tem uma ideia própria do que é história. Ele me reprova por não ter escrito sobre a história do estilo da costa noroeste. Infelizmente, não há dados que possam lançar qualquer luz sobre seu desenvolvimento. Ele aparece em plena floração e desaparece sob a investida do contato branco. As pequenas diferenças locais e a relação entre as artes dos esquimós e outras tribos vizinhas não me parecem lançar nenhuma luz sobre o assunto. Será que ele quer que eu escreva sua história sem tais dados? Devo repetir os disparates de Schurtz?

Nunca fiz a declaração de que a história é legítima e apropriada, mas a reconstrução histórica é insensata e estéril. De fato, toda a história do povo primitivo que qualquer etnólogo já desenvolveu é reconstrução e não pode ser mais nada. Há, no entanto, uma diferença entre uma reconstrução cautelosa baseada em dados apurados e generalizações abrangentes que devem permanecer mais ou menos fantasiosas. Reconheço uma série de problemas históricos gerais muito fundamentais em relação aos quais tenho opiniões mais ou menos decididas, tais como a distribuição e as relações das raças, a relação da América com o Velho Mundo, a da África com a Ásia, e assim por diante. Depende inteiramente da evidência do quanto me apego a essas opiniões. Aconteceu-me muitas vezes que uma sugestão cautelosamente feita foi repetida por outros como se eu a tivesse pronunciado como um dogma estabelecido.

Agora, sobre o uso de estatísticas em etnologia como ferramenta de pesquisa: conhecendo um pouco as dificuldades do trabalho estatístico, não acredito que seja um guia seguro na investigação etnológica. Acredito que fui o primeiro, após a discussão de Tylor de 1888,[6] a experimentá-lo no campo da mitologia, e se naquela época o método de correlação tivesse sido tão abusado quanto agora, e como ainda não tinha compreendido os seus perigos, eu poderia ter estabelecido alguns bons coeficientes de correlação para elementos da mitologia.[7] Os dados da etnologia não são de tal caráter que possam ser expressos por fórmulas matemáticas, de modo que os resultados sejam obtidos de maneira mais convincente do que aqueles obtidos por formas mais simples de comparação numérica. Por trás disso, sempre pairam as perguntas não respondidas sobre até que ponto os materiais enumerados são realmente comparáveis, ou em outros tipos de problemas, como o de Tylor, até que ponto eles são independentes.

Lamento que o dr. Kroeber também não veja o objetivo que eu tenho em mente na Antropologia Física. Falamos o tempo todo de raças de forma fluida e ninguém pode nos dar uma resposta definitiva à pergunta sobre o que constitui uma raça. O primeiro estímulo à minha participação ativa no trabalho em Antropologia Física foi devido a G. Stanley Hall e à atmosfera da Universidade Clark, e teve pouco a ver com questões raciais, e sim com as influências do meio ambiente sobre o crescimento. Quando me voltei para a consideração dos problemas raciais, fiquei chocado com o formalismo do trabalho. Ninguém tinha tentado responder às perguntas por que certas medidas eram tomadas, por que eram consideradas significativas, e se estavam sujeitas a influências externas; e meu interesse desde então permaneceu centrado nesses problemas que devem ser resolvidos antes que os dados da Antropologia Física possam ser usados para a elucidação dos problemas históricos. Igualmente importante me parece ser a questão de até que ponto o funcionamento do corpo depende da estrutura corporal. A resposta a esse problema é a base necessária para qualquer discussão inteligente de fisiologia e psicologia racial.

O dr. Kroeber refere-se à discussão sobre métodos antropológicos na época do Congresso Americanista realizado em Nova York em

1928. Ele não conta a história completa desse incidente. A discussão tinha se centrado inteiramente em torno de *Círculos culturais* e outras tentativas de reconstrução histórica. Finalmente, eu disse que durante toda minha vida havia tentado entender a cultura que eu estava estudando como resultado do crescimento histórico, mas como toda a discussão havia sido dedicada a sequências históricas, tive que levantar-me como *advogado do diabo* e defender aqueles que procuravam entender os processos pelos quais surgiram as mudanças históricas, cujo conhecimento é necessário para dar um significado mais profundo ao quadro. Essa não era uma posição nova minha, pois creio que se tornou suficientemente clara a partir do que foi dito antes. É verdade que em geral os participantes da discussão não queriam ter nada a ver com a investigação de "processos" que pareciam anátemas, mas preferiram se ater a suas teorias de estimação.

Robert Redfield, na introdução à *Antropologia social das tribos norte-americanas* (Chicago, 1937), retoma o argumento de Kroeber. Ele aceita a definição de história de Kroeber: "um historiador é aquele que se limita a relatos etnográficos 'funcionais' – definições de sociedades únicas, sem comparação, mas cada uma apresentada como um todo orgânico composto de órgãos funcionalmente inter-relacionados e integradores". Outros chamariam isso de uma boa descrição etnográfica, e não acredito que qualquer historiador aceite isso como história. As críticas de Redfield ao meu trabalho estão resumidas nas palavras: "ele não escreve história e não prepara sistemas científicos". Esta última observação concorda plenamente com meus pontos de vista. A história de qualquer grupo selecionado, ou a história da humanidade – tomada tanto no sentido comum do termo como no sentido anormal dado por ele e por Kroeber –, incluindo fenômenos biológicos, linguísticos e culturais em geral, é tão complexa que todos os sistemas que podem ser concebidos serão subjetivos e não reveladores. A classificação, que é um elemento necessário de todo sistema, é enganosa, como tentei ilustrar na discussão do totemismo. O que Kroeber e Redfield chamam de "história" de uma tribo me parece ser uma análise penetrante de uma cultura única descrevendo sua forma, as reações dinâmicas do indivíduo à cultura e da cultura ao indivíduo. Ela só obtém seu pleno significado quando o desenvolvimento histórico da forma atual é conhecido. Infelizmente, somos obrigados a reconstruir o desenvolvimento histórico das culturas primitivas a partir de material muito inadequado, mas pelo menos parte dele pode ser inferida. Penso que a indiferença de Radcliffe-Brown a essas reconstruções se baseia em uma superestimação da certeza da história documental, particularmente da história da cultura. Alguns de nossos resultados obtidos por meio de estudos arqueológicos ou de distribuição não são menos certos do que aqueles obtidos pela história documental. As dificuldades encontradas nas tentativas de dar uma imagem adequada do dinamismo e da integração da cultura têm sido apontadas com frequência. Introduzir a analogia entre um organismo e a sociedade – uma das primeiras teorias especulativas –, como Radcliffe-Brown parece fazer em sua ênfase na função, não ajuda em nada.

Redfield se opõe ao que ele chama de ambiguidade da abordagem metodológica, ou seja, "uma relutância em classificar a abordagem antropológica histórica e social ('científica')". Isso parece indicar que ele considera essas abordagens como mutuamente exclusivas. Um pesquisador imparcial utilizará todos os métodos que possam ser concebidos para contribuir para a solução de seu problema. Em minha opinião, um sistema de Antropologia Social e "leis" de desenvolvimento cultural tão rígidas quanto as da Física são supostamente inatingíveis no atual estágio de nosso conhecimento, e mais importante que isso: em razão da singularidade dos fenômenos culturais e de sua complexidade, nada jamais será encontrado que mereça o nome de uma lei, exceto aquelas características psicológicas, biologicamente determinadas, que são comuns a todas as culturas e aparecem em uma infinidade de formas, de acordo com a cultura particular em que se manifestam.

A confusão em relação ao meu próprio ponto de vista talvez se deva em grande parte ao fato de que em meus primeiros ensinamentos – quando combati "as velhas teorias especulativas", como agora estou combatendo contra as novas teorias especulativas baseadas na imposição de categorias derivadas de nossa cultura sobre culturas estrangeiras – enfatizei a necessidade do estudo da aculturação (1895, ver p. 425) e da disseminação. Quando pensei que esses métodos *históricos* estavam firmemente estabelecidos, comecei a enfatizar, por volta de 1910, os problemas da dinâmica cultural, da integração da cultura e da interação entre indivíduo e sociedade.

Sistemas absolutos de fenômenos tão complexos como os da cultura são impossíveis. Eles sempre serão reflexos de nossa própria cultura.

Notas

[1] *Ibid.*, vol. 37 (1935), pp. 539-569.
[2] "The Study of Geography", *Science*, vol. 9 (1887), pp. 137-141; pp. 639 e seguintes do volume *Race, Language and Culture*.
[3] *Science*, N.S., vol. 16 (1902), pp. 872-874, p. 312 e seguintes do volume *Race, Language and Culture*.
[4] *Anais da Academia de Ciências de Nova York*, vol. 21 (1912, pp. 177-183, p. 324 e seguintes do volume *Race, Language and Culture*).
[5] *Indianische Sagen von der Nord-Pacifischen Küste Amerikas* (Berlim, 1895).
[6] *Journal, Royal Anthropological Institute of Great Britain and Ireland*, vol. 18 (1889), pp. 245-272.
[7] *Indianische Sagen*, pp. 341 *et seq.*

Problemas etnológicos no Canadá

Na reunião do Congresso Internacional de Americanistas, realizada em Quebec, em 1906, chamei a atenção para uma série de problemas não resolvidos relacionados à etnologia do Canadá. Se na ocasião presente eu me aventuro a falar novamente sobre esse assunto, sou motivado por sua urgência. Com o vigoroso progresso econômico do Canadá, a vida primitiva está desaparecendo com uma rapidez cada vez maior; e, a menos que o trabalho seja retomado de imediato e em profundidade, informações sobre a história mais antiga deste país, que ao mesmo tempo tem uma relação muito importante com os problemas gerais da Antropologia, nunca serão obtidas.

Durante os últimos três anos, comparativamente falando, muito pouco trabalho antropológico tem sido feito no Dominion. O Instituto Arqueológico de Ontário tem continuado o seu trabalho. O sr. Teit ainda está conduzindo suas valiosas pesquisas sobre as tribos Salish da Colúmbia Britânica. O dr. Lowie obteve algumas informações sobre as tribos da região sul do Mackenzie; mas a pesquisa mais importante foi o estudo dos ojibwas, feito por William Jones, que lamentavelmente perdeu sua vida a serviço da Ciência. Sob os auspícios do Instituto Carnegie, ele fez um estudo profundo sobre as tribos do Lago Superior. Alguns trabalhos também foram conduzidos pelo sr. Hill-Tout, sob os auspícios do Comitê de sua Associação[1] – nomeado para conduzir uma pesquisa etnológica

| 173

sobre o Canadá. Algumas informações valiosas, coletadas por baleeiros escoceses e americanos nas águas do norte do Dominion, também foram acumuladas desde 1906.

Não me proponho a discutir hoje em detalhes os vários problemas especiais que convidam à pesquisa. Talvez me seja permitido apenas salientar novamente que o interior do Labrador, a parte oriental da bacia Mackenzie, o interior norte da Colúmbia Britânica, o vale Kootenay, e o sul e o oeste da Ilha de Vancouver requerem um estudo intensivo.

Durante os últimos 20 anos foi feito um reconhecimento geral das condições etnológicas do Dominion, em grande parte estimulado por sua Associação; e parece-me que já passou o tempo em que relatórios superficiais sobre as várias tribos e sobre os restos arqueológicos de vários distritos eram de grande valor. Coleções de dados diversos recolhidos apressadamente não podem mais substituir um estudo minucioso dos muitos problemas antropológicos importantes que aguardam solução. Breves relatórios sobre as condições locais eram suficientes quando nem mesmo os pontos mais grosseiros de nosso assunto tinham sido vistos. Uma vez que eles foram expostos, um método diferente é necessário. Nem mesmo as descrições exaustivas de tribos ou locais isolados preenchem os requisitos de nosso tempo. Devemos concentrar nossas energias no estudo sistemático dos grandes problemas de cada área. A fecundidade de tais pesquisas após levantamentos gerais foi demonstrada pelo sucesso científico do trabalho da *Cambridge Torres Strait Expedition*, e pelos muitos pontos esclarecidos pelas pesquisas sistemáticas da Expedição Jesup ao Pacífico Norte, que tratou da etnologia da costa da Colúmbia Britânica, do Alasca e do nordeste da Ásia.

Posso ter permissão para formular hoje alguns problemas que me parecem de grande magnitude, e que devem ser resolvidos pelo trabalho de uma pesquisa etnológica do Canadá. Ao fazer isso, posso omitir a menção da importância de todas as pesquisas antropológicas e etnológicas com o objetivo de esclarecer a história mais antiga do país. Antes, prefiro chamar a atenção para alguns problemas relacionados a todo o continente, cuja solução se baseia em um estudo minucioso das tribos do Canadá.

Em um levantamento geral das condições étnicas do continente americano, uma peculiar uniformidade de cultura pode ser observada entre os indígenas que vivem ao redor do Golfo do México e do Mar do Caribe, nas Grandes Planícies, no leste dos Estados Unidos e em uma parte considerável da América do Sul. Todas essas tribos, apesar das profundas diferenças entre si, têm tanto em comum, que sua cultura nos parece especificamente americana. O uso extensivo do milho indígena, do feijão e da abóbora, o tipo peculiar de desenvolvimento ritualístico, suas instituições sociais, sua peculiar arte decorativa angular, estão entre os traços característicos mais comuns a essa área. Quando comparamos essa cultura com a da Polinésia, da Austrália, da África ou da Sibéria, as semelhanças aparecem claramente, em contraste com os tipos de cultura não americanos, e os traços americanos comuns se destacam de forma bastante marcante.

Há, no entanto, várias tribos americanas que diferem em sua cultura daquela da grande área mencionada. Na América do Sul, muitas tribos do extremo sul e da costa atlântica, bem no interior do Brasil, exibem diferenças marcantes em relação aos seus vizinhos do noroeste. No continente norte, as tribos da costa ártica, da bacia do Mackenzie, dos planaltos ocidentais e da Califórnia, não participam do tipo de cultura a que nos referimos. Observando a distribuição desses fenômenos de um amplo ponto de vista geográfico, parece que as tribos que habitam o extremo norte e o noroeste, e as que habitam o extremo sul e o sudeste, têm características étnicas próprias.

Essa observação dá origem a duas importantes linhas de pesquisa: uma relativa à origem das semelhanças, no que pode ser chamada em um sentido mais amplo de a parte média da América, e a outra relativa à interpretação das características das áreas periféricas: uma no extremo sudeste da América do Sul e a outra no extremo noroeste da América do Norte. A unidade da cultura na primeira área sugere influências mútuas entre as tribos desse vasto território. A solução desse problema deve ser tentada por um estudo minucioso das tribos em questão, começando pela Argentina e chegando ao norte até os Grandes Lagos e as pradarias ocidentais, e incluindo a ponte continental entre a América do Norte e a do Sul formada pela América Central, assim como a ponte insular formada pelas Ilhas do Caribe.

O isolamento das tribos do extremo sudeste e do extremo noroeste sugere que esses territórios podem ter preservado um tipo mais antigo de cultura americana que não foi exposto, ou que pelo menos não foi profundamente impactado pelas influências que varreram as partes do continente e deixaram sua marca em todos os lugares. Se nosso ponto de vista estiver correto, podemos esperar encontrar uma diminuição gradual dos elementos típicos da América Central à medida que avançamos para o norte e para o sul; e podemos esperar que, em geral, as tribos menos afetadas sejam também as últimas a estarem sob as influências dominantes da cultura da América Central. Pelo que eu disse, parece que a maior parte dos aborígines canadenses pertence à área marginal do norte. O importante problema do significado do tipo de cultura aqui encontrado é, portanto, especificamente um problema canadense.

Sua solução deve ser tentada por meio de uma análise cuidadosa das características físicas, línguas e formas de cultura das diversas tribos do Dominion, com o objetivo de separar as características do tipo de cultura aborígine mais antiga daqueles elementos que possam ter sido importados do sul. Algumas considerações gerais relacionadas a esse assunto podem ser feitas aqui.

No leste, os iroqueses parecem estar intimamente ligados às tribos do sul. Embora evidências históricas mostrem que na época do descobrimento os iroqueses estavam localizados ao longo do baixo rio São Lourenço, onde foram encontrados por Champlain, tenho razões para acreditar que os lugares anteriores dessa tribo estavam em alguma parte no sul dos Estados Unidos, talvez perto do rio Mississippi.

Os cherokees, que são linguisticamente aparentados com os iroqueses, residem na região dos Apalaches do Sul desde que são conhecidos, formando assim um elo entre os iroqueses e as tribos do sul. Outras tribos, ainda mais aparentadas com os iroqueses, viviam perto deles. O que me parece mais importante é o fato de que a estrutura morfológica da língua iroquesa não tem nada em comum com a estrutura das tribos esquimó, algonquiana e siouana, cujos vizinhos estão no norte e com quem estiveram em contato durante os últimos séculos; mas que ela deve ser classificada com as línguas altamente incorporadas do Sudoeste, que encarnam o objeto nominal no verbo – uma peculiaridade que antes se acreditava ser característica de todas as línguas americanas.

Embora a relação entre os iroqueses e as tribos do sul, se realmente existir, possa ser tão antiga que nenhum dos elementos culturais pertencentes a uma área exista na outra, as observações linguísticas aqui referidas necessitam de investigações nessa direção. De fato, é fácil mostrar que os iroqueses absorveram ou mantiveram muitos dos traços mais característicos da cultura da América Central; e podemos até nos aventurar a apontar que algumas de suas invenções, como a zarabatana, os conectam diretamente com as tribos do Golfo do México e da América do Sul. Estou inclinado a enfatizar o desenvolvimento peculiar do sistema de clã dos iroqueses e o tipo de sua organização tribal que exibe o traço muito comum americano de que as divisões sociais são atribuídas a funções políticas definidas.

Se esses pontos de vista se provarem verdadeiros, os iroqueses teriam que ser considerados como não pertencentes à área periférica do norte.

As condições entre os algonquinos são bem diferentes. As tribos algonquinas mudaram seu habitat tão extensivamente durante os últimos séculos que parece necessário, antes de tudo, reconstruir sua distribuição anterior. Em comparação com tempos recentes, as duas importantes tribos ocidentais do Canadá – os ojibwas e os crees – residiram ao norte e nordeste dos Grandes Lagos. Elas migraram gradualmente para o oeste, e hoje seu território se estende até os sopés das montanhas rochosas. Conhecemos até mesmo guerreiros crees que chegaram a um ponto próximo a Kamloops no rio Thompson, na Colúmbia Britânica.

Uma comparação entre a cultura dos algonquinos e a de seus vizinhos das pradarias mostra, mesmo no momento atual, um contraste peculiar. Os algonquinos aparecem como os habitantes típicos da floresta do nordeste. Eles eram essencialmente coletores de alimentos, e a agricultura desempenhava um papel muito pouco importante em suas vidas. Eles levavam consigo as cerimônias peculiares que foram adotadas por seus vizinhos siouax mais próximos, particularmente pelo Winnebago. Os ramos mais ocidentais dos algonquinos são altamente diferenciados. Os cheyennes e arapahos, assim como os blackfeet, que pertencem em parte ao Dominion do Canadá, tornaram-se tribos da pradaria. Foi demonstrado, entretanto, que os cheyennes e os arapahos, que residiam anteriormente na fronteira leste da pradaria, praticavam a agricultura; enquanto os blackfeet parecem ter vindo do Saskatchewan, onde podem ter vivido de forma semelhante às atuais tribos algonquinas centrais ao norte dos Grandes Lagos. A partir dessas considerações, estou inclinado a inferir que os algonquinos foram, em algum momento, uma tribo do nordeste; que os ramos mais meridionais – principalmente aqueles que se estendem através dos Estados do Meio Atlântico, e ao sul dos iroqueses em direção ao lago Michigan – foram, por contato, assimilados às tribos do sudeste; enquanto as ramificações mais ocidentais, então vivendo no alto Mississippi, foram influenciadas pelas tribos agrícolas do baixo Mississippi. Se essa visão estiver correta, podemos esperar encontrar o tipo anterior de cultura algonquina ao norte dos Grandes Lagos e no interior do Labrador, que por essa razão são particularmente convidativos para o estudante. Pelo pouco que sei dos resultados não publicados do estudo do dr. Jones sobre os pjibwas, ao norte do lago Superior, as opiniões aqui expressas parecem ser razoavelmente bem apoiadas e certamente merecem uma investigação mais aprofundada. No conjunto, a organização do norte algonquino parece ser tão solta, e sua estrutura social tão simples, que é dada a impressão de um forte contraste entre essa tribo e as do sul. As condições na Nova Escócia e nas províncias atlânticas, onde residem tribos aparentadas, embora distintas, também estão de acordo com as opiniões aqui expressas.

Ainda mais claras são estas condições na vasta área que se estende da baía do Hudson para o noroeste até o Oceano Ártico, e para o oeste até o interior do Alasca e até a cordilheira da costa da Colúmbia Britânica. Este é o lar das tribos da etnia athapascan. Suas migrações e adaptações a diferentes condições sociais lhes garantem um lugar peculiar entre as tribos da América do Norte.

Tribos athapascan isoladas são encontradas em todo o Oceano Pacífico, na Colúmbia Britânica, em Washington, Oregon e Califórnia; e duas das tribos mais importantes do sul – apache e navaho, que ocupam a fronteira entre os Estados Unidos e o México – pertencem a essa linhagem. Todas as faixas isoladas do Oregon compartilham a cultura oregoniana, e são indistinguíveis em seu tipo físico dos vizinhos que falam outras línguas. Os athapascan da Califórnia são californianos em tipo e cultura; e os do sudoeste são uma típica tribo do sudoeste em aparência, assim como em suas artes industriais e suas crenças. O que é verdade para as bandas isoladas também é verdade para o grande número de athapascan do norte. Onde quer que entrem em contato com tribos vizinhas, eles adotam prontamente seus costumes. Assim, as tribos athapascans do baixo Yukon são, para todos os efeitos, esquimós; as do alto curso do rio Skeena, na Colúmbia Britânica, adotaram grande parte da cultura costeira; e as da costa do Alasca aprenderam muitas das artes e crenças de seus vizinhos. Os grupos mais meridionais da bacia do Mackenzie, propriamente dita, adotaram os costumes das tribos algonquinas. Não creio que essa adaptabilidade deva ser considerada um traço racial característico. Parece muito mais um efeito da falta de intensidade da antiga cultura athapascan. O mesmo fenômeno se repete entre outras tribos cuja cultura se assemelha à do athapascan. As tribos salishan, da Colúmbia Britânica e de Washington, e as tribos shoshonean, dos planaltos ocidentais dos Estados Unidos, foram afetadas por seus vizinhos exatamente da mesma forma. Parece, a partir de relatos de viajantes mais antigos, que a cultura athapascan, comparativamente falando, não influenciada pelas tribos vizinhas, pode ser encontrada no distrito oeste da baía de Hudson, e talvez também no curso dos altos afluentes do oeste do rio Mackenzie.

A pesquisa dessa cultura simples deve ser considerada um dos problemas mais importantes da etnologia canadense. Sua importância reside na probabilidade de reconhecermos nela um tipo mais antigo de cultura americana do que as culturas observadas nas pradarias e na parte oriental dos Estados Unidos.

Pelo pouco que sabemos sobre esse distrito, parece provável que sua cultura seja semelhante à das tribos salishan do interior da Colúmbia Britânica, que tem sido minuciosamente pesquisadas pelo sr. James Teit. Uma simples organização social, de vida industrial e o que talvez se possa chamar de tendência geral individualista, parece ser comum a ambos os grupos de tribos. Essa tendência, combinada com a escassez da população, com a falta de grandes rituais que reúnam as pessoas, e acompanhada por uma falta de forte propensão artística, parece tornar essas tribos suscetíveis à influência estrangeira.

Há poucas dúvidas de que os esquimós, cuja vida como caçadores marinhos deixou profundas marcas em todos os seus feitos, devem provavelmente ser classificados com o mesmo grupo de povos. A tão discutida teoria da origem asiática dos esquimós deve ser totalmente abandonada. As investigações da Expedição Jesup do Pacífico Norte, que tive o privilégio de conduzir, parecem mostrar que os esquimós devem ser considerados, comparativamente falando, como recém-chegados ao Alasca, aos quais chegaram vindos do leste.

Não devo deixar a discussão sobre o significado da cultura de todo esse distrito sem me referir, pelo menos, à importante questão da relação entre a América e a Ásia. A Expedição Jesup ao Pacífico Norte, cujos planos sugeri em 1897, tinha como objetivo contribuir para a solução desse problema, e creio que nossos pesquisadores conseguiram demonstrar que houve um contato estreito entre a Sibéria e a área periférica norte da América. Permitam-me mencionar alguns dos pontos que comprovam a existência de difusão da cultura em todo esse território. Foram encontradas muitas tradições comuns na Sibéria e no noroeste do continente americano, alcançando o norte da Califórnia, as pradarias do norte e a baía de Hudson. O tratamento da bétula, o método de bordar com pelos de renas e alces, as formas de casas – tudo isso sugere uma relação de longa duração. Uma consideração da distribuição e as características das línguas e tipos humanos na América e na Sibéria levaram-me a sugerir a possibilidade de que as chamadas tribos paleasiáticas da Sibéria devessem ser consideradas um ramo da raça americana, que pode ter migrado de volta ao Velho Mundo após o recuo das geleiras do Ártico.

Até agora deixei completamente fora de consideração um dos problemas mais difíceis da etnologia canadense – o da Colúmbia

Britânica. Em nenhum lugar do Dominion há um número semelhante de tipos e línguas encontradas dentro de uma área tão pequena; em nenhum lugar se encontra uma cultura com uma individualidade tão forte como nessa região.

As características fundamentais da cultura material das tribos pesqueiras da costa do nordeste da Ásia, do noroeste e da costa ártica da América são tão parecidas que a suposição de uma antiga unidade dessa cultura parece justificável, particularmente porque as crenças e os costumes dessa grande área contínua mostram muitas semelhanças. Essas têm sido apontadas pelo sr. Jochelson em suas descrições dos koryaks do mar de Okhotsk. Nessa base comum, uma cultura fortemente individualizada teve origem na costa da Colúmbia Britânica, particularmente entre as etnias haida, tsimshian e kwakiutl, e apresenta uma série de características mais notáveis, sendo exemplificada melhor pelo estilo de arte dessa região, que não tem paralelo em nenhuma outra parte de nosso continente. Ao mesmo tempo, alguns costumes e crenças dessas pessoas lembram muito os costumes encontrados apenas a leste das montanhas rochosas e também os costumes dos melanésios, o que levanta um problema bastante interessante e difícil, que até agora tem confundido uma interpretação completa, não obstante as pesquisas detalhadas que têm sido conduzidas.

Passemos agora da consideração desses problemas geográficos e históricos para a sua relação com questões teóricas fundamentais. Em nossas discussões anteriores, fizemos a suposição tácita, com a qual talvez nem todos concordem, de que a cultura das tribos de nosso continente é um crescimento histórico complexo, no qual, através de uma análise cuidadosa, os elementos componentes podem ser segregados, e que, dessa forma, se torna historicamente inteligível. Partimos da hipótese de que as ideias de um povo dependem dos elementos culturais que lhe foram transmitidos por seus ancestrais, de acréscimos a seus conhecimentos a partir da própria experiência e de ideias que eles adquiriram de seus vizinhos. Nossa hipótese implica que as ideias e atividades de um povo passam por mudanças fundamentais devido a causas complexas.

Devemos reconhecer que essa hipótese não esgota o campo da experiência antropológica. Além das semelhanças devidas a casos óbvios de empréstimos, existem outras que não podem ser assim explicadas – semelhanças que, às vezes, se estendem a detalhes minuciosos, que ocorrem em regiões amplamente separadas. Acreditamos que sua ocorrência se deva a uma necessidade psicológica, o que provoca o aparecimento de determinados grupos de ideias e atividades em certos estágios da cultura.

Os fenômenos aqui mencionados, no entanto, deram origem à hipótese adicional de que esses fenômenos peculiares semelhantes, que não estão historicamente conectados, surgem por necessidade sempre que uma tribo vive nas condições culturais correspondentes; e, além disso, que esses fenômenos nos mostram a sequência de todo o desenvolvimento cultural inicial do mundo. Na medida em que a teoria assume uma base psicológica para similaridades de fenômenos étnicos em regiões distantes, parece-me incontroverso; na medida em que assume a ocorrência necessária de todo esse grupo de fenômenos e sua sequência fixa, creio que está aberta a sérias dúvidas.

Um exemplo deixará clara a diferença entre esses pontos de vista. Uma das características marcantes encontradas entre os povos primitivos são os costumes e as crenças que estamos acostumados a combinar sob o termo "totemismo". O totemismo é encontrado entre muitas tribos americanas. No Canadá, ele ocorre entre algumas tribos algonquinas, os iroqueses, e na costa do Pacífico. É frequentemente combinado com a descendência materna – com o costume de considerar a criança um membro da família da mãe, e não como um membro da família do pai. O totemismo e a descendência materna já existiram em tempos anteriores entre muitos povos onde agora desapareceram, e uma completa recorrência a esses costumes, depois de terem sido abandonados, é rara e nunca foi observada na história do mundo civilizado. A partir disso, infere-se que o totemismo e a descendência materna pertencem a um período anterior na evolução da civilização e têm sido gradualmente substituídos por outras formas de organização social e crença. Embora possamos garantir que esse é o curso geral dos acontecimentos, a conclusão de que o totemismo e a descendência materna precedem em todos os lugares a ascendência paterna e a organização familiar não me parece necessária. A tendência ao seu desaparecimento pode existir em todos os lugares; mas isso não prova que as descendências paterna e materna são uma etapa necessária no desenvolvimento humano. Em muitas partes do mundo elas podem nunca ter existido. As condições na América não são de modo algum favoráveis à suposição de sua onipresença. As tribos que têm a cultura menos complexa, como as da bacia do Mackenzie, e que, portanto, parecem menos desenvolvidas, têm descendência paterna e nenhum vestígio de totemismo. As que são social e politicamente muito organizadas, como as tribos da parte oriental dos Estados Unidos, têm descendência materna e totemismo altamente desenvolvido. Isso foi comprovado pelas pesquisas do dr. John R. Swanton. Além disso, tentei mostrar que o totemismo e a descendência materna foram adotados por tribos da Colúmbia Britânica que, em tempos passados, aparentemente se encontravam num estágio paternal. O sr. Hill-Tout mais tarde confirmou algumas de minhas conclusões, e observações semelhantes foram feitas pelo padre Morice no interior da Colúmbia Britânica. As tentativas de dar uma interpretação diferente a esses fatos, que foram feitas, por exemplo, por Breisig, não me parecem convincentes, porque partem do pressuposto de que a sequência incomum das formas culturais é contra o hipotético esquema geral de evolução.

Parece que uma teoria geral aceitável do desenvolvimento da civilização deve atender à demanda de que os acontecimentos históricos em qualquer região em particular estejam em conformidade com ela. Até onde posso ver, todas as várias teorias do totemismo falham, porque tentam explicar demais. Para o pesquisador que mergulha nas profundezas do pensamento do ser humano primitivo, sem prestar atenção às teorias, logo se torna evidente que o termo conveniente "totemismo" abrange uma ampla gama das mais diversas ideias e costumes, que psicologicamente não são de modo algum comparáveis, mas que têm em comum certas ideias em relação a grupos de incesto – grupos nos quais o casamento é proibido – e tipos peculiares de ideias religiosas. Onde essas ideias ocorrem, elas tendem a se associar, e são chamadas de "totemismo".

Onde apenas uma ou outra prevalece, nenhum totemismo pode se desenvolver. Portanto, parece que o totemismo pode ser visto como um produto de combinações peculiares de traços culturais que se desenvolvem aqui e ali.

Não desejo, entretanto, acrescentar uma nova teoria às muitas já existentes. Desejo apenas ressaltar que, enquanto a sequência hipotética de eventos não se ajustar aos casos reais, não se pode provar que o esquema evolutivo represente a linha seguida por toda a humanidade.

Por outro lado, a prova da disseminação de elementos culturais parece ser incontestável. A semelhança da mitologia algonquina e iroquesa, que Brinton derivou da unidade psíquica de suas mentes, é obviamente devida ao empréstimo. Durante os últimos 15 anos, o processo e a extensão do empréstimo de mitos têm sido estudados com tanto detalhe na América que nenhuma dúvida razoável pode existir em relação à disseminação gradual de contos do oceano Pacífico ao oceano Atlântico, dos planaltos do México ao rio Mackenzie, e do coração da Ásia à baía de Hudson. Não menos convincente é a prova derivada do estudo da arte decorativa americana, com sua uniformidade de estilo e sua multiplicidade de interpretações. Em suma, parece-me que o fato não pode mais ser ignorado, que a vida étnica até mesmo da tribo mais primitiva é um crescimento histórico complexo. Com isso, surge a necessidade de tentar desvendar o processo histórico e de verificar nossas teorias gerais através da aplicação à história de cada cultura.

Desejo afirmar mais uma vez que, ao defender esse procedimento, não pretendo sugerir que não existam leis gerais de desenvolvimento. Pelo contrário, as analogias que ocorrem em regiões distantes mostram que a mente humana tende a alcançar os mesmos resultados, não em circunstâncias similares, mas em circunstâncias variáveis. A associação da arte decorativa com a interpretação simbólica, a da classificação social e da crença religiosa, das ações materiais e dos resultados mágicos, dos acontecimentos e interpretações novelísticas da natureza, estão entre as tendências fundamentais comuns à humanidade nos estágios iniciais da civilização. O problema que temos que resolver é, por um lado, o psicológico, como essas tendências fundamentais se manifestam, e mais especificamente, o etnológico, por que elas se manifestam de várias maneiras em diferentes estágios da cultura.

Creio que esse é o problema antropológico que nosso tempo é chamado a resolver. Ele tem a mais ampla influência sobre todo o tratamento de nossa ciência, e sua investigação deve ser baseada em observações feitas em uma região onde a disseminação pode ser facilmente rastreada. As condições para esse estudo são favoráveis sempre que vários tipos distintos de cultura estiverem em contato próximo, e ainda suficientemente distintas para nos permitir reconhecer os traços peculiares de cada uma delas. Estas condições são notavelmente bem atendidas no Canadá. A costa ártica, as florestas orientais, as pradarias, a área do planalto e Mackenzie e a costa do Pacífico são tantos distritos fortemente individualizados, e ainda não segregados por barreiras insuperáveis dos outros. Portanto, as tentativas de realizar uma análise comparativa das tribos vizinhas são promissoras. Eu me referi brevemente a alguns fatos que parecem sugestivos, mas o método de pesquisa aqui defendido pode ser talvez mais elucidado.

Os esquimós, que aparecem, em geral, bem diferenciados de seus vizinhos, têm, no entanto, muitos traços em comum com eles. Com os chukchees e os koryaks do nordeste asiático eles compartilham quase todas as invenções fundamentais relacionadas à pesca marítima – o caiaque, o barco, o arpão, os utensílios domésticos. Sua arte pictográfica e suas esculturas realistas têm o mesmo estilo, que atinge sua mais alta perfeição entre os koryaks. Certos rituais dos esquimós e dessas tribos são parecidos. Seus contos heroicos mostram semelhanças no tipo, e, até certo ponto, nos detalhes. Com seus vizinhos athapascans, os esquimós têm em comum a frouxidão da organização social; tanto com os athapascans como com os iroqueses, o conceito de confissão como um meio de afastar os resultados do pecado, isto é, da quebra do comportamento habitual. Com o athapascan e o algonquino do norte, eles compartilham a ocorrência de um tipo peculiar de fábula animal, que, até onde eu sei, não tem nada igual em nenhuma outra parte da América. Vários contos específicos podem ser rastreados do sul da Colúmbia Britânica à

Groenlândia Oriental e do Lago Superior ao Smith Sound. Ao primeiro grupo pertence o conto do cego que recuperou a visão ao mergulhar com um mergulhão, tendo depois se vingado de sua mãe, que o maltratara enquanto estava cego; e a história do ser que roubava túmulos, e foi vencido por um jovem corajoso, que, fingindo a morte, se deixou enterrar, foi levado pelo monstro, e finalmente escapou pelos incidentes conhecidos como "Voo Mágico". A característica de todos esses fenômenos é sua ocorrência em áreas contínuas e sua ausência fora dessa área. De fato, o estudo das características dos componentes na cultura de qualquer tribo deve colocar maior ênfase na continuidade geográfica da ocorrência; pois, assim que admitirmos em nossa prova a possibilidade de perda em distritos intermediários, poderemos provar a conexão entre todas as partes do mundo. A continuidade da distribuição e um número suficiente de elementos análogos nas culturas vizinhas parecem, no entanto, justificar a suposição de empréstimos e influências mútuas. Uma ampla oportunidade para tais relações é dada nas guerras, nas relações comerciais e nos casamentos entre tribos.

Talvez agora eu possa enumerar algumas das lacunas mais óbvias em nosso conhecimento da etnologia canadense, que precisam ser preenchidas para nos permitir conduzir a análise de pesquisa sugerida. Entre as monografias tribais, as das tribos athapascans do Mackenzie, entre o Grande Lago Slave e a baía de Hudson, e as das tribos algonquinas, na parte norte da península de Labrador, me parecem as mais urgentemente necessárias, pois, como explicado anteriormente, elas são presumivelmente os tipos menos afetados da cultura marginal do norte. No oeste, os kootenay são pouco conhecidos, e a relação dos tsimshians com seus vizinhos requer um estudo exaustivo. A Costa Salish e a Nootka na costa oeste da Ilha de Vancouver ainda oferecem campos importantes para uma pesquisa detalhada.

No campo da pesquisa algonquina, exigimos um registro completo do sistema gentílico das tribos e de seus rituais, particularmente uma investigação sobre as características essenciais das cerimônias intermediárias; no grupo athapascan, um estudo detalhado dos complicados costumes de evitação e da intimidade correlata, que, tanto na América como na Sibéria, parecem andar sempre de mãos dadas, mas que até recentemente escaparam à atenção dos observadores, pois não são tão marcantes como os costumes de evitação.

Em Arqueologia, uma de nossas tarefas mais importantes deve ser a determinação precisa da extensão mais a noroeste da cerâmica antiga e das relações entre os tipos pré-históricos da área do Grande Lago e a população atual do mesmo distrito. Posso também ressaltar aqui a necessidade de uma pesquisa sobre as carapaças do Alasca em relação à questão de saber se um tipo de cabeça curta precedeu o atual esquimó, o único elo que falta para fechar a prova da origem oriental dos esquimós.

O mais importante parece ser um estudo minucioso e sistemático das línguas canadenses, baseado em sistemas fonéticos modernos. Embora suspeitemos de uma relação entre tlingit, haida e athapascan, e novamente entre salishan e wakashan, isso ainda não foi provado. A relação entre essas línguas é um problema de fundamental importância.

Eu poderia continuar com minha enumeração, mas já foi dito o suficiente.

Após a análise dos tipos individuais de civilização, aqui sugerida, o problema do que constitui a individualidade da cultura de cada tribo se destaca com grande clareza. O conservadorismo tenaz dos esquimós, sua inventividade, sua boa natureza, sua visão peculiar da natureza, não podem ser explicadas como resultado de empréstimos, mas aparecem como o resultado de seu modo de vida, e da forma como eles remodelaram os materiais culturais que lhes foram transmitidos por seus antepassados e por seus vizinhos.

Tenho me debruçado muito sobre essa questão, que é de fundamental importância para uma interpretação correta dos fenômenos étnicos, porque o Canadá oferece um campo excepcionalmente favorável para sua discussão. Um estudo exaustivo dos tipos de cultura, e de suas relações, mostrará até que ponto nós somos autorizados a considerá-los representantes de tipos evolutivos; ou até que ponto as condições atuais são o resultado de complicados acontecimentos históricos; até que ponto as mais amplas generalizações da Antropologia podem ser expressas na forma de sequências de crenças e costumes; ou até onde são leis psicológicas relacionadas às atividades mentais da humanidade sob condições determinadas pelas visões e atitudes tradicionais encontradas em diferentes tipos de cultura. Quaisquer que sejam nossas opiniões em relação a essas questões, sua importância será reconhecida por todos. É dada a oportunidade de resolver essas questões teóricas, bem como as questões históricas anteriormente apresentadas. Não podemos esperar que elas sejam aproveitadas e que os aborígines do Dominion sejam estudados antes que seja tarde demais.

Nota

[1] Associação Britânica para o Progresso da Ciência.

O desenvolvimento de contos folclóricos e mitos

As coleções de contos folclóricos e mitos de todos os continentes, particularmente as da América do Norte, que foram acumuladas durante as últimas décadas, produziram resultados definitivos de que os incidentes dos contos têm uma distribuição muito ampla, que foram levados de tribo em tribo, mesmo de continente em continente, tendo sido assimilados a tal ponto que raramente há qualquer evidência interna que indique o que é nativo e o que é de origem estrangeira.

Embora esses incidentes tenham uma ampla distribuição, eles desenvolveram peculiaridades características em partes restritas do território em que ocorrem. Ilustrarei isso por meio de alguns exemplos selecionados entre os contos folclóricos da costa do Pacífico Norte na América.

Uma excelente ilustração é apresentada pelo conto norte-americano do *"Bungling Host"* ("Anfitrião Desastrado"). A ideia fundamental da história, o fracasso da tentativa de imitar métodos mágicos de obtenção de alimentos, é comum a todo o continente norte-americano, aparentemente com a única exceção da Califórnia e da costa do Ártico. Os incidentes, no entanto, apresentam uma variação considerável. Confinados à costa do Pacífico Norte estão os truques de deixar o óleo escorrer das mãos, de obter peixe batendo no tornozelo e de deixar as bagas amadurecerem ao canto de um pássaro. O truque amplamente difundido de cortar ou arrancar carne do corpo do anfitrião é praticamente desconhecido na costa do Pacífico Norte. O truque do anfitrião de matar seus filhos, os quais revivem – isso é parte do conto "Bungling Host" no estado de Washington e nos planaltos –, é bem conhecido na costa do Pacífico Norte. No entanto, isso não ocorre como parte desta história. Ela se limita inteiramente às histórias de visitas de seres sobrenaturais aos países.

Observações semelhantes podem ser feitas em relação ao prolífico tema do teste. A perigosa entrada na casa dos seres sobrenaturais é representada entre as tribos do norte da costa do Pacífico Norte pela caverna que se fecha ou pelo horizonte se fechando; entre as tribos mais ao sul, por uma porta estalando; nos planaltos ocidentais, por animais que vigiam a porta da casa. Os testes de calor ocorrem frequentemente, mas em algumas regiões o calor é aplicado assando o jovem em um forno ou fervendo-o em uma chaleira; em outras, enviando-o para uma tenda superaquecida ou colocando-o perto de uma grande fogueira. Diferenças mais importantes talvez sejam observadas no cenário geral dos contos experimentais que, em algumas áreas, são experiências do genro; em outras, confrontos entre os habitantes de uma aldeia e seus visitantes.

Outros exemplos do desenvolvimento local da trama de uma história, através da introdução de incidentes específicos, ocorrem como na história da costa do Pacífico Norte, do corvo matando o veado. Na versão do conto do Alasca, o corvo golpeia o veado com um martelo, enquanto na forma mais ao sul ele o empurra para um precipício. Igualmente acontece na história de um amante rejeitado que é tornado belo por um ser sobrenatural. A transformação mágica é realizada nas versões do norte, banhando o jovem na banheira do ser sobrenatural, enquanto no sul ele recebe uma nova cabeça.

Em outros casos, a diferenciação geográfica dos contos não é evidente, pois diferentes tipos de histórias se sobrepõem. Esse é o caso da história amplamente difundida da criança abandonada. Contos em que um jovem se ofende por ser preguiçoso ou por desperdiçar alimentos pertencem ao Alasca. Outro tipo, o de uma garota deserdada porque se casou com um cachorro, pertence à Colúmbia Britânica; mas os dois tipos se sobrepõem na distribuição. Esse tema específico ocorre em uma área muito mais ampla do continente americano, e outros tipos podem ser facilmente reconhecidos nas histórias dos indígenas das planícies.

Contos de casamentos com seres sobrenaturais ou animais são frequentemente encontrados na forma de sequestro de uma garota que, involuntariamente, ofendeu um animal. Esse tipo parece pertencer principalmente ao Alasca, enquanto o tema dos animais prestativos que socorrem sofredores infelizes e inocentes é muito mais frequente entre as tribos da Colúmbia Britânica.

Todos esses exemplos ilustram que há uma série de enredos simples, que têm uma ampla distribuição, e que são elaborados por incidentes que devem ser interpretados como artifícios literários peculiares a cada região. Em todos esses casos, os incidentes obtêm seu significado peculiar ao serem trabalhados em diferentes enredos.

Por outro lado, encontramos também certos incidentes que têm uma distribuição muito ampla e ocorrem em uma variedade de enredos. Muitos desses exemplos são mencionados nas anotações de todas as coleções recentes mais importantes de contos folclóricos. O caráter local dos contos folclóricos é, em grande parte, determinado por associações típicas entre incidentes e enredos definidos.

Na maioria dos casos aqui discutidos, o enredo tem um caráter humano geral, de modo que os processos de invenção e difusão dos enredos devem ser vistos de um ponto de vista totalmente diferente daquele que será aplicado no estudo da invenção e da difusão de incidentes. Esses últimos são, em geral, modificações fantásticas das experiências cotidianas, e não é provável que se desenvolvam de forma independente com uma frequência suficiente para explicar suas numerosas ocorrências em uma grande área. Por outro lado, as histórias de uma criança abandonada, de disputas entre duas aldeias, de um amante rejeitado e outras semelhantes, estão tão intimamente relacionadas com as experiências do dia a dia, e se adaptam a elas tão estritamente, que as condições para o surgimento de tal estrutura de composição literária são prontamente dadas. No entanto, os enredos que são característicos de várias regiões devem ser estudados do ponto de vista de suas características literárias e de sua relação com a vida real das pessoas.

Uma tentativa desse tipo foi feita pelo dr. John R. Swanton,[1] que enumera uma série de fórmulas de contos da costa do Pacífico Norte. Nessa região, os seguintes enredos ocorrem várias vezes:

1. Uma mulher se casa com um animal, é maltratada por ele e foge.
2. Uma mulher se casa com um animal, que se compadece e a ajuda; ela retorna com presentes.
3. Homens ou mulheres se casam com animais e recebem presentes; histórias de distintivos.
4. Os homens obtêm distintivos através de aventuras na caça ou em viagens.
5. Os pais perdem seus filhos; uma nova criança nasce devido à ajuda de algum ser sobrenatural; aventuras desta criança.
6. Um homem maltrata sua esposa, que recebe ajuda de seres sobrenaturais.
7. As aventuras dos caçadores; eles enfrentam perigos, que o mais jovem ou o mais velho vencem.
8. A guerra entre duas tribos, devido à sedução de uma mulher e ao assassinato de seu amante.

Todas essas histórias mostram uma unidade da ideia subjacente. Elas são construídas a partir de algum acontecimento simples, que é característico da vida social das pessoas e que desperta a emoção dos ouvintes. Alguns contos desse tipo são elaborados em grande detalhe e, portanto, estão de acordo com nossos próprios padrões literários. A essa classe pertence, por exemplo, o conto de um príncipe abandonado. Conta-se que um príncipe alimentou águias em vez de capturar salmão. No inverno, quando a comida era escassa, ele foi abandonado por seus parentes, mas foi ajudado pelas águias, que lhe deram comida. É contado com riqueza de detalhes como animais cada vez maiores eram enviados a ele. Quando o príncipe ficou rico, ele enviou alguma comida para a única pessoa que tinha tido pena dele. Por acaso, sua boa sorte foi descoberta, e ele resgatou a tribo que estava faminta e se casou com a filha do chefe.

Outro conto desse tipo é *"Growing-up-like-one-who-has-a-grandmother"* ("Crescendo-como-quem-tem-uma-avó"). Esse é um conto de outro menino ajudado por um ser sobrenatural, e que por isso vence todos os jovens da aldeia em várias competições, obtendo assim o direito de se casar com a filha do chefe. O chefe se sente humilhado, o abandona, e o jovem mata um monstro do lago. Ao usar sua pele, ele é capaz de vencer a fúria do mar, mas por fim ele se torna incapaz de tirar a pele, e deve permanecer no mar.

Além desses, há um grande número de contos complexos de forma fixa, que são reunidos de modo muito vago. Não há unidade de enredo, mas a história consiste nas aventuras de uma única pessoa. Não me refiro aqui às anedotas desconexas que são contadas sobre algum herói favorito, como as que encontramos na lenda do corvo ou nos contos de transformismo, mas de aventuras que formam uma sequência fixa e são sempre contadas como uma única história. Exemplos desse tipo são bastante numerosos.

É perceptível que apenas alguns dos contos complexos do último tipo são conhecidos por várias tribos. Embora tenham sido registradas versões suficientes para mostrar que em cada área a conexão entre as partes componentes da história é firme, todo o complexo não migra por nenhuma distância considerável. Em vez disso, as partes do conto tendem a aparecer em diferentes conexões. Esse ponto é ilustrado, por exemplo, pela história de um homem que é deixado sobre uma rocha de leões-marinhos e é levado para a moradia dos animais feridos, então curados por ele. Essa história aparece em conexões bem diferentes em várias regiões. Outros exemplos do mesmo tipo são bastante numerosos.

O dispositivo literário que une cada um desses contos consiste no uso do interesse no herói que foi criado pela história introdutória, e que faz com que o público deseje saber sobre seus futuros atos e aventuras. Quanto maior o interesse pessoal pelo herói, mais acentuado é o desejo de atribuir ao seu nome algumas das façanhas favoritas que formam o tema dos contos folclóricos. Presumo que essa seja a razão pela qual, em tantos casos, os contos introdutórios diferem enormemente, enquanto as aventuras e as próprias façanhas mostram um grau muito maior de uniformidade. Isso acontece particularmente no caso dos contos de heróis culturais. Quando um grande número das mesmas façanhas é assim atribuído aos heróis de diferentes tribos, parece acontecer facilmente que os heróis são identificados. Portanto, imagino que as etapas no desenvolvimento de um mito de herói cultural podem ter sido, em muitos casos, as seguintes: uma história interessante contada sobre algum personagem; façanhas marcantes e importantes que lhe foram atribuídas; histórias semelhantes sobre esses personagens ocorrendo entre várias tribos; identificação dos heróis de diferentes tribos. Embora eu não considere que essa linha de desenvolvimento tenha ocorrido todas às vezes – e me pareça bastante plausível que em outros casos a história introdutória e as aventuras possam ter chegado a ser associadas de outras formas –, pode ser considerado como provado que a introdução e as aventuras não pertencem juntas por origem, mas são o resultado de uma associação posterior. A grande diversidade de associações desse tipo nos compele a ter esse ponto de vista.

De modo geral, em muitas formas de literatura primitiva, o interesse pela personalidade do herói é um meio suficiente para estabelecer e manter essas conexões. No entanto, existem alguns casos em que as aventuras estão em conformidade com certo caráter definido do herói. Esse é o caso no noroeste da América nos contos do corvo, vison e coiote, nos quais a ganância, as propensões amorosas e a vanglória são as principais características dos três heróis. Em contos de fundo mais humano, essas tendências dificilmente são desenvolvidas.

O material registrado mostra também que a imaginação do ser humano primitivo se deleita no desenvolvimento de certos temas definidos, que são determinados pelo caráter do herói ou que se prestam de outras formas à variação. Assim, nos contos do Alasca, a voracidade de corvo, que o induz a enganar as pessoas e a roubar suas provisões, é um tema recorrente, cujo objetivo é regularmente a tentativa de induzir a pessoa a fugir e deixar seus bens. A amorosidade do vison levou ao desenvolvimento de uma longa série de contos referentes a seus casamentos, todos do mesmo tipo. A forte influência de um padrão de pensamento na imaginação das pessoas é também ilustrada por contos de casamentos entre animais e homens, ou mulheres, e alguns outros tipos aos quais me referi anteriormente.

Os impulsos artísticos de um povo nem sempre são satisfeitos com as conexões soltas das histórias, ocasionadas pela individualidade do herói, ou reforçadas pela seleção de certos traços de seu personagem ilustrados pelas anedotas componentes. Encontramos uma série de casos em que se busca uma conexão psicológica dos elementos da história complexa. Um exemplo desse tipo é encontrado na lenda do corvo da Colúmbia Britânica, na qual vários incidentes não relacionados são anexados na forma de um todo articulado. As aventuras do Salmão Cabeça de Aço, do Urso-Pardo e do Corvo-Marinho, são assim trabalhadas em uma série conectada. O Corvo mata o Salmão Cabeça de Aço porque quer usá-lo para enganar o Urso-Pardo. Ele segura parte do Salmão na frente de seu corpo, de modo a fazer o Urso acreditar que ele se cortou. Assim, ele induz o Urso a imitá-lo e a se matar. Finalmente ele arranca a língua do Corvo-Marinho, que tinha testemunhado o procedimento, para que ele não conte. Outro excelente caso da mesma região é a história do filho do Corvo e do Pássaro Trovão. O Corvo seduziu uma garota e seu filho foi roubado pelo Pássaro-Trovão. Para se vingar, ele faz uma baleia de madeira, depois mata o Homem-Piche para calafetar a baleia e, por seus meios, afoga o Pássaro-Trovão. Entre outras tribos, o mesmo conto ocorre em outra conexão. Os animais têm um jogo, e o Pássaro-Trovão vence. Os convidados derrotados são chamados, e a esposa do anfitrião produz bagas através de seu canto. Em seguida, o Pássaro-Trovão a rapta, e segue a vingança dos animais por meio da baleia. No primeiro grupo de contos é trazido o incidente que descreve a morte do Homem-Piche, o que normalmente ocorre como uma história independente.

Nesses casos, encontramos os mesmos incidentes em várias conexões, o que deixa claro que seria bastante arbitrário supor que o incidente se desenvolveu como parte de uma história e foi transferido para outra. Devemos inferir que os elementos eram independentes e foram combinados de várias maneiras. Certamente não há nada que prove que a conexão na qual um incidente ocorre em uma história é mais antiga e mais próxima da forma original do que aquela em que ocorre em outra história.

A distribuição dos enredos e incidentes do folclore norte-americano apresenta um forte contraste quando comparada à encontrada na Europa. Os contos folclóricos europeus, embora sejam diferentes em dicção e coloração local, exibem uma notável uniformidade de conteúdo. Incidentes, enredos e arranjos são muito parecidos em um amplo território. Os incidentes da tradição americana dificilmente são menos distribuídos; mas a composição das histórias exibe uma divergência mais ampla, correspondendo à maior diversificação dos tipos culturais. É evidente que a integração dos tipos culturais europeus progrediu muito mais nos últimos dois ou três mil anos do que a dos tipos americanos. Contrastes culturais como aqueles entre a costa noroeste e os planaltos, ou entre as Grandes Planícies e o árido sudoeste, não são facilmente encontrados na Europa. Com exceção de algumas das regiões mais remotas, existe uma grande uniformidade subjacente na cultura material, organização social e crenças, que permeia todo o continente europeu, e que se expressa fortemente na uniformidade comparativa dos contos folclóricos.

Por essa razão, o folclore europeu cria a impressão de que todas as histórias são unidades, que sua coesão é forte e que todo o complexo é muito antigo. Por outro lado, a análise do material americano demonstra que as histórias complexas são novas, que há pouca coesão entre os elementos componentes, e que as partes realmente antigas dos contos são os incidentes e alguns enredos simples.

Apenas algumas histórias formam uma exceção a essa regra – como o "Voo Mágico" ou mito do obstáculo –, que são em si complexas, as partes não têm conexão interna e, no entanto, têm uma ampla distribuição.

A partir de um estudo da distribuição e da composição dos contos, devemos então inferir que a imaginação dos nativos brincou com alguns enredos – ampliados por meio de uma série de motivos que têm ampla distribuição – e que há comparativamente pouco material que parece pertencer a qualquer região exclusivamente, para que possa ser considerado como de origem autóctone. O caráter dos contos folclóricos de cada região reside mais na seleção de temas preponderantes, no estilo dos enredos e em seu desenvolvimento literário.

O elemento sobrenatural dos contos mostra um grau peculiar de variabilidade. Em um estudo dos detalhes variáveis notou-se em várias histórias que, em uma região elas contêm elementos fantásticos, em outras recebem um cenário muito mais concreto. Tomo novamente meus exemplos da costa do Pacífico Norte. No conto da batalha do corvo com o Vento do Sul, encontramos, na maioria dos casos, um incidente de um animal voando no estômago do inimigo, iniciando um incêndio, e assim o forçando a tossir. Na versão tsimshians, ele simplesmente começa uma mancha em sua casa. Na maioria dos contos da libertação do Sol, o nascimento mágico do corvo desempenha um papel importante, mas entre os esquimós do Alasca ele invade a casa pela força ou por fraude comum. No conto tsimshians da origem do corvo, o filho de uma mulher morta voa para o céu, enquanto os tlingits narram o mesmo conto sem nenhum elemento sobrenatural ligado a ele. Outro caso desse tipo é apresentado pelo teste de cunha, conforme registrado entre os indígenas do Baixo Thompson. Na maioria das versões desse conto, um menino é enviado para a fenda aberta de uma árvore e seu inimigo o tenta matar derrubando os galhos, mas escapa milagrosamente quando a árvore se fecha. Na forma mais racionalista do conto, ele encontra um buraco que mantém aberto por meio de suportes que lhes são dados. O material disponível me dá a impressão de que a perda de elementos sobrenaturais ocorre, em geral, perto da fronteira da área em que os contos são conhecidos, de modo que pode ser concomitante ao caráter fragmentário dos contos. Que a perda de elementos sobrenaturais ocorre sob essas condições, aparece claramente do caráter dos contos das etnias masset e tlingit registrados por Swanton. Em alguns dos contos dos tlingits, os elementos sobrenaturais são omitidos ou enfraquecidos ao dizer que a pessoa que teve uma experiência incrível estava fora de si. Na série masset, há muitos casos em que o elemento sobrenatural é simplesmente omitido. E ainda não saberia dizer em que medida essa tendência pode ser devida a conflitos entre os contos e os ensinamentos cristãos, ou em que medida pode ser devida simplesmente à ruptura com o passado. O fato é que as histórias perderam parte de seu caráter sobrenatural quando foram contadas em um novo ambiente.

Penso que seria errado generalizar e presumir que tal perda de elementos sobrenaturais está em todo o destino dos contos, pois a distribuição dos contos explicativos mostra muito claramente que é contrabalançada por outra tendência dos contos a assumir um novo significado sobrenatural.

Uma palavra adicional sobre a teoria geral da mitologia. Acredito que serei acusado de toda a falta de imaginação e de fracasso em perceber o poder poético da mente primitiva se insisto que a tentativa de interpretar a mitologia como um reflexo direto da contemplação da natureza não é sustentada pelos fatos.

Os estudiosos de mitologia têm se acostumado a pesquisar a origem dos mitos sem muita consideração pela história moderna. Ainda assim, não temos motivos para acreditar que os processos de formação de mitos dos últimos 10 mil anos diferiram materialmente dos processos modernos de formação de mitos. Os artefatos do ser humano que datam do final do período glacial são do mesmo caráter que os deixados pelas raças modernas, então não vejo nenhuma razão para supor qualquer mudança de mentalidade durante esse período. Tampouco há qualquer razão que possa levar a crer que durante qualquer parte desse período o contato intertribal tenha sido materialmente diferente do que é agora. Parece razoável, portanto, basear nossas opiniões sobre a origem da mitologia em um estudo do crescimento da mitologia conforme ela ocorre sob nossos próprios olhos.

Os fatos trazidos à tona mais claramente em uma análise cuidadosa dos mitos e dos contos folclóricos de uma área como a costa noroeste da América revelavam que o conteúdo deles é em grande parte igual, que os dados mostram um fluxo contínuo de material, da mitologia ao conto folclórico e *vice-versa*, e que nenhum dos grupos pode reivindicar prioridade. Observamos ainda que o conteúdo e a forma da mitologia e dos contos folclóricos são determinados pelas condições que definiram a arte literária primitiva.

As fórmulas de mitos e de contos folclóricos, se desconsiderarmos os incidentes particulares que formam a substância com a qual a estrutura é preenchida, são quase exclusivamente eventos que refletem as ocorrências da vida humana, particularmente aqueles que despertam as emoções das pessoas. Se uma vez reconhecemos que a mitologia não tem prioridade sobre o folclore novelístico, então não há razão para não nos contentarmos em explicar a origem desses contos como devida ao jogo da imaginação com os acontecimentos da vida humana.

É algo diferente com os incidentes de contos e mitos, com a substância que dá a eles seu caráter altamente imaginativo. É verdade que esses não são tirados diretamente da experiência cotidiana; que eles são bastante contraditórios a ela. Renascimento dos mortos, desaparecimento das feridas, tesouros mágicos e alimentos abundantes obtidos sem trabalho, não são acontecimentos do dia a dia, mas são desejos do dia a dia; e não é uma das principais características da imaginação dar realidade aos desejos? Outros são exageros de nossas experiências; como o poder de fala dado aos animais, o enorme tamanho dos gigantes, ou a diminuta estatura dos anões. Ou são a materialização dos objetos de medo; como as dificuldades imaginativas e os perigos da guerra e da caça, ou os monstros que atormentam os passos do viajante incauto. Ainda outros elementos do folclore representam ideias contrárias às experiências cotidianas; como as inúmeras histórias que tratam da ausência de certas características da vida diária, como fogo, água etc., ou aquelas em que o nascimento ou a morte são provocados por meios incomuns. Praticamente todas as ocorrências sobrenaturais da mitologia podem ser interpretadas por esses exageros da imaginação.

No que diz respeito ao nosso conhecimento da mitologia e do folclore dos povos modernos, somos justificados na opinião de que o poder da imaginação do ser humano é bastante limitado, que as pessoas preferem muito mais operar com o velho acervo de acontecimentos imaginativos do que inventar novos.

Há apenas um ponto, e fundamental, que não é totalmente coberto pela atividade característica da imaginação. É o fato de que em toda parte os contos se ligam a fenômenos da natureza;

que às vezes se transformam em contos de animais, às vezes em contos que lidam com os corpos celestes. A distribuição desses contos demonstra claramente que quanto mais eles são pensados por indivíduos profundamente interessados nesses assuntos – por chefes, sacerdotes ou poetas – mais complexos eles se tornam e mais definidas são as características locais que eles desenvolvem. Os fatos, entretanto, não mostram que os elementos dos quais esses contos são compostos tenham qualquer conexão imediata com os fenômenos da natureza, pois a maioria deles mantém o caráter imaginativo que acaba de ser descrito.

O problema da mitologia deve, portanto, ser mais procurado na tendência da mente de associar contos isolados com fenômenos da natureza e dar-lhes um significado interpretativo. Não duvido que quando a antropomorfização do Sol e da Lua, das montanhas e dos animais, atraiu histórias de vários tipos para eles, então chegou o momento em que a observação desses corpos e dos animais estimulou ainda mais a imaginação e levou a novas formas de contos, que são as expressões da contemplação da natureza. Não estou, entretanto, preparado para admitir que a atual condição dos mitos indique que eles formam qualquer parte importante da mitologia primitiva.

Que os mitos europeus se desenvolveram nessa direção – talvez através de uma longa e continuada reinterpretação e sistematização nas mãos de poetas e sacerdotes –, não prova que devemos buscar uma interpretação poética da natureza como o pano de fundo primário de todas as mitologias.

O material mitológico coletado nos últimos anos, se examinado em sua relação com contos folclóricos, e no seu provável desenvolvimento histórico, nada mostra que exigisse a suposição de que ele se originou da contemplação de fenômenos naturais. Ao contrário, enfatiza o fato de que sua origem deve ser procurada nos contos imaginativos que tratam da vida social do povo.

Nota

[1] John R. Swanton, "Types of Haida and Tlingit Myths", *American Anthropologist*, N.S., vol. 7 (1905), p. 94.

O desenvolvimento das mitologias indígenas

UM ESTUDO BASEADO NO DESENVOLVIMENTO
DAS MITOLOGIAS DA COSTA DO PACÍFICO NORTE

Em uma coleção de tradições indígenas recentemente publicada,[1] discuti o desenvolvimento das mitologias dos indígenas da costa do Pacífico Norte. A seguir, vou resumir brevemente os resultados a que cheguei em minha pesquisa e tentarei formular uma série de princípios que, me parece, podem ser derivados disso e que, creio, devem ser observados em todos os trabalhos sobre mitologias e costumes dos povos primitivos.

A região com a qual lido, a costa do Pacífico Norte de nosso continente, é habitada por pessoas diversas na língua, mas iguais na cultura.

As artes das tribos de uma grande parte do território são tão uniformes que é quase impossível descobrir a origem até mesmo das formas mais especializadas de suas produções dentro de uma vasta extensão de território. A aculturação das diversas tribos teve o efeito de igualar o plano e o caráter da cultura da maioria delas; em consequência disso, descobrimos também que os mitos viajaram de tribo em tribo, e que um grande conjunto de lendas é comum a muitos povos.

Ao sairmos da área onde a cultura peculiar da costa do Pacífico Norte atingiu seu maior desenvolvimento, ocorre uma mudança gradual nas artes e nos costumes e, junto com ela, encontramos uma diminuição gradual no número de mitos que a tribo distante tem em comum com o povo da costa do Pacífico Norte. Ao mesmo tempo, ocorre uma mudança gradual nos incidentes e no caráter geral das lendas.

Podemos, dessa forma, rastrear o que poderíamos chamar de um ciclo elaborado de mitos em vez de meras aventuras ou mesmo incidentes de aventuras, e podemos acompanhar o processo passo a passo. Onde quer que essa distribuição possa ser rastreada, temos um exemplo claro e indubitável da disseminação gradual de um mito sobre as tribos vizinhas. Os fenômenos da distribuição só podem ser explicados pela teoria de que os contos foram levados de uma tribo para seus vizinhos, e pela tribo que os assimilou recentemente, por sua vez, para seus próprios vizinhos. Não é necessário que essa disseminação siga sempre uma direção; ela pode ter procedido de qualquer maneira. Dessa forma, um conto complexo pode diminuir com a disseminação gradual, mas também novos elementos podem ser incorporados a ele.

Talvez seja bom dar um exemplo desse fenômeno. A tradição mais popular da costa do Pacífico Norte é a do corvo. Sua forma mais característica é encontrada entre os tlingits, tsimshians e haidas. À medida que avançamos para o sul, a conexão entre os aventureiros se torna mais frouxa e seu número diminui. Parece que as tradições são preservadas em sua totalidade do sul até o extremo norte da Ilha de Vancouver. Mais ao sul, o número de contos conhecidos pelos indígenas diminui rapidamente. Em Nahwittee, perto da ponta norte da Ilha de Vancouver, existem 13 de um total de 18 contos. Os comox têm apenas 8; os nootka, 6; e os salish costeiros, apenas 3. Além disso, as tradições são encontradas em Nahwittee na mesma conexão que no extremo norte, enquanto no extremo sul elas são muito modificadas. A história da origem da luz do dia, que foi liberada pelo corvo, pode servir de exemplo. Ele havia tomado a forma da espiga de um cedro, que foi engolido pela filha do dono da luz do dia, e então nasceu de novo; depois o corvo quebrou a caixa na qual a luz do dia era mantida. Entre os nootka, resta apenas a transformação em espiga de cedro, que é engolida por uma menina e depois nasce novamente. Entre os salish costeiros as passagens mais importantes sobrevivem, contando como o corvo, por um ardil, obrigou o dono da luz do dia a deixá-la sair da caixa em que ele a guardava. A mesma história é encontrada no sul, em Grey's Harbor, em Washington. A aventura do Homem-Piche, que o corvo mata expondo-o ao Sol, com a intenção de usá-lo para rejuntar a sua canoa, é encontrada no extremo sul, mas em uma conexão inteiramente nova, personificada na tradição da origem do Sol e da Lua.

Mas há também certas aventuras incorporadas aos mitos do corvo do norte, que provavelmente tiveram sua origem em outras partes da América. Entre elas menciono a história do corvo que foi convidado e retribuído. A foca coloca suas mãos perto do fogo, e a gordura escorre delas para dentro de um prato que ela oferece ao corvo. Então, este último tenta imitá-la, mas queima suas mãos etc. Esse conto é encontrado, de uma ou de outra forma, em toda a América do Norte, e não há provas de que originalmente pertencia ao mito do corvo do Alasca.

Acredito que a proposição de que a disseminação tenha ocorrido entre as tribos vizinhas não encontrará nenhuma oposição. A partir desse ponto, faremos as seguintes considerações:

Se tivermos uma coletânea completa de contos e mitos de todas as tribos de uma determinada região, e depois tabularmos o número de incidentes que todas as coleções de cada tribo têm em comum com qualquer tribo selecionada, o número de incidentes comuns será tanto maior quanto mais íntima for a relação entre as duas tribos e quanto mais próximas elas viverem. Isso é o que observamos em uma tabulação do material coletado na costa do Pacífico Norte. De modo geral, quanto mais próximo o povo, maior o número de elementos comuns; quanto mais distante, menor será o número.

Mas não é apenas a localização geográfica que influencia a distribuição dos contos. Em alguns casos, numerosos contos que são comuns a um território interrompem-se abruptamente em um determinado ponto, e são encontrados além dele apenas em pequenos fragmentos. Esses limites não coincidem, de forma alguma, com as divisões linguísticas. Um exemplo desse tipo é a lenda do corvo, à qual eu me referi anteriormente. Ela é encontrada substancialmente na mesma forma desde o Alasca até o norte da Ilha Vancouver; depois desaparece de repente quase que totalmente, e não é encontrada entre as tribos do sul da linhagem kwakiutl, nem na costa oeste da Ilha Vancouver, embora as tribos do norte, que falam a língua kwakiutl, a tenham. Apenas fragmentos dessas lendas se desviaram mais para o sul, e seu número diminui com o aumento da distância. Deve haver uma causa para uma ruptura tão notável. Uma pesquisa estatística mostra que as tradições do norte estão em estreito contato com os contos das tribos tanto ao sul quanto a parte central da Ilha de Vancouver, onde se encontra uma tribo de linhagem salish; mas eles não vão mais longe. As tribos aliadas próximas ao sul não as possuem. Apenas uma explicação desse fato é possível, a saber, a falta de aculturação, que pode ser devida a uma diferença de caráter, a hostilidades prolongadas ou a recentes mudanças na localização das tribos, o que não permitiu que o lento processo de aculturação exercesse sua profunda influência. Considero a última a causa mais provável. Minha razão para manter essa opinião é que a comunidade bella coola, outra tribo salish, que se separou das pessoas que falam línguas relacionadas e vive no extremo norte, ainda mostra em suas mitologias as relações mais próximas às tribos salish do sul, com as quais têm muito mais traços em comum do que seus vizinhos ao norte e ao sul. Se sua remoção fosse muito antiga, essa semelhança nas mitologias provavelmente não teria persistido, mas ela teria sido completamente amalgamada por seus novos vizinhos.

Podemos também estender nossas comparações além dos vizinhos imediatos das tribos em consideração, comparando as mitologias daquelas dos planaltos no interior, e mesmo daquelas mais distantes a leste com as da costa. Infelizmente, o material disponível sobre essas regiões é muito escasso. Existem coleções bastante boas dos athapascans, das tribos do rio Colúmbia e do leste das montanhas, do Omaha e de algumas tribos algonquinos. Ao compararmos as mitologias e as tradições que pertencem a regiões distantes, descobrimos que o número de incidentes em comum é maior do que se poderia esperar; mas alguns desses incidentes são tão gerais que podemos assumir que eles não têm nenhuma conexão e podem ter surgido independentemente. Há, no entanto, um traço muito característico que prova, sem reservas, que essa não é a única causa da semelhança de contos e incidentes. Sabemos que na região em discussão duas importantes rotas comerciais chegaram à costa do Pacífico, uma ao longo do rio Colúmbia, que ligou a região habitada pelas tribos shoshonean à costa e indiretamente levou a territórios ocupados pelas tribos sioux e algonquinos; outra que levou do território dos athapascans para o território dos bella coola. Uma trilha de menor importância desceu o rio Fraser. Um estudo das tradições mostra que, ao longo dessas rotas, os pontos de contato das mitologias são mais fortes e diminuem rapidamente com o aumento das distâncias a partir dessas rotas. No rio Colúmbia, os pontos de contato são com os algonquinos e os sioux; entre os bella coola com os athapascans. Acredito que esse fenômeno não pode ser explicado de outra forma senão que os mitos seguiram as rotas de viagens e que houve a disseminação de contos por todo o continente. Minhas tabulações incluem os micmacs da Nova Escócia, os esquimós da Groenlândia, os poncas da bacia do Mississippi e os athapascans do rio Mackenzie, e os resultados oferecem a mais clara evidência de extensos empréstimos.

A identidade de um grande número de contos em áreas geograficamente contíguas me levou ao ponto de assumir que, onde quer que se encontre uma semelhança considerável entre dois contos na América do Norte, é mais provável que isso se deva à disseminação do que à origem independente.

Mas sem estender essas teorias além das verdades claramente demonstradas da transmissão de contos entre tribos vizinhas, podemos chegar a algumas conclusões adicionais. Quando comparamos, por exemplo, os contos do herói cultural dos chinook e da origem de todo o cerimonial religioso dos indígenas kwakiutl, encontramos uma semelhança de longo alcance em certas partes das lendas, que nos dão a certeza de que essas partes são derivadas da mesma fonte. A avó da divindade dos chinook, quando criança, foi levada por um monstro. Ela se tornou a mãe do herói da cultura, e com sua ajuda o monstro foi morto. Em uma lenda da Ilha de Vancouver, um monstro, o espírito canibal, carrega uma menina, depois finalmente morto com sua ajuda. O filho deles se torna mais tarde o novo espírito canibal. Há certos estágios intermediários dessas histórias que provam sem dúvida sua identidade. O ponto importante nesse caso é que os mitos em questão são talvez os mais fundamentais nas mitologias dessas duas tribos. No entanto, eles não são de crescimento nativo, mas, pelo menos em parte, emprestados. Muitas outras lendas importantes provam ser de origem estrangeira, sendo enxertadas em mitologias mais antigas. Assim sendo, chego à conclusão de que as mitologias, como as encontramos agora, não são de crescimento orgânico, mas se desenvolveram gradualmente e obtiveram sua forma atual através do acúmulo de material estranho. Muito desse material deve ter sido adotado pronto, tendo sido adaptado e mudado de forma de acordo com o gênio das pessoas que o tomaram emprestado. As provas desse processo são tão amplas que não há razão para duvidar do fato. Somos, portanto, levados a concluir que a partir das mitologias em sua forma atual, é impossível concluir que elas são explicações mitológicas de fenômenos da natureza observados pelos povos que criaram os mitos, mas é possível concluir que muitos deles, no lugar onde os encontramos agora, nunca tiveram tal significado. Se reconhecermos essa conclusão como correta, devemos desistir das tentativas de explicação improvisada dos mitos como fantasiosas, e devemos também admitir que as explicações dadas pelos próprios indígenas são frequentemente secundárias e não refletem a verdadeira origem dos mitos.

Não quero ser mal interpretado no que disse. Certamente, os fenômenos da natureza estão na base de numerosos mitos, do contrário não deveríamos encontrar o Sol, a Lua, as nuvens, a tempestade, o mar e a terra desempenhando um papel tão importante em todas as mitologias. O que eu sustento é apenas que o mito específico não pode ser simplesmente interpretado como o resultado da observação de fenômenos naturais. Seu desenvolvimento é muito mais complexo. Na maioria dos casos, a forma atual sofreu alterações materiais por desintegração e por acréscimo de material estranho, de modo que a ideia original subjacente é, na melhor das hipóteses, muito obscurecida.

Talvez a objeção possa ser levantada ao meu argumento de que as semelhanças das mitologias não se devem apenas ao empréstimo, mas também ao fato de que, em condições semelhantes que prevalecem em uma área limitada, a mente humana cria produtos semelhantes. Embora exista certa verdade nesse argumento no que diz respeito às formas elementares de pensamento humano, parece bastante incrível que o mesmo conto complexo tenha se originado duas vezes em um território limitado. A própria complexidade dos contos, e sua diminuição gradual a que me referi anteriormente, não pode ser explicada por nenhum outro método que não seja a disseminação. Onde quer que se encontre a continuidade geográfica da área de distribuição de um fenômeno etnográfico complexo, as leis da probabilidade excluem a teoria de que nessa área contínua o fenômeno complexo surgiu independentemente em vários lugares, mas nos obrigam a assumir que, em sua forma complexa atual, sua distribuição é devida à disseminação, embora seus elementos de composição possam ter se originado aqui e ali.

Talvez seja bom refletir sobre a diferença entre esse método comparativo que segui em minha pesquisa e o aplicado por muitos pesquisadores de fenômenos etnográficos. Limitei estritamente minhas comparações a áreas contíguas nas quais sabemos que as relações sexuais tiveram lugar. Demonstrei que essa área se estende da costa do Pacífico até distâncias consideráveis. É verdade que as mitologias do extremo oriente e do extremo nordeste não estão tão bem conectadas com as da costa do Pacífico por ligações intermediárias como poderiam estar, e considero essencial que uma quantidade maior de material de pontos intermediários seja coletada para que a investigação que comecei possa ser realizada em detalhes. Mas uma comparação das notas fragmentárias que possuímos dos pontos intermediários prova que a maioria dos contos que enumerei como sendo comuns ao leste, ao norte e ao oeste, será encontrada cobrindo continuamente toda a área. A partir desse fato, podemos ser autorizados a argumentar que aqueles contos complexos que agora são conhecidos apenas de porções isoladas de nosso continente são na verdade contínuos, mas não foram registrados a partir de pontos intermediários; ou que se extinguiram em território intermediário; ou, finalmente, que foram transportados sobre certas áreas acidentalmente, sem tocar o campo intermediário. Este último fenômeno pode ocorrer, embora provavelmente não em grande extensão. Observei um exemplo desse tipo na costa do Pacífico, onde um conto que tem seu berço no Alasca é encontrado apenas em um pequeno grupo de tribos no norte da Ilha de Vancouver, onde, como pode ser comprovado, foi levado ou por visitantes ou por escravizados.

A condição fundamental, de que todas as comparações devem ser baseadas em material coletado em áreas contíguas, diferencia nossos métodos dos de pesquisadores como Petitot e muitos outros, que veem uma prova de disseminação, ou mesmo de relação de parentesco, em todas as similaridades encontradas entre uma determinada tribo e qualquer outra tribo do planeta. É claro que quanto maior o número de tribos que são apresentadas para fins de tais comparações, maior também é a chance de encontrar semelhanças. É impossível derivar de tais comparações conclusões sólidas, por mais extenso que seja o conhecimento da literatura que o pesquisador possa ter, pela simples razão de que o fenômeno complexo encontrado em uma determinada região é comparado a evidências fragmentárias de todo o mundo. Por meio de tais comparações, podemos esperar encontrar semelhanças que são fundadas nas leis do desenvolvimento da mente humana, mas elas nunca podem ser provas de transmissão de costumes ou ideias.

No Velho Mundo, onde quer que tenham sido feitas pesquisas sobre mitologias de tribos vizinhas, a prova filológica foi considerada a mais importante, ou seja, quando, juntamente com as histórias, foram emprestados os nomes dos atores; esta tem sido considerada a prova mais satisfatória de empréstimo. Não podemos esperar que tal empréstimo de nomes prevaleça em grande medida na América. Mesmo na Ásia, os nomes emprestados são frequentemente traduzidos de uma língua para a outra, de modo que sua semelhança fonética é totalmente destruída. O mesmo fenômeno é observado na América. Em muitos casos, os heróis dos mitos são animais, cujos nomes são introduzidos no mito. Em outros casos, os nomes são traduzidos, ou são tão alterados de acordo com as leis fonéticas das várias línguas que dificilmente podem ser reconhecidos. Os casos de transmissão de nomes não são, no entanto, de forma alguma raros. Darei apenas alguns exemplos da costa do Pacífico Norte.

Quase todos os nomes da mitologia bella coola são emprestados da língua kwakiutl. Uma parte da grande cerimônia religiosa dos kwakiutl tem o nome de "dlo'gwala". Esse nome, que também está intimamente ligado a uma certa série de mitos, se espalhou para o norte e para o sul por uma distância considerável. Ao sul, nós o encontramos até o rio Colúmbia, enquanto ao norte ele termina com os tsimshians; mas ainda mais para o norte, outro nome de uma parte da cerimônia dos kwakiutl é substituído, isto é, "nontlem". Esse nome, como designação de um cerimonial, é encontrado muito longe, no Alasca. Mas essas são exceções; em geral, o costume de traduzir nomes e de introduzir nomes de animais exclui a aplicação do método linguístico de pesquisar o empréstimo de mitos e costumes.

Vamos considerar por um momento o método pelo qual as tradições se espalham por áreas contíguas, e acredito que essa consideração mostrará que o ponto de vista que estou adotando, isto é, que a semelhança de tradições em uma área contínua é sempre devida à disseminação, não à origem independente, seja interpretado corretamente. Vou exemplificar isso também por meio das tradições da costa do Pacífico Norte, mais particularmente das dos indígenas kwakiutl.

Parece que os kwakiutl em algum momento consistiam em várias comunidades de aldeia. Números dessas comunidades de aldeia se combinaram e formaram tribos; então, cada comunidade de aldeia formou uma divisão da nova tribo. Devido provavelmente à influência do sistema de clãs das tribos do norte, foram adotados brasões, e com esses surgiu a necessidade de adquirir uma lenda do brasão. Os costumes sociais da tribo se baseiam inteiramente nas divisões da tribo, e a classificação de cada indivíduo é tanto mais alta – pelo menos até certo ponto – quanto mais importante é a lenda do brasão. Isso levou a uma tendência de construção de tais lendas. A pesquisa mostra que existem duas classes dessas lendas: a primeira conta como o ancestral da divisão veio do céu, da terra ou do oceano; a segunda conta como ele encontrou certos espíritos e com sua ajuda se tornou poderoso. Essa última classe, particularmente, traz a evidência mais clara de ser de origem recente; tais lendas se baseiam inteiramente no costume dos indígenas de adquirir um espírito protetor após um longo jejum e banhos contínuos. O espírito guardião assim adquirido pelos ancestrais tornou-se hereditário, e é, em certa medida, o brasão da divisão – e não há dúvida de que essas tradições, que agora se classificam como os mitos fundamentais da tribo, se baseiam nos jejuns e nas aquisições reais dos espíritos guardiões dos ancestrais da divisão atual. Se assim for, devemos concluir que a origem do mito é idêntica à origem da alucinação do indígena que jejua, e isso se deve à sugestão, cujo material é fornecido pelos contos de outros indígenas, e tradições referentes ao mundo espiritual que o indígena que jejua ouviu. Há, portanto, nesse caso, uma forte razão psicológica para o empréstimo involuntário de lendas que o indivíduo possa ter ouvido, não importa de que fonte elas possam ter sido derivadas. A incorporação na mitologia da tribo se deve à peculiar organização social que favorece a introdução de qualquer mito desse caráter, se ela promete melhorar a posição social da divisão em questão.

O mesmo tipo de sugestão a que me referi aqui moldou, evidentemente, as crenças em uma vida futura. Todos os mitos que descrevem a vida futura mostram como certo indivíduo morreu, e como sua alma foi para o mundo dos fantasmas, mas voltou por um motivo ou por outro. As experiências que a pessoa contou após sua recuperação são a base da crença em uma vida futura. Evidentemente, as visões da pessoa doente são causadas inteiramente pelos contos que ela ouviu sobre o mundo dos fantasmas, e a semelhança geral do caráter desse conto ao longo da costa do Pacífico prova que uma visão sempre foi sugerida por outra.

Além disso, os costumes da tribo são tais que, por meio do casamento, o jovem marido adquire as lendas mais importantes do brasão de sua esposa, e o guerreiro que mata um inimigo, os da pessoa a quem ele matou. Dessa forma, um grande número de tradições das tribos vizinhas foi incorporado à mitologia dos kwakiutl.

A razão psicológica para o empréstimo de mitos que não se referem a lendas de brasão, mas aos orbes celestiais e aos fenômenos da natureza, não são tão facilmente encontrados. Não há dúvida de que a impressão causada pela magnitude da natureza sobre a mente do ser humano é a razão última da qual esses mitos brotam, mas, no entanto, a forma em que encontramos essas tradições é amplamente influenciada pelo empréstimo. É também devido a seus efeitos que, em muitos casos, as ideias a respeito dos orbes celestiais são totalmente inconsistentes. Assim, os nahwittee têm toda a lenda do norte, do corvo libertando o Sol, mas, ao mesmo tempo, o Sol é considerado o pai do vison, e encontramos uma tradição da visita do vison ao céu, onde ele carrega o Sol no lugar de seu pai. Outras inconsistências, tão grandes quanto essa, são frequentes. Elas são uma prova adicional de que um ou outro desses contos, também encontrados entre as tribos vizinhas – e às vezes de uma forma mais consistente, – foram emprestados.

Essas considerações me levam à seguinte conclusão, que desejo enfatizar. A análise de uma determinada mitologia da América do Norte mostra que nela estão incorporados elementos de todo o continente, o maior número pertencente aos distritos vizinhos, enquanto muitos outros pertencem a áreas distantes, ou, em outras palavras, que a disseminação de contos ocorreu em todo o continente. Na maioria dos casos, podemos descobrir os canais pelos quais o conto fluiu, e reconhecemos que em toda e qualquer mitologia da América do Norte devemos esperar encontrar inúmeros elementos estrangeiros. E isso nos leva a concluir que as semelhanças de cultura em nosso continente são sempre mais propensas a serem devidas à difusão do que ao desenvolvimento independente. Quando nós nos voltamos para o Velho Mundo, sabemos que também houve difusão através de toda a área, desde a Europa Ocidental até as ilhas do Japão, e da Indonésia até a Sibéria, e até o norte e o leste da África. À luz das semelhanças das invenções e dos mitos, devemos até mesmo estender essa área ao longo da costa do Pacífico Norte da América, até o sul, passando pelo rio Colúmbia. Esses são fatos que não podem ser contestados.

Se é verdade que a disseminação de elementos culturais ocorreu nessas vastas áreas, devemos fazer uma pausa antes de aceitar a afirmação generalizada de que a semelhança dos fenômenos étnicos é sempre devida à semelhança do funcionamento da mente humana, e eu tenho uma opinião clara e expressa sobre aqueles antropólogos modernos que chegam ao ponto de dizer que aquele que enxerga a aculturação como causa de similaridade da cultura não compreendeu o verdadeiro espírito da Antropologia.

Ao fazer essa afirmação, desejo deixar perfeitamente clara minha posição. Estou, naturalmente, bem ciente de que existem muitos fenômenos da vida social, aparentemente baseados no mais peculiar e intrincado raciocínio, que temos boas razões para acreditar que se desenvolveram repetidamente de forma independente. Há outros, particularmente aqueles mais ligados à vida emocional do ser humano, que são, sem dúvida, devidos à organização da mente humana. Seu domínio é amplo e de grande importância. Além disso, as semelhanças nas culturas, que podem ou não ser devidas à aculturação, indicam que o mesmo tipo de ideias distintas se originará de forma independente em mentes diferentes, modificadas em maior ou menor grau pelo aspecto do ambiente. Prova disso são as ideias e invenções que, mesmo em nossa civilização altamente especializada, estão "no ar" em certos períodos, e são pronunciadas independentemente por mais de um indivíduo, até que se combinem em um fluxo que leva o pensamento humano em uma determinada direção. Tudo isso eu sei e concordo.

Mas eu tomo a posição de que essa ideia sedutora é capaz de nos levar longe demais. Anteriormente, os antropólogos viam aculturação, ou mesmo descendência comum, onde dois fenômenos similares eram observados. A descoberta de que essa conclusão é errônea, de que muitas semelhanças são devidas às leis psíquicas subjacentes ao desenvolvimento humano, nos levou além de seu objetivo legítimo, e partimos agora com a presunção de que todas as semelhanças são devidas a essas causas, e que sua investigação é o campo legítimo da pesquisa antropológica. Creio que essa posição é tão equivocada quanto a anterior. Não devemos acusar o pesquisador que suspeita de uma conexão entre as culturas americana e asiática como deficiente em sua compreensão dos verdadeiros princípios da Antropologia. Ninguém provou que a explicação psicológica é válida em todos os casos. Pelo contrário, conhecemos muitos casos de difusão de costumes sobre enormes áreas. A reação contra o uso acrítico de semelhanças com o propósito de provar relações e conexões históricas é exagerada. Em vez de exigir um exame crítico das causas das semelhanças, dizemos agora, *a priori*, que elas são devidas a causas psíquicas, e nisso erramos no método tanto quanto o fez a velha escola. Se quisermos avançar na linha desejada, devemos insistir em métodos críticos, baseados não em generalidades, mas em cada caso individual. Em muitos casos, a decisão final será a favor da origem independente; em outros, a favor da disseminação. Mas insisto que ainda ninguém provou onde está o limite entre esses dois modos de origem, e só depois que isso for feito, poderá ser feita uma análise psicológica frutífera. Nem sequer sabemos se o exame crítico pode não nos levar a assumir uma persistência de elementos culturais que foram difundidos no tempo em que o ser humano se espalhou pela primeira vez pelo planeta.

Será necessário definir claramente quais são os termos bastianos das ideias elementares, cuja existência nós sabemos ser universal e cuja origem não é acessível aos métodos etnológicos. As formas que essas ideias tomam entre os povos primitivos de diferentes partes do mundo, os "*Völker-Gedanken*", se devem em parte ao ambiente geográfico e em parte à cultura peculiar do povo, e em grande parte à sua história. Para entender o crescimento da vida psíquica, o crescimento histórico dos costumes deve ser pesquisado mais de perto, e o único método pelo qual a história pode ser pesquisada é através de uma comparação detalhada da tribo com seus vizinhos. Esse é o método necessário para progredir em direção a uma melhor compreensão do desenvolvimento da humanidade. Esta pesquisa também nos levará a investigar os interessantes problemas psicológicos da aculturação, ou seja, que condições regem a seleção de material estrangeiro incorporado na cultura do povo, e a transformação mútua da cultura antiga e do material recém-adquirido.

Em suma, sustento que toda a questão é decidida apenas na medida em que sabemos que o desenvolvimento independente, assim como a difusão, tornou cada cultura o que ela é. Ainda está *sub judice* até que ponto essas duas causas contribuíram para seu crescimento. Os aspectos a partir dos quais podemos analisar o problema foram admiravelmente expostos por Otis T. Mason em seu artigo sobre as semelhanças na cultura.[2] A fim de pesquisar as leis psíquicas da mente humana que estamos vendo agora indistintamente, porque nosso material é bruto e sem enxerto, devemos tratar a cultura dos povos primitivos por métodos históricos estritos. Devemos entender o processo pelo qual a cultura individual cresceu antes de podermos nos comprometer a estabelecer as leis pelas quais a cultura de toda a humanidade cresceu.

O fim para o qual estamos trabalhando está mais distante do que parecem indicar os métodos que agora são mais favoráveis, mas vale a pena lutar.

Notas

[1] *Indianische Sagen von der Nord-Pacifischen Küste Amerikas*, Berlin, 1895.
[2] *American Anthropologist*, vol. 8 (1895), p. 101.

Mitologia e contos folclóricos dos indígenas norte-americanos

a. Material

Durante os últimos 20 anos, um conjunto considerável de contos dos indígenas norte-americanos foi coletado. Antes de sua publicação, quase as únicas coletâneas importantes disponíveis para pesquisa científica eram os contos esquimós publicados por H. Rink – material registrado em parte pelos nativos durante a primeira metade do século XIX e impresso também na língua nativa na Groenlândia; as tradições coletadas por E. Petitot entre as tribos athapascans do noroeste do Canadá; os contos dos poncas coletados por J. O. Dorsey; alguns contos sioux gravados por Stephen R. Riggs; e as tradições klamath coletadas por Albert S. Gatschet. O material publicado na *Biblioteca de Literatura Aborígene Americana*, de Daniel G. Brinton, também merece destaque. Foi feita em todos eles a tentativa de dar uma interpretação fiel dos contos nativos; e nisso eles diferem fundamentalmente dos esforços literários de Schoolcraft, Kohl e outros escritores. Devido ao seu escopo, eles também são muito mais valiosos do que os registros mais antigos encontrados nos relatos dos missionários e nos livros de viagem e exploração.

Desde aqueles tempos, foram feitas coletas um tanto quanto sistemáticas entre um grande número de tribos; e, embora o continente não esteja de forma alguma coberto pelo material existente, foi um ganho valioso para nos dar um melhor conhecimento do assunto.

Dois tipos de coletânea podem ser distinguidos. O primeiro inclui contos retirados em inglês, ou em outras línguas europeias diretamente dos nativos, ou indiretamente, com a ajuda de intérpretes. Entre as instituições americanas, o Departamento de Etnologia Americana, o Museu Americano de História Natural, o Museu de Campo de História Natural (*Field Columbian Museum*) em Chicago, por alguns anos a Instituição Carnegie de Washington, têm trabalhado nesse campo. Muito material também encontra-se no *Journal of American Folk-Lore* e nos volumes anteriores do *American Anthropologist* e do *American Antiquarian and Oriental Journal*. O outro tipo de coletânea contém contos extraídos de ditados por nativos, ou registrados na língua nativa por nativos, e posteriormente revisados e editados. Até o momento, esses últimos formam o grupo menor.

Com o aumento do material, as exigências de precisão dos registros se tornaram cada vez mais rigorosas. Enquanto no período de coleta não foi dada grande ênfase ao registro de variantes e sua procedência – como na coletânea de Rink, na qual temos variantes de diferentes partes do país combinadas em uma única história –, agora desejamos que cada conto seja obtido de vários informantes e de vários lugares, a fim de nos permitir obter uma impressão de sua importância na tradição tribal e assegurar o registro completo de seu conteúdo e de suas relações com outros contos. Além disso, a importância do registro na língua original tem se tornado cada vez mais evidente. Isso não só porque a tradução em inglês dá uma impressão muito inadequada dos contos, mas também porque muitas vezes o conhecimento inadequado do intérprete de inglês o obriga a omitir ou a modificar partes importantes. Mesmo a melhor tradução não pode nos fornecer material para o estudo da forma literária – um assunto que quase não recebeu atenção e cuja importância, como espero mostrar no decorrer dessas observações, não pode ser superestimada.

É duvidoso que todos os registros que foram coletados em anos anteriores estejam bem adaptados a este estudo, pois a dificuldade de anotar ditados rápidos e precisos dos nativos e a dificuldade que os nativos encontram em contar da maneira tradicional de forma suficientemente lenta para o propósito do documentador quase sempre exercem influência apreciável sobre a forma do conto. Devido à multiplicidade de línguas americanas e às exigências da situação em que os estudiosos se encontram, o documentador só raramente tem um domínio prático da língua; e por essa razão, a dificuldade que acabamos de mencionar não pode ser facilmente superada. Até o momento, o método mais bem sucedido tem sido ter o primeiro registro feito por nativos que foram ensinados a escrever em sua própria língua. Após terem adquirido facilidade suficiente na escrita, a dicção geralmente se torna satisfatória. Certa unilateralidade permanecerá, entretanto, enquanto todo o material for escrito por um único documentador. Também tem sido sugerido o uso de registros fonográficos, que podem ser escritos a partir de re-ditado; mas, até agora, nenhuma série estendida foi coletada dessa forma.

A experiência dos pesquisadores em muitas regiões sugere que a dificuldade mencionada não é tão grande quanto se poderia supor. Isso é indicado pelo fato de que os bons informantes muitas vezes se perdem completamente quando solicitados a ditar descrições dos eventos da vida cotidiana. Eles então declaram que são bem capazes de contar histórias que têm uma forma fixa, mas que o lento ditado de novas descrições é muito difícil para eles. Parece, portanto, que a forma em que a maioria dos contos é obtida deve ser razoavelmente bem fixada. Normalmente, uma má interpretação de uma história pode ser facilmente reconhecida pelo caráter fragmentário do conteúdo, a brevidade das frases, por correções e repetições desnecessárias. Temos também muitos contos em que o mesmo incidente é repetido várias vezes; e, nesses casos, a forma das repetições mostra, de modo geral, se o narrador tem um domínio bastante bom do tema. Além disso, muitos contos nativos contêm, além da narrativa conectada, fórmulas estereotipadas, que são sempre contadas da mesma maneira e que, sem dúvida, são sempre dadas na forma correta.

Tem sido o hábito da maioria dos coletores se esforçar para encontrar o informante "certo" para os contos, particularmente quando as histórias se referem a elaborados rituais sagrados ou quando são propriedades de grupos sociais que possuem privilégios definidos. Pode-se então observar que certos contos estão em posse de indivíduos, e são apenas parciais ou superficialmente conhecidos pelo restante do povo. Nesses casos, o documentador frequentemente adota a atitude do indígena que possui a variante mais elaborada do conto, e os dados fragmentados fornecidos pelos não iniciados são rejeitados como enganosos. Essa visão se baseia na suposição de uma permanência de forma de tradição dificilmente justificável, e não leva em consideração o fato de que a variante esotérica desenvolvida por um pequeno número de indivíduos se baseia nas variantes exotéricas a flutuar entre toda a tribo. Retornaremos a esse assunto mais adiante.

Essa visão estática do folclore indígena também é expressa pela preferência dada, ao longo de todo o processo de coleta de material puramente indígena não afetado por elementos europeus ou africanos e pela relutância dos pesquisadores em dispensar tanto cuidado à coleta das formas mais recentes de tradição folclórica quanto àquelas que eram vigentes antes do advento dos brancos. Para o estudo do desenvolvimento dos contos populares, o material moderno possui particular valor, pois pode nos permitir compreender melhor os processos de assimilação e de adaptação, que sem dúvida foram de grande importância na história da tradição folclórica.

b. Mito e conto folclórico

Em nossas coletâneas americanas, os dois termos, "mito" e "contos folclóricos", foram usados indistintamente. Essa é uma consequência da falta de uma linha nítida de demarcação entre essas duas classes de contos. Não importa qual das definições atuais de mitologia possamos adotar, surgirão dificuldades que não podem ser resolvidas sem estabelecer distinções arbitrárias. Se definirmos mitos como contos que explicam fenômenos naturais, e que podem ser considerados nesse sentido como partes de uma interpretação da natureza, somos confrontados com a dificuldade de que o mesmo conto pode ser instrutivo em um caso e, em outro, simplesmente um conto sem características explicativas. A estrita adesão a esse princípio de classificação resultaria, portanto, na separação dos contos que estão geneticamente ligados, um classificado como sendo mito e o outro como conto folclórico. Nem é preciso dizer que, dessa forma, são criadas dificuldades desnecessárias.

Se fizermos da personificação de animais, plantas e fenômenos naturais o padrão de distinção, surge outra dificuldade, que se baseia na falta de uma distinção clara entre mitos, por um lado, e contos relativos a façanhas mágicas consideradas verdadeiras e de ocorrência recente, por outro, e também nas semelhanças entre contos relativos às aventuras de seres humanos e animais.

De caráter semelhante são os obstáculos que impedem a definição de mitos como contos relacionados a representações ritualísticas.

Em todos esses exemplos, os mesmos contos terão que ser considerados em um caso como mitos e em outro, como em contos folclóricos, porque ocorrem tanto em formas explicativas como em formas não explicativas, relacionadas a animais personificados ou a objetos naturais e a seres humanos, com ou sem significado ritualístico. Se aceitarmos qualquer uma dessas definições, será, portanto, sempre necessário considerar os dois grupos juntos, e investigar seu desenvolvimento histórico e psicológico sem considerar os limites artificiais implícitos na definição. Essa dificuldade não pode ser superada assumindo que o conto popular se originou de um mito e deve ser considerado um mito degenerado, ou pela hipótese de que, inversamente, o mito originou-se de um conto folclórico; pois, se fizermos isso, um ponto de vista teórico, que deveria ser o fim da pesquisa, é injetado em nossa consideração.

Para nossos propósitos, parece desejável aderir à definição de mito dada pelo próprio indígena. Na mente do nativo americano existe quase sempre uma clara distinção entre duas classes de contos. Um grupo relata incidentes que aconteceram numa época em que o mundo ainda não havia assumido sua forma atual, e quando a humanidade ainda não estava de posse de todas as artes e costumes que pertencem ao nosso período. O outro grupo contém contos de nosso período moderno. Em outras palavras, os contos do primeiro grupo são considerados mitos; os do outro, história. Os contos do primeiro grupo não são, de forma alguma, de caráter explicativo. Eles tratam principalmente das façanhas de animais e de heróis. Do nosso ponto de vista moderno, às vezes pode ser duvidoso se tal conto deve ser considerado mítico ou histórico, uma vez que, por causa da crença do indígena nos poderes dos animais, muitos dos contos históricos consistem em uma série de incidentes que poderiam muito bem ter acontecido no período mitológico; tais como o aparecimento de animais que se tornam ajudantes sobrenaturais e realizam façanhas maravilhosas, ou daqueles que iniciam uma pessoa em um novo ritual. É viável demonstrar que os contos históricos podem, no decorrer do tempo, tornar-se contos míticos ao serem transferidos para o período mítico, e que podem originar contos históricos que se assemelham ao caráter e à sequência de seus incidentes contos míticos. No entanto, a distinção psicológica entre as duas classes de contos está perfeitamente clara na mente do indígena. Ela está relacionada, de certa forma, com os conceitos antigos das diferentes idades, como descrito por Hesíodo.

Para nosso estudo analítico, devemos ter em mente que a distinção psicológica que os nativos fazem entre contos míticos e históricos não é, do ponto de vista histórico, mais definida e nítida do que a linha de demarcação entre mitos e contos definida de outras formas. O ponto de vista, entretanto, tem a vantagem de os mitos corresponderem a conceitos perfeitamente claros na mente dos nativos. Embora contos folclóricos e mitos definidos dessa maneira devam, portanto, ainda ser estudados como uma unidade, nós evitamos a introdução de uma distinção arbitrária através de nosso ponto de vista cultural moderno e, em vez disso, retemos o que está presente na mente do povo que conta mitos.

Os contos míticos pertencem a um período que já passou e que não pode ser repetido em nosso mundo, embora possa existir a expectativa de uma renovação das condições míticas em um futuro obscuro. Somente quando nós mesmos somos transferidos para o reino dos seres míticos, que continuam a existir em algum lugar em partes desconhecidas de nosso mundo, é que os mitos podem se tornar novamente acontecimentos. Os seres mitológicos podem, assim, se tornar atores em contos folclóricos históricos ou em tradições localizadas, embora apareçam ao mesmo tempo como atores em verdadeiros mitos. O indígena que desaparece e é levado à aldeia dos búfalos é, na mente dos outros indígenas, o herói de um conto histórico, embora os homens búfalos sejam ao mesmo tempo personagens míticos. O novato iniciado pelos espíritos de uma sociedade secreta é levado por eles corporalmente; e quando ele reaparece entre os homens de sua tribo, ele lhes conta sua história, que trata dos dons dos seres míticos. A pessoa que revive de um transe semelhante à morte experiencia um estado de comunhão com o mundo mítico dos fantasmas, embora lhe tenha sido permitido voltar ao nosso mundo e seguir suas ocupações habituais.

É claro, portanto, que na mente do indígena a aparição de personagens míticos não é o critério do que constitui um mito. É antes sua distância no espaço ou no tempo que lhe confere seu tom característico. Dessas observações resulta que, no estudo da origem histórica dos mitos e contos folclóricos dos tempos modernos, deve ser dada a mais ampla autonomia às nossas pesquisas. Os tipos e a distribuição de todo o conjunto de contos folclóricos e mitos devem formar o objeto de nossa pesquisa. A reconstrução de sua história fornecerá o material que poderá nos ajudar a desvendar os processos psicológicos envolvidos.

Não posso concordar com Bastian e Wundt,[1] que consideram a descoberta da origem real dos contos como relativamente insignificante, porque ambos, material criado independentemente e divulgado, estão sujeitos aos mesmos processos psicológicos que podem, portanto, ser estudados por um tratamento analítico dos contos como existem agora. Não vejo como isso pode ser feito sem interpretar uma classificação baseada inteiramente em considerações psicológicas ou outras como uma sequência histórica – um método que nunca pode levar a resultados satisfatórios, devido às premissas arbitrárias e não históricas nas quais é fundado. Se houver mais de uma classificação desse tipo possível, os processos psicológicos reconstruídos serão diferentes; e ainda devemos exigir que a mudança de um tipo para outro seja demonstrada por evidências históricas reais quando disponíveis, por inferências baseadas em distribuição ou dados similares quando nenhum outro método puder ser utilizado. Aqui, como em todos os outros problemas etnológicos, deve ser reconhecido o fato de que fenômenos aparentemente semelhantes podem se desenvolver de formas multitudinárias. Um desenho geométrico pode ser desenvolvido a partir de uma forma realista convencionada ou pode se desenvolver diretamente através de um jogo com motivos técnicos elementares; uma forma semirrealista pode ser uma cópia da natureza, e pode ter sido lida em um desenho geométrico preexistente; ou ambos podem ter sido emprestados e desenvolvidos em novas linhas. Um ritual pode ser uma apresentação dramática de um mito, pode ser um rito antigo ao qual um mito se vinculou, ou pode ser uma cópia de padrões estrangeiros. Não há nenhuma razão a *priori* que nos diga qual foi o ponto de partida de um desenvolvimento local, pois as formas modernas podem ter surgido de qualquer um desses métodos ou de sua ação conjunta. Ao mesmo tempo, os processos psicológicos que entram em jogo em um caso ou no outro são distintos. Por essa razão, insistimos na necessidade de um estudo indutivo da sequência de eventos como base para todo o nosso trabalho.

Os resultados dessas pesquisas, no entanto, não tocam em outro problema sobre o qual muito se tem pensado. Os seres que aparecem como atores nos contos mitológicos são criaturas da imaginação, e diferem, nas formas mais curiosas, dos seres que são conhecidos em nosso mundo cotidiano. Animais que são ao mesmo tempo homens, seres humanos que consistem em partes de um corpo ou estão cobertos de verrugas e manchas, seres que podem aumentar ou diminuir de tamanho, corpos que podem ser cortados e que se reúnem prontamente e ganham vida, seres que são engolidos por animais ou monstros e passam ilesos por eles, são o inventário comum de contos folclóricos, bem como de mitos. O que quer que nunca tenha sido visto e o que nunca tenha acontecido são aqui eventos comuns encontrados todos os dias.

A imaginação do ser humano não conhece limites, e devemos esperar grandes variedades de formas em seres míticos e acontecimentos. Embora tal diversidade seja encontrada, ainda existem certas características que ocorrem com surpreendente frequência – na verdade, são tão repetidas que sua presença não pode ser devida a acidentes. A atenção de muitos pesquisadores tem sido direcionada a essas semelhanças, o que levou a inferir que aqueles traços comuns aos mitos e contos folclóricos de diversos povos e raças são os elementos fundamentais da mitologia, e que nosso verdadeiro problema é a descoberta da origem dos mais difundidos.

Parece que grande parte do conflito de opinião atual se deve ao fato de não conseguirmos separar distintamente as duas linhas de pesquisa aqui caracterizadas – a primeira, a pesquisa da história dos contos; a outra, a pesquisa da origem das tradições ou ideias comuns a muitas ou todas as mitologias.

c. Disseminação de contos folclóricos

Nosso primeiro problema diz respeito ao desenvolvimento de contos folclóricos modernos. Durante os últimos 20 anos, a tendência dos pesquisadores americanos tem sido desconsiderar o problema da história mais antiga dos mitos e contos americanos e obter uma visão do seu desenvolvimento recente. O primeiro passo de um estudo indutivo do desenvolvimento de contos folclóricos deve ser uma pesquisa dos processos que podem ser observados na atualidade, e estes devem formar a base da pesquisa sobre a história anterior. Portanto, foi enfatizado o acúmulo de muitas variantes de um mesmo conto de diferentes partes do país, e assim foi feita a base de alguns poucos estudos teóricos.

Há não mais de 25 anos, Daniel G. Brinton afirmou que a similaridade das mitologias iroquesas e algonquianas se devia à semelhança da ação da mente humana, não à transmissão. Desde aquela época, foi acumulada uma quantidade tão grande de material provando linhas definidas de transmissão que provavelmente não deve haver hoje nenhum pesquisador disposto a defender a posição de Brinton. Um estudo detalhado da transmissão entre as tribos da costa do Pacífico Norte e um breve resumo das semelhanças entre os contos folclóricos Navaho e do noroeste americano foram seguidos por muitas coleções anotadas contendo paralelos de várias partes da América. A importância da disseminação foi evidenciada incidentalmente na pesquisa do dr. Lowie sobre o tema-teste na mitologia americana e pelo estudo do dr. Waterman sobre o elemento explicativo dos contos folclóricos americanos.

Duas regras foram estabelecidas conforme necessário para um progresso cauteloso.[2] Primeiro, o conto ou fórmula cuja distribuição é pesquisada deve ser explicado como decorrente do contato histórico. Esse conto escolhido deve ser complexo ao ponto que uma origem independente da sequência de elementos não relacionados pareça improvável. Um exemplo de tal conto é o "Voo Mágico", no qual encontramos uma combinação dos seguintes elementos: voo de um ogro; objetos jogados sobre o ombro formando obstáculos – primeiro uma pedra, que se torna uma montanha; depois um favo, que se torna um matagal; por último, uma garrafa de óleo, que se torna um corpo de água. É dificilmente concebível que tal grupo de incidentes não relacionados surja independentemente em regiões distantes.

A segunda regra é que, para uma prova satisfatória da disseminação, é necessária uma distribuição contínua. Quanto mais simples for a história, maior deve ser a nossa insistência nessa condição. Deve-se admitir, é claro, que contos simples podem ser disseminados em amplas áreas. Também deve ser admitido que, com toda a probabilidade, os contos já conhecidos em um determinado momento foram esquecidos, de modo que os elos intermediários em uma área de distribuição geograficamente contínua podem ter sido perdidos. Isso, no entanto, não afeta nosso ponto de vista metodológico. Desejamos encontrar provas incontestáveis de transmissão, não apenas a possibilidade ou a plausibilidade da transmissão; e para esse propósito, nossas salvaguardas devem ser insistidas.

O estudo da distribuição dos temas requer um meio pronto para sua identificação, e isso requer uma terminologia breve: daí as tentativas de estabelecer uma série de palavras de ordem por meio das quais contos e incidentes podem ser prontamente reconhecidos. Frobenius, Ehrenreich, Lowie e Kroeber[3] contribuíram para esse empreendimento; mas a elaboração de um sistema satisfatório de palavras de ordem requer um estudo mais penetrante dos contos do que aqueles que foram feitos até agora. Alguns resultados, entretanto, foram obtidos a partir do estudo da distribuição dos temas. O material que foi coletado sugere que, à medida que a pesquisa avança, podemos ser capazes de discernir várias áreas de distribuição de temas. Algumas delas são conhecidas em grandes porções do continente. Por exemplo, a história do "Anfitrião Atrapalhado" – de uma pessoa que é alimentada pelos poderes mágicos de seu anfitrião, que tenta imitá-lo e falha ignominiosamente – ocorre a partir do Novo México, em toda a parte oriental da América do Norte, e está faltando apenas, como parece, na Califórnia e na costa do Ártico. Similar a isso é a distribuição da história da "Rocha Rolante", que persegue um ofensor e o prende até que seja finalmente libertado por animais que quebram a rocha. Talvez isso não se estenda tão ao norte e ao sul como a história anterior. Enquanto a história do "Anfitrião Atrapalhado" é conhecida na costa da Colúmbia Britânica, a história da "Rocha Rolante" não alcança a costa do Pacífico, embora contos relacionados sejam encontrados em partes da Califórnia. Outros contos ainda estão essencialmente confinados às Grandes Planícies, mas têm seguido as rotas comerciais que levam ao oceano Pacífico e são encontrados em pontos isolados da Colúmbia Britânica em direção ao sul até a Califórnia. A esse grupo pertence a história das "Aves Dançantes", que são instruídas por um trapaceiro a dançar de olhos fechados, e depois são mortas por ele, apenas algumas poucas escapando. Outra história desse grupo é a característica história do "Dilúvio", que fala da criação de uma nova terra por animais mergulhadores. Durante o dilúvio, os animais se salvam em uma jangada. Um após outro mergulha, até que finalmente um rato almiscarado leva alguma lama, da qual a nova terra é criada. Essa história é conhecida em uma área muito ampla ao redor dos Grandes Lagos e ocorre de forma reconhecível em alguns pontos ao longo da costa do Pacífico. A esse mesmo grupo pertence o conto dos "Maridos das Estrelas". Duas garotas dormem ao ar livre, veem duas estrelas, e cada uma deseja uma delas para seu marido. Quando elas acordam na manhã seguinte, seu desejo é realizado. Uma das estrelas é um homem lindo, o outro é feio. Eventualmente, as meninas voltam à terra. Esse conto é conhecido desde a Nova Escócia, em toda a largura do continente, até os planaltos ocidentais, a Ilha de Vancouver e o Alasca. Ainda outras histórias da mesma área são as do "Garoto Coágulo de Sangue", que se origina de algum sangue que foi jogado fora, tornando-se um herói; a história do "Lançado Fora", nome de um menino que é expulso, criado de forma mágica e que se torna um herói; a "Captura do Sol"; e muitas outras.

O segundo grupo tem uma distribuição ocidental decidida e é encontrado extensivamente nos planaltos e na costa do Pacífico; embora algumas das histórias também tenham cruzado as montanhas e sejam encontradas nas planícies orientais. A esse grupo pertence a história do "Malabarista dos Olhos"; isto é, de um animal que joga bola com seus olhos, e finalmente os perde; da subida ao céu por meio de uma escada de flechas; e a história do concurso entre o "Castor e o Porco-espinho", o castor convida o porco-espinho para nadar, enquanto o porco-espinho convida o castor para subir à terra.[4]

Uma terceira área de distribuição pode ser reconhecida nas lendas peculiares de migração do sudoeste e da bacia do Mississippi, que não têm análogas na parte norte do continente.

A distribuição dos temas torna-se tanto mais interessante quanto mais cuidadosamente os contos são considerados. Assim, a história amplamente difundida do "Anfitrião Atrapalhado" pode ser dividida em vários tipos, de acordo com os truques realizados pelo anfitrião. Na costa do Pacífico Norte ocorre o truque de bater no tornozelo, do qual saem os ovos de salmão; nos planaltos, a perfuração de alguma parte do corpo com um instrumento afiado e a retirada de alimento; nas planícies, a transformação da casca em alimento; e em quase todos os lugares, o mergulho para peixes a partir de um poleiro.[5] Há poucas dúvidas de que à medida que a coleta avança, e a distribuição dos temas pode ser estudada em maior detalhe, as áreas de disseminação se destacarão mais claramente do que agora. A maior dificuldade no momento é a ausência de material satisfatório do sudeste e da região de Pueblo.

Ehrenreich[6] tentou estender essas comparações à América do Sul e ao Velho Mundo; mas muitos de seus casos não estão de acordo com as condições metodológicas delineadas anteriormente e, portanto, não são muito convincentes, embora eu admita prontamente a probabilidade de disseminação entre a metade sul e a metade norte do continente. Tenho ainda mais dúvidas em relação aos exemplos dados por Dahnhardt[7] e Frobenius.[8] Se Dahnhardt descobre, por exemplo, que temos na América do Norte um grupo de contos relacionados de como o corvo libertou o Sol, que estava encerrado em um recipiente redondo sem costura, que os chukchees contam sobre o corvo segurando o Sol sob sua língua, que os magyars contam um incidente semelhante sobre um dos heróis de seus contos de fadas, não se segue que esses sejam os mesmos contos. Os contos chukchees e magyars são parecidos, e eu deveria estar inclinado a procurar por elos intermediários. Entre os chukchees, a história foi inserida no ciclo do corvo, e parece provável que a proeminência do corvo em seu folclore se deva a influências da costa noroeste, ou que se tenha desenvolvido ao mesmo tempo no nordeste da Ásia e noroeste da América. Entretanto, não creio que os dois contos sejam suficientemente parecidos para nos permitir afirmar que eles têm a mesma origem.

Ainda mais é verdade sobre as alegadas relações entre os contos melanésios e os americanos. Frobenius, que dá muita importância a essas similaridades, chama a atenção, por exemplo, para o motivo da escada em forma de flecha, que ocorre na Melanésia e no noroeste da América. Parece-me que a ideia de uma cadeia de flechas que vai da terra para o céu não é tão complicada a ponto de nos permitir assumir necessariamente uma única origem. Além disso, a distância entre os dois países nos quais o elemento ocorre é tão grande, e aparentemente há uma ausência tão completa de elos intermediários, que eu não estou convencido da similaridade dos elementos. Mesmo a história aparentemente complicada do "Anzol Invisível", que foi registrada por Codrington, e que é comum à Melanésia e ao noroeste da América, não me convence. O anzol do pescador é levado por um tubarão; o pescador se perde, chega à aldeia do tubarão, onde uma pessoa fica doente e não pode ser curada pelos xamãs. O pescador vê seu anzol na boca da pessoa doente, tira-o e assim a cura. Nessa fórmula, temos a ideia amplamente difundida de que as armas dos espíritos são invisíveis para os mortais, e *vice-versa*; e a história parece se desenvolver sem dificuldade onde quer que essa ideia prevaleça. A conexão psicológica marcadamente estreita dos incidentes do conto destaca-se claramente do "Voo Mágico" referido anteriormente, no qual os elementos individuais estão praticamente sem conexão interna. Portanto, a similaridade da fórmula, associada à falta de ligações geográficas intermediárias, torna inconclusiva a evidência da conexão histórica.

Repito, a pergunta em questão não é se esses contos podem estar relacionados, mas se sua conexão histórica foi comprovada.

A transmissão entre o Velho e o Novo foi comprovada pela ocorrência de um conjunto de histórias complexas em ambos. As mais notáveis entre elas são o "Voo Mágico" (ou mito do obstáculo), a história da "Ilha das Mulheres" (ou da vagina dentada) e a do assassinato do ogro cuja cabeça está infestada de sapos em vez de piolhos. A área de influência bem estabelecida do Velho Mundo sobre o Novo está confinada à parte da América do Norte limitada no sudeste por uma linha que vai aproximadamente da Califórnia até Labrador. A sudeste dessa linha, apenas fracas indicações dessa influência são perceptíveis. Devido à restrição dos contos a uma pequena parte da América e à sua ampla distribuição no Velho Mundo, devemos inferir que a direção da disseminação foi do oeste para o leste, e não o contrário. Cada passo adiante a partir dessa base bem estabelecida deve ser dado com a maior cautela.

Certo número de contos folclóricos é comum a uma área mais restrita ao redor das costas do mar de Bering e das partes adjacentes da Ásia e da América. Muitos deles podem ter tido sua origem na América. Uma extensão dessa pesquisa é necessária para esclarecer toda a inter-relação entre o Novo e o Velho Mundo. A sugestão de analogia feita por Ehrenreich, Dahnhardt, Frobenius e outros, é digna de ser seguida; mas as provas que eles deram até agora não são convincentes para mim. O roubo do Sol e a criação da terra, aos quais me referi antes; a história das donzelas dos cisnes que se despem na margem de um lago, assumindo forma humana e obrigadas a se casar com o herói que lhes tira a roupa, são propriedade comum da América, da Ásia e da Europa. As variações desses contos são consideráveis; e sua complexidade não é tão grande, nem sua distribuição geográfica é tão contínua, a ponto de afirmar que a prova de sua identidade foi estabelecida.

Devemos também mencionar a possibilidade de contato entre a América e o Velho Mundo através das ilhas do oceano Pacífico.

Roland B. Dixon[9] coletou recentemente dados que sugerem um possível contato ao longo dessa linha; e Von Hornbostel[10] tentou mostrar similaridade com base em sistemas musicais que, em sua opinião, só podem ser explicados com dificuldade, a menos que tenha havido um contato histórico antigo. Nenhum material convincente, no entanto, é encontrado no domínio dos contos folclóricos.

Não considerei nas observações anteriores o recente influxo de temas estrangeiros da Europa e da África. Uma quantidade bastante grande de material folclórico europeu foi introduzida nos Estados Unidos e no Canadá. Entre essas tribos indígenas, porém, que ainda conservam fresco em sua memória o modo de vida aborígine, esses contos são nitidamente inspirados nos contos folclóricos mais antigos. Eles são reconhecíveis pela distinção de caráter, embora sua origem estrangeira nem sempre seja conhecida pelos nativos. Eles pertencem em grande parte aos contos de fadas da Europa, e a maioria deles foi provavelmente levada para a América pelos viajantes franceses. Somente em épocas recentes uma quantidade mais extensa de material desse tipo foi acumulada.[11] As histórias favoritas desse grupo são "João, o Urso", "Sete-Cabeças" e algumas outras de tipo semelhante.

Na Nova Escócia e em Québec, onde o contato entre os colonizadores europeus e os indígenas tem continuado por um longo período, o número de elementos europeus no folclore aborígine é muito maior. Eles podem ter sido derivados em parte de fontes escocesas e irlandesas. Ainda assim, a distinção entre os tipos de contos aborígines e estrangeiros é bastante clara, mesmo para a mente dos narradores.

Nos Estados do Sul, onde uma grande população negra entrou em contato com os indígenas, encontramos introduzida no folclore aborígine, além dos contos de fadas, contos de animais estrangeiros à América. Como muitos desses são bastante semelhantes em tipo aos contos folclóricos aborígines americanos, a linha de demarcação entre os dois grupos tendeu a se perder. Alguns dos detalhes estrangeiros foram incorporados ao folclore dos indígenas do sudeste, e sua origem distinta foi esquecida por eles. Uma assimilação semelhante do conto de animais foi observada em casos isolados em outros distritos, como a de uma fábula de La Fontaine entre os shuswap da Colúmbia Britânica, e talvez de um conto folclórico europeu entre os zuñi. Por esse motivo, podemos concluir que o amálgama completo se deve à sua identidade de tipo.

As condições são bem diferentes na América Latina, onde, com exceção das áreas mais isoladas, os contos folclóricos nativos quase deram lugar ao material europeu. A maior parte dos contos recolhidos no México e na América do Sul tem o mesmo caráter dos contos folclóricos dos negros americanos, e pertence ao mesmo ciclo ao qual pertenciam. Uma vez que a influência dos negros não pode ser mostrada facilmente sobre todo esse distrito, e como grande parte do material correlato é claramente europeia, a origem desses contos é plausivelmente referida a fontes espanholas e portuguesas. Eles provavelmente foram levados para a América na época da Conquista, levados para a África pelos portugueses e posteriormente importados para os Estados Unidos por negros que os haviam adotado anteriormente na África. A solução definitiva desse problema exigiria coletas cuidadosas na Espanha. O material publicado em português não é desfavorável a essa teoria, que também é apoiada pela ocorrência dos mesmos contos nas Ilhas Filipinas, que há tanto tempo estão sob a influência espanhola. É verdade que alguns contos desse grupo encontrados no sul da Ásia podem ser devidos a influências da Índia Oriental, mas a forma dos até agora publicados é bastante favorável à teoria de uma origem espanhola tardia. Parece provável que, junto com esses contos, os negros tenham trazido algumas histórias africanas de caráter semelhante para a América do Norte.

Entre os elementos que foram introduzidos dessa forma em nosso continente, menciono o "Voo Mágico", que foi assim transportado em duas correntes para o Novo Mundo – uma antiga, vinda da Sibéria pelo Estreito de Bering; uma recente, surgindo na Espanha e passando para a América Latina, estendendo-se gradualmente para o norte até o encontro das duas no norte da Califórnia.

Não é fácil dizer quando essa sobreposição da antiga tradição americana pelo novo material europeu na América Latina foi realizada. Há, no entanto, indícios que favorecem a suposição de que algumas delas tiveram tempo para influenciar tribos americanas que não entraram diretamente em contato com elementos culturais espanhóis. Assim, a história da corrida entre a tartaruga e o coelho – em que a tartaruga coloca seus irmãos, que se parecem com ela, ao longo de vários pontos da pista de corrida, e assim faz com que o coelho acredite que ela ganhou – entrou no Oregon e na Colúmbia Britânica pelo norte; e vários incidentes que ocorrem na Ilha de Vancouver e no interior da Colúmbia Britânica podem ter que ser explicados da mesma forma. A questão geral da influência do folclore europeu sobre nossa tradição aborígine merece muito mais atenção do que tem recebido até agora.

d. Características das áreas mitológicas

Voltamos à discussão sobre a tradição aborígine como é encontrada em nossos tempos, desconsiderando os elementos que podem ser provados como sendo de introdução moderna. O material coletado em diferentes partes do continente apresenta diferenças marcantes no tipo. Estas são devidas a várias causas. Em alguns casos, os temas contidos nos contos são distintos; em outros, os atores são diferentes; o ponto das histórias mostra certas peculiaridades locais; ou a estrutura formal possui características locais. Entre essas características, a atenção tem sido direcionada particularmente para as três primeiras, embora não tenham sido feitas tentativas sistemáticas para cobrir todo o campo.

No capítulo anterior, discuti a disseminação de contos e, ao mesmo tempo, assinalei que eles não estão distribuídos de maneira uniforme por todo o continente. Não parece possível dar uma caracterização definitiva desses temas que formam os elementos constituintes das narrativas folclóricas dessas áreas maiores.

Os atores que aparecem como os heróis de nossos contos diferem muito em várias partes do continente. Enquanto no Alasca e no norte da Colúmbia Britânica o corvo é o herói de um grande ciclo de contos, descobrimos que mais ao sul, primeiro o vison, depois o azulão, tomam seu lugar. No planalto ocidental, o coiote é o herói, e em muitas partes das planícies, o coelho é uma figura importante. Em outras regiões, aparecem os heróis em forma humana. Esses ocorrem esporadicamente ao longo da costa do Pacífico, mas de forma muito mais pronunciada nas Grandes Planícies e na região do Mackenzie, sem, no entanto, se sobreporem inteiramente aos heróis animais. Devido a essa diferença na forma dos atores, encontramos os mesmos contos narrados sobre coelho, coiote, corvo, vison e azulão, mas também sobre seres considerados heróis da cultura ou trapaceiros humanos, entre os algonquinos, os sioux, os poncas e os blackfeet. Quase não há limite para essas transferências de um ator para outro. A história do Anfitrião Atrapalhado é, por exemplo, contada com todos esses seres, e outros temas são transferidos de um para outro com a mesma facilidade. Transferências análogas ocorrem frequentemente no caso de outras figuras que são menos proeminentes nos contos folclóricos. O Sol é capturado por rato, coelho ou seres na forma humana. A gaivota e uma pessoa aparecem como donas do Sol. Martim-pescador, aguadeiro ou outras aves desempenham o papel de anfitriãs. Frango falcão, esquilo, veado ou águia roubam o fogo. Raposa, gambá ou coelho enganam o coiote. Em parte, os animais que aparecem nos contos são determinados pela fauna particular de seu habitat; mas, mesmo assim, ocorrem numerosas transferências. Até que ponto essas mudanças podem ser características, além das mudanças da figura principal, ainda não foram determinadas.

O terceiro ponto em relação ao qual os materiais de várias áreas mostram diferenças características é sua composição formal; pois a impressão de que certos tipos de histórias são característicos de áreas definidas não se deve principalmente à seleção de temas que elas contêm, ou dos atores, mas às ideias fundamentais subjacentes às tramas e à sua composição geral – se é que posso usar o termo, ao seu estilo literário.

Aqui deve ser feita uma observação com relação à forma como o material acumulado foi utilizado para fins de discussão teórica. Quando se trata meramente de discutir temas e atores, pode ser justificável permanecer satisfeito com os dados coletados sem precauções particulares. De modo geral, não creio que o estudo da distribuição de contos tenha sido seriamente viciado pelo uso de registros insatisfatórios, embora mesmo aqui, certa dose de cautela deva ser exigida. Quando Dühnhardt faz uso de uma coleção como os "Contos Totem", de Phillips, ele vicia suas declarações, porque nem a proveniência dos contos é dada corretamente – os contos do Alasca, por exemplo, são contados como coletados no estreito de Puget – nem o conteúdo é suficientemente confiável para servir de base para conclusões. Os contos são alterados e modificados ao longo do tempo para satisfazer o gosto literário do autor. Pouca atenção tem sido dada pelos estudiosos à necessidade de um exame crítico de seu material. Tal crítica torna-se imperativa quando a composição formal deve ser objeto de estudo sério. É necessário saber exatamente o que é nativo e o que pode ser devido ao gosto literário do registrador; o que pode ser devido ao informante individual e o que pode ser uma característica tribal. É aqui que a importância do material de texto não adulterado se torna particularmente evidente. A negligência de todas as precauções críticas, que é tão característica da maneira como o material etnológico é habitualmente usado, viciou os resultados dos estudiosos não apenas no campo da mitologia e do folclore, mas talvez ainda mais no estudo dos costumes e crenças; e chegou o momento em que o uso indiscriminado de material não adulterado deve terminar.

De certa forma podemos falar de determinadas características negativas comuns aos contos de todo o continente americano. A fábula moralizante, tão amplamente difundida na Europa, na Ásia e na África, parece estar totalmente ausente na América. O professor Van Gennep afirmou que todos os contos folclóricos primitivos devem ser morais.[12] Isso é verdade na medida em que os enredos de todos os contos folclóricos primitivos encontram uma solução feliz e, portanto, devem estar de acordo com aqueles padrões que são aceitos pelos narradores.[13] Isso, no entanto, não é o mesmo que o ponto moralizante da história, que é o caráter peculiar da fábula do Velho Mundo. Embora o conto americano possa ser e tenha sido aplicado pelos indígenas para inculcar verdades morais, essa tendência não faz parte do conto em nenhum lugar. Exemplos da aplicação moral de um conto foram dados por Swanton,[14] no Alasca, e por Miss Fletcher,[15] dos Pawnee. Em nenhum deles, no entanto, o próprio conto tem a moral para seu ponto de vista. É antes uma aplicação mais ou menos rebuscada do conto feito pelo narrador.

O conto não pode, portanto, ser classificado no mesmo grupo dos contos de animais africanos, asiáticos e europeus, cujo ponto principal é a moral que é expressa no final. É muito provável que a quase completa ausência de provérbios entre os nativos americanos esteja ligada à ausência da forma literária moralizante, que entre os indígenas parece estar confinada à arte do orador que às vezes transmite a moral na forma de expressão metafórica.

Foi feita a tentativa de caracterizar uma ou duas áreas de acordo com as peculiaridades da forma literária. Talvez seja mais fácil assim descrever os contos folclóricos dos esquimós, que diferem de outros contos americanos por não predominar neles histórias de animais fantasiosos com elementos de transformação.[16]

Em outros casos, no entanto, os elementos formais só podem ser expressos claramente quando os contos são agrupados em várias classes. Os mais importantes entre eles são os contos seriados sobre a origem, os contos de trapaça e os contos cujos incidentes se desenvolvem inteira ou essencialmente na sociedade humana. Assim que essa divisão é feita, é possível distinguir certo número de tipos bem definidos.

Vamos descartar, em primeiro lugar, os mitos da origem. É uma característica comum da maioria dos mitos de origem americana eles lidarem com a transição de um período mitológico para a era moderna, provocada por uma série de incidentes desconectados, às vezes centrados preeminentemente em torno dos atos de uma determinada figura, às vezes por incidentes distribuídos em uma massa de contos que não têm nem mesmo as ações de um ser como seu elo de conexão. Em geral, o mundo mítico, a terra, a água, o fogo, o Sol e a Lua, o verão e o inverno, os animais e as plantas, são assumidos como existentes, embora possam não possuir suas formas atuais, ou ser mantidos e guardados ciosamente em alguma parte do mundo inacessível para a raça humana. Estamos tratando, portanto, essencialmente de contos de expedições em que, através de astúcia ou força, os fenômenos da natureza são obtidos para o uso de todos os seres vivos; e com contos de transformação em que animais, terra e água obtêm suas formas atuais. Não encontramos na América do Norte a sequência genealógica de mundos, um gerado pelo outro, que é tão característica da Polinésia. A ideia de criação, no sentido de uma projeção na existência objetiva de um mundo que preexistiu na mente de um criador, também é quase inteiramente estranha à raça americana. O pensamento de que nosso mundo teve uma existência anterior apenas como uma ideia na mente de um ser superior, e se tornou realidade objetiva por uma vontade, não é a forma como o indígena concebe sua mitologia. Não havia um caos que precedesse a origem do mundo. Tudo sempre existiu de forma objetiva, em algum lugar. Isso se aplica até mesmo aos cerimoniais e às invenções, que foram obtidos por instrução dada por seres de outro mundo. Há, entretanto, uma notável exceção a essa regra geral, pois muitas tribos da Califórnia possuem contos de origem que são expressões da vontade de um ser poderoso que, por seus pensamentos, estabeleceu a presente ordem. Quando esse tipo de conto se tornou conhecido pela primeira vez através das coleções de Jeremiah Curtin, pareceu tão estranho que o próprio pensamento sugeriu que poderíamos ter aqui a expressão de uma mente individual, e não de conceitos tribais, resultantes tanto da atitude do registrador quanto da de um informante afetado pelo pensamento estrangeiro. Outras coleções, entretanto, corroboraram a impressão; e agora parece certo que no norte da Califórnia existe um grupo de verdadeiros contos de criação.

A afirmação aqui feita precisa de mais algumas restrições, na medida em que temos uma série de contos explicando a origem dos animais e da humanidade como resultados de atividades de seres superiores. Assim, temos histórias que contam como os seres humanos, ou os animais comestíveis, foram moldados pelo Criador a partir de madeira, pedra, barro ou grama; que a eles foi dada vida, e assim se tornaram os seres que vemos agora. É importante notar que, nesses casos, não é uma mera ação da vontade criadora, mas sempre da transformação de um objeto material, que forma o traço essencial do conto. Além disso, acredito que se pode demonstrar que muitos desses contos não se referem a uma criação geral de toda a espécie, mas que, ao contrário, suprem uma necessidade local ou temporária. Por exemplo, o Criador esculpe o salmão na madeira, mas esse peixe não é adequado para servir ao seu propósito.

Isso não significa que nenhum salmão existia antes daquela época, pois ouvimos mais tarde, no mesmo ciclo, que o verdadeiro salmão foi obtido por um grupo que capturou o peixe no mítico país do salmão. O Criador, portanto, teve que fazer artificialmente um objeto semelhante ao verdadeiro salmão, que existia em outro lugar, mas sua tentativa fracassada resultou na origem de uma nova espécie. De outra forma, esse ponto pode ser trazido à tona na história da origem da morte, que aparece como parte do ciclo do corvo da costa do Pacífico Norte. Aqui o corvo tenta criar o primeiro ser humano a partir da pedra, depois a partir das folhas. Como suas tentativas de dar vida às pedras não tiveram sucesso, e o ser humano se originou das folhas, o ser humano morre como as folhas. Os seres humanos assim criados não eram, no entanto, os únicos que existiam. O corvo tentou criá-los apenas para obter ajudantes em um determinado tipo de trabalho no qual estava envolvido. No entanto, a explicação generalizada da morte está ligada a essa história.

Existem também diferenças marcantes não apenas na forma como as origens são explicadas, mas também na extensão em que esses elementos entram nos contos. Enquanto em uma grande coleção de histórias esquimós apenas de 35 a 50 fenômenos são explicados, o número é infinitamente maior nos planaltos ocidentais. No ensaio citado anteriormente, Waterman afirma que 98 contos esquimós contêm 34 explicações, enquanto em 187 contos do planalto são encontradas 225 explicações. Isso concorda plenamente com a impressão que recebemos pela leitura dos contos. Em alguns casos, quase todos são contos de origem, em outros são poucos e distantes entre si. Para a determinação desse elemento como característico de várias áreas, exigimos, é claro, coleções extensas, tais como as que estão disponíveis apenas em algumas tribos. É particularmente necessário que os contos não sejam recolhidos de um ponto de vista unilateral – como para um estudo de mitos celestiais ou de contos de animais –, porque isso pode dar uma impressão totalmente equivocada. A existência de diferenças típicas pode ser determinada agora mesmo. É particularmente surpreendente que em algumas regiões, como nos planaltos ocidentais, o elemento explicativo apareça frequentemente como a base da trama; enquanto outras tribos, como os esquimós, têm uma série de histórias de origem muito trivial, quase semelhantes a fábulas de animais. Se estas forem excluídas de toda a massa de contos explicativos, o contraste entre vários grupos no que diz respeito à importância do elemento explicativo torna-se particularmente notável.

Diferenças marcantes ocorrem também na seleção dos fenômenos que são explicados. Entre as tribos caddoan do sul, a explicação das estrelas é preponderante. Entre as tribos do planalto, o maior número de contos se refere às características dos animais. Entre os blackfeet e os kwakiutl, a maioria dos contos se refere a cerimônias. Entre as tribos do sul, um grande número é de contos cosmogônicos.

Relacionado a isso está também o agrupamento mais ou menos sistemático dos contos em ciclos maiores. É natural que, em todos aqueles casos em que traços de animais formam o objeto dos contos explicativos, os contos devem ser de caráter anedótico e desconectado, mesmo que uma pessoa deva formar o centro do ciclo. É somente quando os contos de origem são reunidos de tal forma que os conceitos mitológicos se desenvolvem em um todo sistemático que as histórias de origem assumem a forma de uma cosmogonia mais complexa. Esse ponto pode ser ilustrado pelo longo registro da lenda da origem do Alasca coletada por Swanton,[17] no qual obviamente um informante atento tentou reunir toda a massa de contos explicativos sob a forma de um mito conectado. O estudo crítico mostra não apenas a total falta de coesão das partes, mas também o caráter arbitrário do arranjo, que é contrariado por todas as outras versões da mesma região. Faltam completamente elementos unificadores, já que não há elaboração de um conceito cosmogônico que constitua o pano de fundo do conto.

Isso não é menos verdadeiro no caso dos kwakiutl, entre os quais o caráter desconectado dos contos de origem talvez seja ainda mais pronunciado, uma vez que eles se referem de maneiras diferentes a vários aspectos do mundo; a origem de animais sendo tratada de uma maneira, o surgimento de diferenças sociais das pessoas de outra e, ainda, a base sobrenatural de seus cerimoniais religiosos de outra maneira. O contraste na forma proporcionado pela sistematização de conceitos míticos pode ser visto claramente no caso dos bella coola, que desenvolveram noções mais definidas da organização do mundo, e entre os quais, por essa razão, as histórias únicas, embora ainda desconectadas, são referidas claramente com um pano de fundo de conceitos míticos sistematizados. O contraste entre os contos de origem desconexos e os ciclos elaborados é mais marcante quando comparamos os contos desarticulados do noroeste com os longos mitos de origem conectados do Oriente, quando os encontramos entre os iroqueses e algonquinos, e ainda mais quando os colocamos lado a lado com os complexos mitos do sudoeste.

No conjunto, essas características são típicas de áreas geográficas definidas. Nos planaltos ocidentais, é quase inteiramente o agrupamento dos contos em torno de um único herói que os converte em um ciclo vagamente conectado. Até onde podemos descobrir, as aventuras individuais são desconectadas, e apenas excepcionalmente ocorre uma sequência definida de incidentes. Isso também se aplica em grande parte aos contos de origem do leste e da região do alto Mississippi, com exceção de suas complicadas partes introdutórias. Em outros distritos – como na costa do Pacífico entre a Ilha de Vancouver e a Califórnia central – uma ordem um pouco mais definida é introduzida pela localização dos contos. Um transformista viaja pelo país e realiza uma série de ações, que são contadas em uma ordem definida à medida que suas viagens o levam de um lugar para outro. Assim, temos uma ordem definida, mas nenhuma conexão interna entre os incidentes. Bastante distintos no tipo são os contos de origem, em que as próprias pessoas são trazidas para seu habitat atual pela migração continuada de longa data. É característico da parte norte do continente que não haja nenhuma lenda migratória para se falar, que o povo se considere como autóctone. No sudoeste e no México, por outro lado, uma ênfase particular é colocada sobre o surgimento da tribo de um mundo inferior e sobre suas migrações, com as quais estão ligadas muitas de suas histórias de origem. Esse tipo, que em toda sua configuração é bastante distinta daquela do norte, ocorre onde quer que as influências do sul possam ser traçadas, como entre os arikaras, uma tribo caddoan que migrou do sul para o norte, em direção ao rio Missouri.

Podemos também reconhecer características locais nos detalhes dos métodos pelos quais a ordem atual das coisas é estabelecida. Na área do planalto, entre os esquimós, e pelo menos em parte no leste da América do Norte, acontece algo que determina acidentalmente o futuro. Quando o urso pardo, em uma briga, arranha as costas do esquilo, isso dá origem a suas listras. Se um animal salta de uma canoa e quebra sua cauda no trincaniz, essa é a razão pela qual ele tem uma cauda curta. Uma vez que um animal desgasta o pelo de sua cauda espessa, ele tem agora uma cauda sem pelo. Como a rã saltou sobre a face da Lua, ela fica lá. Nessa área, os incidentes em que as transformações são o resultado de uma atividade intencional são bastante raros, embora a ideia não esteja completamente ausente. No Oriente, o conceito de transformação intencional aparece particularmente nos contos que tratam da origem da terra e das cerimônias; no planalto, ele aparece de tempos em tempos, seja na forma de conselhos realizados pelos animais para decidir como o mundo deve ser organizado, seja em disputas entre dois animais antagônicos que desejam condições diferentes. Assim, encontramos no planalto a história de esquilos e ursos, à qual me referi anteriormente, como, em suma, uma competição para determinar se será sempre dia ou sempre noite; e no ciclo do coiote, uma competição para decidir se o ser humano deve ser imortal.

Com base nisso, é possível distinguir vários tipos de origens – primeiro, as origens devido a ocorrências acidentais, não intencionais; segundo, a formação da presente ordem de acordo com as decisões de um conselho de animais; terceiro, o desenvolvimento devido a ações de dois seres antagônicos, um benevolente e com o desejo de facilitar tudo para o ser humano, e o outro contrário a essas intenções e criador das dificuldades e dos sofrimentos da vida; como um quarto tipo podemos distinguir os contos da cultura do herói, a narrativa da migração de seres humanos ou divindades que vagam e endireitam as coisas. No momento atual, dificilmente é possível agrupar as histórias de origem de forma bem definitiva a partir desses pontos de vista. No extremo norte, o conto desorganizado parece prevalecer. Nos planaltos do norte dos Estados Unidos e em parte das planícies, o conselho de animais desempenha um papel importante. A Califórnia parece ser o principal berço da fórmula antagônica, embora essa ideia também seja proeminente entre algumas tribos orientais; e os contos da cultura do herói aparecem localmente na costa do Pacífico Norte, mas de forma mais proeminente no sul.

    A seguir, vamos analisar os contos de trapaceiros. Em certo sentido, esses foram referidos no grupo anterior, porque muitos dos contos de trapaceiros são, ao mesmo tempo, contos de origem. Se, por exemplo, o coiote engana as aves deixando-as dançar perto do fogo, e seus olhos vermelhos são explicados dessa forma, temos aqui uma base de origem – e um conto de trapaceiros. No momento, não nos preocupamos com esse aspecto, mas sim com a consideração da questão de que certas características podem ser encontradas em todo o ciclo, se desenvolvido em várias regiões. Antes de tudo, parece interessante notar o grau de desenvolvimento de todo o grupo de contos. Ele está ausente entre os esquimós, moderadamente desenvolvido na Califórnia, provavelmente não muito proeminente nos mitos aborígines do sudoeste, mas mais prolífico na costa noroeste, no Planalto Norte e no leste. Se é uma característica marcante da área athapascan, não pode ser decidido no momento. Alguns dos heróis do ciclo dos trapaceiros já foram mencionados antes. Corvo, vison, gaio-azul, na costa noroeste; coiote nos planaltos; o homem velho entre os blackfeet; Ishtiniki entre os poncas; Inktumi entre os assiniboines; Manabosho, Wishahka, e Glooscap entre várias tribos algonquinas – são algumas das figuras proeminentes. Embora não tenha sido feita uma lista completa de todos os incidentes com trapaceiros, é bastante claro que um certo número é encontrado praticamente onde quer que ocorra um ciclo de trapaceiros. Já afirmei que um grupo desses contos está confinado aos planaltos ocidentais, outro, à metade norte do continente. No momento, é mais importante notar que, além desses elementos amplamente distribuídos, parece haver em cada área uma série de contos locais que não têm uma distribuição tão ampla. As características dos contos aparecem mais claramente quando toda a massa de contos de trapaceiros em cada região é estudada. Uma comparação dos ciclos do corvo, do vison e do gaio-azul é instrutiva. O pano de fundo das histórias do corvo, a sua fome gananciosa, está em toda parte. A maioria dos contos do corvo trata dos seus empreendimentos para conseguir comida em abundância sem esforço; e as aventuras estão relacionadas às suas tentativas de enganar as pessoas e às punições que lhe são infligidas por aqueles que sofreram com seus truques. Muito diferentes no tipo são as histórias dos visons. Encontramos aqui quase todo um pano de fundo erótico. O vison tenta obter a posse de meninas e das esposas de seus amigos. Ocasionalmente, é introduzido apenas um truque baseado em seu gosto por ovos do mar. As aventuras de gaio-azul podem ser caracterizadas ainda de outra forma. Geralmente, é sua ambição de superar seus adversários nos jogos, na caça ou na guerra, que o traz problemas ou o induz a vencer por trapaças. Ele não tem nem um caráter erótico pronunciado nem notavelmente ganancioso. As trapaças dos ciclos do planalto não são tão fáceis de caracterizar, pois os feitos do coiote participam de todas as características que acabamos de mencionar. As tentativas do coiote para conseguir comida e suas aventuras eróticas são bastante numerosas; mas, em geral, esses dois grupos são consideravelmente superados por trapaças nas quais ele tenta superar seus rivais.

A identificação do trapaceiro e do transformista é uma característica que merece atenção especial. Chamei a atenção para o fato – que a maioria das mitologias em que o trapaceiro e o herói da cultura aparecem como uma só pessoa – de que os benefícios concedidos pelo herói da cultura não são dados num espírito altruísta, mas que são meios pelos quais ele supre suas próprias necessidades.[18] Mesmo em suas conquistas heroicas, ele continua sendo um trapaceiro inclinado para a satisfação de seus próprios desejos. Essa característica pode ser observada distintamente no ciclo do corvo da costa noroeste. Ele libera o Sol não porque tem pena da humanidade, mas porque a deseja; e o primeiro uso que tenta fazer dele é obrigar os pescadores a lhe darem parte de sua pesca. Ele recebe água potável porque tem sede e, a contragosto, derrama-a no mundo todo enquanto foge. Ele liberta o peixe porque está com fome, e recebe as marés para poder colher mariscos. Observações semelhantes podem ser feitas em outros personagens mitológicos que encarnam as qualidades de trapaceiro e herói da cultura. Onde quer que o desejo de beneficiar a humanidade seja um traço mais marcante do ciclo, geralmente há duas pessoas distintas – uma a trapaceira, a outra o herói da cultura. Assim, o herói da cultura da costa do Pacífico dá ao ser humano suas artes, e é chamado de "aquele que acerta as coisas". Ele não é um trapaceiro, mas todas as suas ações têm uma influência distinta no estabelecimento da ordem atual. Talvez o traço mais característico desses contos da cultura do herói seja sua falta de detalhes. Muitos são declarações desprovidas de conteúdo sobre o fato de que algo era diferente do que é agora. O herói realiza algum ato muito simples e ordena que essas condições sejam alteradas. É somente quando o conceito da cultura do herói se eleva a maiores alturas, como acontece no sul, que esses contos adquirem maior complexidade.

Aqui também podem ser mencionados os contos de animais que não pertencem nem ao ciclo de trapaceiros, nem aos contos de origem. Dificilmente é possível dar uma caracterização geral destes, e distinguir tipos locais, exceto no que diz respeito à importância do conto. No Ártico e nas partes adjacentes do continente, encontramos um número considerável de histórias triviais de animais que quase não têm enredo. Em partes são apenas incidentes descritivos de alguma característica do animal. Algumas dessas histórias triviais recebem a forma de contos de origem, fazendo dos incidentes a causa da qual surgem certas características corporais dos animais, mas isso não é frequentemente o caso. Nos contos mais complexos que ocorrem em todo o continente, os animais agem de acordo com seus modos característicos de vida. O martim-pescador mergulha; a raposa é um corredor veloz; o castor, um bom nadador que vive em lagos etc. Seu caráter corresponde ao seu comportamento aparente. O urso pardo é muito prepotente e mal-humorado; o gaio-azul e o coiote são traiçoeiros. Uma caracterização individual nítida, no entanto, não é comum.

Passaremos agora ao terceiro grupo de contos, aqueles que tratam da sociedade humana. Estes só em parte podem ser caracterizados da forma adotada até agora. Algumas de suas nuances locais se devem à peculiar distribuição de incidentes que já foi discutida anteriormente. No geral, no entanto, é mais a trama como um todo que é característica. Isso pode ser exemplificado pelo incidente da esposa infiel, que ocorre em todo o continente. A forma especial da trama da mulher que tem um animal, ou ser sobrenatural, ou algum objeto como amante, cujas ações são descobertas pelo marido que se disfarça em suas vestes, e que engana e mata o amante e mais tarde a sua esposa, é a mais característica da região norte, chegando do nordeste da Sibéria e do distrito esquimó para o sul até a bacia do Mississippi.

A individualização da forma também pode ser ilustrada pelo incidente amplamente distribuído da criança abandonada que resgata seu povo quando ele está em perigo. A forma especial da trama – na qual a criança envergonha seus pais e tios – é abandonada e depois ajudada por animais que lhe enviam cada vez mais caça até que muitas casas estejam cheias de provisões, e na qual o povo lhe oferece suas filhas como esposas – é característica apenas da costa do Pacífico Norte. Nas planícies, o menino abandonado escapa com a ajuda de seu protetor e se torna um poderoso caçador. A análise das tramas não foi realizada com tal detalhe que nos permita fazer mais do que apontar a existência de tipos característicos em áreas definidas.

Muito mais marcante nesse grupo de contos é seu cenário cultural, que reflete a principal ocupação e os interesses do povo. Tentei fazer uma reconstrução da vida dos tsimshians, baseando meus dados apenas na mitologia registrada. Como talvez fosse de se esperar, todas as características essenciais de sua vida – a aldeia, suas casas, a caça ao mar e a terra, as relações sociais – aparecem nitidamente espelhadas nessa imagem. Trata-se, no entanto, de uma imagem incompleta. Certos aspectos da vida não apelam para a imaginação dos contadores de histórias e, portanto, não são especificamente expressos, nem mesmo implícitos no cenário da história. É muito impressionante como a história do animal – no caso em questão, o ciclo do corvo – pouco contribui para essa imagem. Também é interessante notar que entre os tsimshians, as sociedades secretas – que, como concluímos a partir de outras evidências, foram introduzidas apenas recentemente – ocupam uma parte muito pouco importante nos contos, enquanto o potlatch e o uso de brasões são duas de suas características mais notáveis. A precisão com que o contexto cultural da vida do povo é refletido pela forma de seus contos, aparece na diversidade de formas em que a vida de várias tribos da costa do Pacífico Norte se reflete em seus conhecimentos tradicionais. Embora a forma geral seja muito semelhante em todos, as reconstruções baseadas nas evidências de seus contos exibem uma individualização acentuada e enfatizam as diferenças na organização social, nos costumes sociais, na importância das sociedades secretas e na grande diversidade no uso de brasões e de outros dons sobrenaturais. Uma análise das coleções disponíveis deixa bem claro que, nesse sentido, a expressão da vida cultural das pessoas contida em seus contos lhes confere uma marcada individualidade, sem importar quais são os incidentes que constituem os contos.

O reflexo da vida tribal, que é característico do conto, também se expressa na quantidade de conceitos sobrenaturais que nele entram e forma, em parte, o pano de fundo cênico sobre o qual se desenvolve a história, em parte a engrenagem por meio da qual a ação progride.

Wundt[19] e Waterman chamaram a atenção para a importância das distinções entre conceitos e contos míticos. O fundo cosmológico não entra com igual intensidade nos contos folclóricos de vários grupos. Os esquimós, que têm noções claramente definidas sobre o universo, não as introduzem em grande medida em seus contos; enquanto as várias classes de tribos e seres fabulosos, xamanismo e bruxaria, ocupam um lugar de destaque. Na costa do Pacífico Norte, as noções a respeito do universo são em geral vagas e contraditórias; no entanto, as visitas ao céu desempenham um papel importante nos contos. As ideias sobre uma escada que leva ao céu e viagens através do oceano para países fabulosos também entram na composição das tradições da costa noroeste. No sul, por outro lado, as noções relativas ao centro do mundo, ao mundo inferior e aos quatro pontos cardeais, são importantes.

Os grupos de seres fabulosos que aparecem em cada área também apresentam características marcantes; como os gigantes do gelo dos iroqueses e dos algonquinos orientais, os gigantes estúpidos dos shoshoni e dos kutenai, ou os monstros aquáticos do sul, as serpentes de chifres do leste da América, a serpente de duas cabeças da costa da Colúmbia Britânica, o gigante pássaro-trovão da Ilha de Vancouver e as várias formas de trovões que são encontradas entre as diferentes tribos do continente.

Skinner[20] chamou recentemente a atenção para a engrenagem mágica que aparece nos contos de aventura humana entre as tribos algonquinas centrais. Esses traços também caracterizam os contos de diferentes áreas. Esse assunto não foi analisado com detalhes suficientes para permitir um agrupamento definido, mas sabe-se o suficiente para indicar que um arranjo natural resultará em grande parte em conformidade com as divisões culturais.

Essa particularidade é ainda mais enfatizada quando direcionamos nossa atenção para a trama principal da história. Tenho mostrado que entre os kwakiutl a trama da maioria das histórias é a autenticação dos privilégios de uma divisão social ou de uma sociedade secreta. Wissler trouxe à tona um ponto semelhante em sua discussão dos contos dos blackfeet,[21] muitos dos quais parecem explicar origens ritualísticas, sendo os próprios rituais em parte interpretações dramáticas das narrativas. As histórias dos pawnees e as dos pueblos refletem da mesma forma os interesses ritualísticos do povo. Nesse sentido, talvez possamos dizer sem exagero que os contos folclóricos de cada tribo são marcadamente distintos dos de todas as outras tribos porque projetam uma imagem fiel do modo de vida e dos principais interesses que prevaleceram entre o povo durante as últimas gerações. Essas características aparecem mais claramente no estudo de seus contos de heróis. É, portanto, particularmente nesse grupo que se encontra uma analogia entre o conto folclórico e o romance moderno. Os contos que tratam dos feitos dos seres humanos são mais plásticos do que aqueles relacionados às façanhas dos animais, embora o mundo animal, para a mente do indígena, não fosse muito diferente do nosso.

Os eventos que ocorrem entre os animais são menos individualizados no que diz respeito ao modo de vida tribal. Na melhor das hipóteses, podemos inferir deles se lidamos com caçadores de búfalos das planícies, pescadores da costa ocidental, pessoas do Ártico ou do deserto do sul. As atividades mais complexas da tribo raramente aparecem retratadas neles, e depois só incidentalmente.

No conto humano, o narrador nos dá certa caracterização dos indivíduos, de suas emoções – como pena e amor – de sua coragem e covardia, sobre a qual repousa a trama da história. O desenvolvimento do caráter individual não prossegue além desse ponto. Não encontramos mais do que tipos esquemáticos, que são, no entanto, formas que ocorrem na vida cotidiana das pessoas. Pelo contrário, a origem e os ciclos de trapaceiros tratam de tipos que ou são tão impessoais que não representam nenhum indivíduo, ou são meramente a personificação da ganância, da amorosidade ou da ambição tola. Onde quer que haja individualidade de caráter, ela é antes a expressão da natureza aparente do animal personificado, não o caráter que se encaixa particularmente bem na sociedade humana.

Considerando a característica do conto humano como um todo, podemos dizer, com muita probabilidade, que estudos futuros mostrarão que suas principais características podem ser bem definidas pelas áreas culturais do continente. Quão próxima essa correspondência pode ser, ainda está por ser vista. O problema é interessante e importante, pois é óbvio que os contos, embora facilmente adaptáveis, não seguem todos os aspectos da vida tribal com a mesma facilidade, e uma certa falta de ajuste pode se tornar aparente. Isso servirá como uma valiosa pista no estudo posterior do desenvolvimento dos costumes tribais e da história da distribuição dos contos. Apontei a probabilidade de tal ajuste incompleto no caso dos kwakiutl, e Wissler fez uma observação semelhante em relação aos blackfeet.

Embora ainda haja muito a ser feito no estudo das características locais dos contos folclóricos em relação aos pontos mencionados, um campo de trabalho ainda mais amplo está aberto em tudo que diz respeito ao seu caráter puramente formal, e não posso fazer mais do que apontar a necessidade de estudo desse assunto. Com base no material até agora coletado, dificilmente podemos falar da forma literária dos contos. Estou inclinado a contar entre seus traços formais a repetição típica do mesmo incidente que se encontra entre muitas tribos; ou os infortúnios que recaem sobre vários irmãos, até que o último seja bem-sucedido em seu empreendimento. Esses têm o propósito de despertar o interesse e levar o ouvinte a antecipar com maior avidez o clímax. Muito diferente disso é um dispositivo usado pelos tsimshians, que leva até o clímax deixando que uma pessoa infeliz seja ajudada de uma forma muito insignificante. A ajuda oferecida a ela se torna cada vez mais potente, até atingir o clímax, no qual o sofredor se torna o feliz possuidor de poder e riqueza.

Outro dispositivo artístico que é usado por muitas tribos para auxiliar na caracterização dos personagens é o uso de mudanças artificiais na fala. Assim, entre os kwakiutl, o vison não consegue pronunciar o som *ts*, entre os kutenais, o coiote não consegue pronunciar *s*, entre os chinook, os animais falam diferentes dialetos. O dr. Sapir[22] chamou a atenção para o desenvolvimento dessa característica entre os shoshonis e os nootkas.

O estilo literário é mais facilmente reconhecido nas partes poéticas dos contos; mas, uma vez que estes se enquadram principalmente fora da parte puramente narrativa das histórias, eu não entro nesse assunto. Podemos contrastar a simplicidade do estilo da costa noroeste – onde os poemas consistem às vezes na introdução de uma única palavra em uma linha musical, a música sendo conduzida por um refrão, às vezes de uma enumeração puramente formal dos poderes dos seres sobrenaturais – com a expressão metafórica e o fino sentimento de beleza que permeiam a poesia dos indígenas do sudoeste. Igualmente distintas são as estruturas rítmicas utilizadas pelos indígenas de diversas áreas.[23] Devemos nos contentar aqui com uma mera sugestão sobre o significado desses dados. O desejo pode ser expresso, no entanto, de que um maior cuidado deve ser tomado na coleta do material para possibilitar um estudo minucioso desse aspecto de nosso assunto.

e. História recente dos contos folclóricos americanos

Nossas considerações nos permitem fazer várias inferências a respeito da história dos contos folclóricos americanos. Vimos que não existe uma tribo na América do norte cujos contos podem ser considerados como produtos puramente locais, não influenciados por elementos estrangeiros. Descobrimos que alguns contos estão distribuídos por quase todo o continente, outros, por partes mais ou menos extensas do país. Vimos, além disso, que os contos de cada área particular desenvolveram um estilo literário peculiar, que é uma expressão do modo de vida e da forma de pensamento dos povos; que os personagens que aparecem em vários contos são bastante distintos em diferentes partes do país; e que os elementos explicativos associados dependem inteiramente dos diferentes estilos de pensamento. Em um caso, os contos são usados para explicar características dos corpos celestes; em outros, formas da terra, de animais ou de rituais, de acordo com os principais interesses dos povos. É plenamente comprovado pelos fatos apresentados, que os personagens, as tendências explicativas, o cenário cultural e a forma literária, de todos os contos americanos modernos, passaram por mudanças constantes e fundamentais. Se admitirmos isso, conclui-se que as explicações encontradas nos contos modernos devem ser consideradas quase inteiramente como adaptações recentes da história, não como suas partes integrantes; e nem elas nem os nomes dos personagens nos revelam o que a história pode ter sido em sua forma original – se é que podemos falar de tal forma. Tudo aparece mais em fluxo. Por essa razão, a tentativa de interpretar a história do conto moderno como um reflexo da observação da natureza não é obviamente justificável. Os dados do folclore americano não nos fornecem um único exemplo que provaria que esse processo contribuiu para o desenvolvimento moderno dos contos folclóricos. Quase parece mais seguro dizer que o poder criativo que se manifestou nos tempos modernos é muito fraco e que a maior parte de nossos contos consiste em combinações e recombinações de temas antigos. Ao mesmo tempo, a marcante diferenciação no estilo de composição mostra que a mola mestra na formação do conto moderno deve ter sido artística. Observamos neles não apenas o resultado do jogo da imaginação com temas favoritos, mas também a determinação da forma de processos imaginativos por tipos antecedentes, que é o traço característico da produção artística de todos os tempos e de todas as raças e povos. Estou, portanto, inclinado a considerar o conto folclórico primeiro e fundamentalmente como uma obra de arte primitiva. O elemento explicativo apareceria então, não como uma expressão da filosofia nativa, mas sim como um toque de acabamento artístico necessário para o conto, onde quer que a arte de contar histórias o exija. Em vez de ser a mola propulsora da história, ele se torna, nesse caso, um embelezamento estilístico, enquanto em outro é necessário dar um cenário impressionante. Em ambos os casos, a ocorrência da explicação não pode ser reduzida a uma atividade racionalizadora do ser humano primitivo.

Em certo sentido, esses resultados de nossos estudos sobre o folclore americano são insatisfatórios, pois nos levam apenas a reconhecer um jogo constante com antigos temas, variações nos elementos explicativos a eles ligados e a tendência a desenvolver vários tipos de estilo artístico. Eles não nos aproximam de uma compreensão da origem dos temas, das explicações e dos estilos. Se quisermos continuar nossa pesquisa sobre um passado remoto, talvez seja bom perguntar, antes de tudo, por quanto tempo pode ter continuado o desenvolvimento presente de mosaicos de estilos diferentes; se há alguma prova de que algumas tribos deram origem a eles, dos quais de quem outros grupos derivaram muito de sua tradição; e se temos alguma evidência de invenção espontânea que possa ter influenciado grandes territórios.

Como os dados históricos não estão disponíveis, estamos confinados à aplicação de um método indutivo de pesquisa. Podemos perguntar quão grande parte dos contos folclóricos de uma tribo é de sua propriedade exclusiva, e quantos elas compartilham com outras tribos. Se uma comparação desse tipo mostrar um grande número de elementos que são propriedade exclusiva de uma tribo, enquanto outras têm apenas pouco que seja sua propriedade exclusiva, talvez pareça justificável considerar as primeiras como originadoras; as segundas, como receptoras; e podemos concluir que seus próprios contos folclóricos mais antigos desapareceram ou que possuíam muito poucos. Não é fácil fazer um julgamento justo da originalidade dos contos folclóricos de cada tribo da maneira aqui sugerida, porque as coletas são desigualmente completas, e porque os coletores ou narradores são capazes de dar preferência a um tipo particular de conto e à exclusão de outros. É sempre difícil basear as inferências na aparente ausência de certas características que, afinal, podem ser descobertas; e isso parece particularmente difícil em nosso caso. Ainda assim, pode ser possível comparar pelo menos certos ciclos definidos que foram coletados de forma bastante completa, e que ocorrem com igual intensidade em várias áreas; como os ciclos dos trapaceiros das planícies. De modo geral, tenho a impressão de que nenhuma tribo parece possuir consideravelmente mais originalidade do que outra.

Um ponto interessante surge com grande clareza, a saber: o poder de certos tipos de contos de se tornarem uma fonte prolífica de contos de importância semelhante, desde que os contos originais sejam de importância social na vida do povo. Assim, os kwakiutl têm aparentemente uma originalidade considerável entre seus vizinhos na costa do Pacífico Norte, porque todas as numerosas divisões sociais e sociedades secretas da tribo possuem contos de origem do mesmo tipo; de modo que uma lista completa provavelmente incluiria centenas de histórias estritamente construídas mais ou menos sobre o mesmo padrão. Os contos ritualísticos dos blackfeet formam outro grupo desse tipo; e isso também pode ser verdade para os contos da área do Mackenzie que tratam dos casamentos entre seres humanos e animais. Nesses casos, lidamos com um estilo particular de história, que ganhou grande popularidade e, portanto, aparece em um número infinito de variantes.

Outra condição que pode levar a uma forte individualidade em um determinado grupo se desenvolve quando os contos são colocados na guarda de uma pequena classe de sacerdotes ou chefes, conforme o caso. Quanto mais importante o conto se torna por causa de sua associação com os privilégios e rituais de certos setores da tribo, e quanto maiores os valores emocionais e sociais dos costumes aos quais está associado, mais os guardiões do ritual refletem sobre ele em todos os seus aspectos; e com isso encontramos um desenvolvimento sistemático tanto do conto quanto do ritual. Isso explica a relação entre a ocorrência de rituais complexos a cargo de uma classe sacerdotal ou de chefes, e de grandes mitos que têm um significado esotérico. O paralelismo da distribuição de grupos religiosos ou sociais liderados por indivíduos isolados e de mitologias complexas é tão impressionante que quase não há dúvidas em relação à sua conexão psicológica. Os mexicanos, as tribos pueblos, os pawnees, os bella coola, os maidus[24] podem ser dados como exemplos. O contraste entre um conjunto desorganizado de contos folclóricos e as mitologias mais sistemáticas parece residir, portanto, na introdução de um elemento de criatividade *individual* nestes últimos. O sacerdote ou chefe, como poeta ou pensador, se apodera das tradições folclóricas e de rituais isolados, e as elabora de forma dramática e poética. Sua sistematização é feita através da centralização do pensamento em uma só mente. Sob as condições sociais em que os indígenas vivem, o guardião transfere seu conhecimento sagrado de forma impressionante a seu sucessor. As formas em que os ensinamentos sagrados aparecem no presente são, portanto, o efeito cumulativo da elaboração sistemática por indivíduos, que tem progredido através de gerações.

Essa origem do complexo de mitos e rituais também torna inteligível a razão pela qual, entre algumas tribos, os mitos dos subgrupos devem ser contraditórios. Um exemplo disso são os bella coola, entre os quais a tradição está na guarda do chefe da comunidade da aldeia, e entre os quais cada comunidade tem seu próprio conceito em relação a suas origens. Essas tradições contraditórias são o resultado do pensamento individual em cada comunidade, e não entram em conflito, porque o público se identifica com o chefe recitador, e a verdade de uma criação poética não destrói a verdade de outra.

Para uma interpretação correta dessas produções artísticas, devemos também ter em mente que os materiais para a composição sistemática são os contos folclóricos desconexos e ritos menores da tribo, que foram fundidos em um todo. De um ponto de vista psicológico, não se justifica, portanto, considerar os contos exotéricos, como se faz com tanta frequência, fragmentos degenerados de ensinamentos esotéricos. É verdade que eles mesmos sofrem mudanças devido à influência da doutrina sacerdotal, mas há um constante dar e receber; e em nenhum lugar na América o artista individual se libertou dos grilhões do tipo de pensamento expresso nos contos folclóricos desarticulados. A prova para essa contenda está na semelhança dos elementos que entram nos contos das tribos com mitologia sistemática e daqueles sem ela.

A única explicação alternativa para o fenômeno observado seria a suposição de que todo esse material teve sua origem em mitologias mais desenvolvidas e sistematizadas. Pode-se afirmar que os restos dos montes Ohio, as indústrias artísticas altamente desenvolvidas dos antigos habitantes do baixo Mississippi, e dos penhascos, provam que um elevado tipo de cultura deve ter existido em muitas partes do país, onde em um período posterior apenas formas culturais menos complexas foram encontradas. A complexidade do cerimonial religioso desses tempos é comprovada pelas características dos achados arqueológicos. É bem verdade que na região fronteiriça do México, incluindo sob esse termo toda a região mencionada, muitas flutuações no desenvolvimento cultural devem ter ocorrido; mas isso não prova sua existência em todo o continente. Além disso, a individualidade de cada área folclórica é tal, que devemos considerar a produtividade imaginativa de cada tribo como um elemento importante para o desenvolvimento da situação atual. Desse ponto de vista, as pesquisas sobre a independência de cada área, mais do que a pesquisa sobre o efeito de difusão, serão de maior valor. A teoria da degeneração não é sustentada por nenhum fato; e não vejo como a forma peculiar da mitologia sistemática americana pode ser explicada, exceto como resultado de uma elaboração artística dos contos folclóricos desconexos, e como seu caráter, que se assemelha a conceitos primitivos, pode ser interpretado, a não ser como resultado da especulação sacerdotal baseada nos temas encontrados nos contos folclóricos.

f. Conceitos mitológicos em contos folclóricos

Nossa consideração dos contos folclóricos americanos tem lidado, até agora, com sua história posterior. O resultado dessa pesquisa nos ajudará no tratamento da pergunta: qual pode ter sido a origem desses contos? É óbvio que em uma pesquisa histórica para a qual não existe nenhum registro literário da mitologia antiga, devemos primeiro tentar estabelecer os processos que estão ativos no momento atual. Não há razão para supor que processos similares não deveriam ter sido ativos em tempos anteriores, pelo menos enquanto os tipos de cultura humana estivessem aproximadamente no mesmo nível em que estão agora. As produções artísticas do período magdaleniano mostram até que ponto o início dessas condições pode estar situado; e até agora não temos nenhuma evidência que indique que a raça americana como tal já passou por uma época em que suas características mentais eram diferentes daquelas do ser humano moderno. A antiguidade das conquistas culturais no México, os achados feitos em antigas escombreiras, provam que há milhares de anos o ser humano na América está de posse de um tipo de desenvolvimento cultural não inferior ao das tribos modernas, mais primitivas. Pode-se, portanto, inferir que os processos que estão ocorrendo agora estão em curso há um período muito longo. A constante difusão dos elementos das histórias e a elaboração de novos tipos de composição local devem ter sido a característica essencial da história dos contos folclóricos. Em geral, a invenção de novos temas deve ter sido rara; e onde ocorreu, foi determinada pelo tipo de composição predominante.

Desconsiderando os personagens que aparecem nas histórias, seu conteúdo lida quase sempre com eventos que podem ocorrer na sociedade humana, às vezes com eventos plausíveis, mais frequentemente com aventuras fantásticas que não podem ter sua origem em experiências humanas reais. A partir desses fatos, surgem dois problemas que deram origem a intermináveis especulações e discussões. O primeiro: por que essas histórias humanas são narradas sobre animais, corpos celestiais e fenômenos naturais personificados? O outro: por que certos elementos fantásticos têm uma distribuição mundial?

A transferência da experiência humana para animais e objetos personificados deu origem à ideia de que todos os contos desse tipo são mitos da natureza ou uma expressão da concepção primitiva ingênua da natureza. Tem sido claramente reconhecido que os temas são retirados da vida humana e utilizados para expressar a observação da natureza. A primeira pergunta a ser respondida é, portanto, como é que os contos são tão frequentemente retirados do domínio da sociedade humana? Wundt discutiu essa questão em seu trabalho abrangente sobre mitologia,[25] no que diz respeito à personificação da natureza. Essa discussão refere-se a conceitos mitológicos, não aos contos como tais. É óbvio, entretanto, que uma vez que é dado o caráter humano dos animais e dos objetos, os contos se tornam aplicáveis a eles.

Outro elemento pode ter ajudado no desenvolvimento de contos de animais, uma vez que a personificação foi estabelecida. Em contos folclóricos, cada ser humano é considerado como um indivíduo distinto, e o mero nome de uma pessoa não caracteriza o indivíduo. Além disso, os indivíduos nomeados não são muito comuns nos contos folclóricos americanos. O animal, por outro lado, é imortal. Dos ossos da caça abatida, surge o mesmo indivíduo, vigoroso e saudável, e assim continua sua existência indefinidamente. Portanto, a espécie, particularmente no período mitológico, é concebida como um indivíduo, ou no máximo como um grupo familiar. Isso também pode ter ajudado a criar o caráter normativo dos contos. Se um animal esfregou o pelo de sua cauda, então todos os animais que são seus descendentes têm o mesmo tipo de cauda. Se todos os pássaros trovões forem mortos, exceto um, sua perda de poder se torna permanente. Presumo que a identificação das espécies e dos indivíduos, inerente à personificação da natureza, foi um elemento importante que contribuiu para o desenvolvimento desse conceito. Nem é preciso dizer que o resultado não foi obtido através de um raciocínio consciente. A substituição de indivíduo por espécie apenas favoreceu as características explicativas dos contos de animais. A tendência de substituir essas transformações por outras em que os acontecimentos se deviam à decisão de um conselho, ou onde foram ordenados por um herói da cultura, pode ser devida a um sentimento de insatisfação com o simples tipo de transformação e a condensação de toda a espécie em um único indivíduo.

Em todos esses contos, o elemento explicativo deve ser considerado como uma ideia que surgiu na mente do narrador de repente por um processo associativo. Difiro de Wundt na importância que atribuo à frouxidão da conexão entre os elementos explicativos e o conto, fenômeno ao qual ele também se refere.[26] Não é simplesmente o processo aperceptivo, no qual as emoções subjetivas são transferidas para o objeto, que dá origem ao elemento explicativo nos contos; mas os elementos dos conceitos mitológicos são pensamentos sugeridos antes de tudo pela adequação do conto pré-existente e, portanto, dependem, em primeira instância, de sua forma literária. Por essa razão, a grande diferença no caráter dos contos folclóricos da América e da África não me parece ser uma diferença nas etapas de seu desenvolvimento. A tendência moralizadora do conto africano é uma forma de arte típica dos negros, mas estranha aos americanos; e não vejo nenhuma conexão genética entre o conto explicativo e o conto moralizante.

Embora essas considerações tornem o conto de animal inteligível, elas não são de forma alguma uma explicação satisfatória da grande importância dos contos de animais e da natureza no folclore de todos os povos do mundo; e parece que no momento temos que aceitar isso como um dos fatos fundamentais da mitologia, sem sermos capazes de dar uma razão adequada para seu desenvolvimento.

A última questão que temos que discutir é o significado dos traços do folclore que são de ocorrência mundial. Sobre isso, afirma-se que a ampla distribuição dos mesmos elementos só pode ser explicada quando assumimos que eles derivam de uma observação direta da natureza e que, por essa razão, eles parecem ao ser humano primitivo como fatos óbvios. Esse assunto foi tratado exaustivamente por Ehrenreich[27] e outros representantes daquela escola mitológica que deriva a origem dos mitos a partir das impressões que o ser humano recebeu da natureza, particularmente dos orbes celestiais.

Até onde posso ver, tudo o que tem sido feito por essas pesquisas é mostrar que, quando começamos com a hipótese de que os mitos são derivados das impressões transmitidas pelos corpos celestes, podemos encaixar os incidentes dos mitos nessa hipótese, interpretando suas características em conformidade. Lessmann[28] chega ao ponto de afirmar definitivamente que tudo o que não pode ser derivado das características da Lua não é mitologia. Isso, é claro, põe fim a toda discussão possível sobre a relação entre contos folclóricos e mitos. Na passagem referida, Ehrenreich diz que as fases da Lua produzem certos tipos de mitos. A Lua Nova é representada no nascimento sobrenatural através do lado da mãe, e no incidente de um herói recém-nascido deitado em uma manjedoura ou cocho. A Lua Cheia é o herói na plenitude de seu poder e depois de suas vitórias sobre demônios sombrios. O minguar da Lua é o corte ou a lenta deglutição do corpo do herói. A Lua Nova é representada em decapitações com uma espada, em teste pelo fogo, ou no corte dos tendões. Nessa enumeração de interpretações não vejo nenhuma prova de sua tese, uma vez que ele não mostra que as mesmas ideias podem não ter se desenvolvido de alguma outra forma.[29]

Ehrenreich e outros adeptos da escola cosmogônica moderna fazem a suposição fundamental de que os mitos devem representar fenômenos realmente vistos – uma teoria que me parece baseada em uma concepção equivocada do processo imaginativo. As produções da imaginação não são de forma alguma as imagens das experiências dos sentidos, embora sejam dependentes delas; mas em sua criação a vida emocional desempenha um papel importante. Quando estamos cheios de um desejo ardente, a imaginação nos permite ver o desejo realizado. À medida que um fenômeno nos surpreende, suas características normais serão enfraquecidas e o elemento maravilhoso será enfatizado. Quando somos ameaçados pelo perigo, a causa de nosso medo nos impressionará como dotada de poderes extraordinários. É uma característica comum de todas essas situações que a real experiência sensorial pode ser exagerada ou transformada em seu oposto, e que a realização impossível de um desejo é realizada. Após a morte de um parente querido, nem nós nem o ser humano primitivo especulamos sobre o que pode ter acontecido com sua alma; mas sentimos um desejo ardente de desfazer o que aconteceu, e no livre jogo de fantasia, vemos os mortos voltarem à vida. O líder morto em batalha, cujo corpo desmembrado é encontrado, é visto restaurado, com todo vigor. O guerreiro cercado de inimigos, quando todos os meios de retirada são cortados, desejará passar despercebido pelas fileiras dos inimigos, e em uma imaginação forte, o desejo se tornará uma realidade. Muitas das ideias que são comuns a todas as mitologias podem assim ser prontamente compreendidas, e não há necessidade de pensar na Lua Minguante ou Crescente quando ouvimos falar do corte ou do esfolamento de uma pessoa, e de seu renascimento. Essas são ideias que são prontamente sugeridas pelo próprio fato de que os processos comuns da imaginação devem evocá-las.

Isso não é menos verdade em relação às formas de demônios que podem ser facilmente entendidas como distorções fantasiosas das experiências. A teoria de Laistner sobre a importância do pesadelo[30] como origem de muitas dessas formas é sugestiva; talvez não no sentido em que ele a formula – porque a forma do pesadelo dependerá muito provavelmente das ideias que são correntes na crença das pessoas – mas porque os sonhos são simplesmente uma forma na qual as criações da imaginação aparecem, e porque eles indicam quais as formas inesperadas que a aparição inspiradora do medo pode tomar. Ainda outras formas míticas podem ser explicadas pelas transformações estéticas produzidas pelo poder da imaginação. Não só a beleza da forma é exagerada, mas os elementos cômicos ou trágicos levam igualmente a transformações da experiência sensorial. Penso que é bem possível explicar dessa forma as belas pessoas radiantes, com cabelos bem claros, e também os portadores de deficiência com corpos distorcidos, cobertos de verrugas e outras desfigurações.

Em suma, não há um único traço de todas as mitologias que não reflita naturalmente, por exagero ou por contraste, as experiências sensoriais comuns do ser humano. É somente quando negamos que esses processos são característicos da imaginação que somos confrontados com qualquer dificuldade, e que temos que procurar a origem dessas formas fora da sociedade humana. Em comparação a essa visão muito simples da origem das formas elementares dos mitos, a tentativa de buscar seus protótipos no céu me parece rebuscada. Também pode ser dito a favor dessa visão que a combinação de características que são exigidas como características do Sol, da Lua ou de outros seres personificados só raramente aparece combinadas em uma única e mesma figura mítica. Isso foi claramente demonstrado por Lowie.[31]

Essas considerações mostram também que as condições psicológicas podem trazer semelhança de ideias sem uma conexão histórica subjacente, e que a ênfase colocada no lado histórico deve ser apoiada por uma pesquisa cuidadosa daquelas características na vida do ser humano que podem ser prontamente explicadas pelas semelhanças nas reações da mente. Metodologicamente, a prova de tal origem independente de fenômenos similares oferece dificuldades muito mais sérias do que uma prova satisfatória de conexão histórica. As salvaguardas que devem ser exigidas aqui são análogas àquelas descritas anteriormente.[32] Como exigimos anteriormente, como critério de conexão histórica, provas reais de transmissão, ou pelo menos provas claras da existência de linhas de transmissão e da identidade do objeto, então devemos agora exigir provas da falta de conexão histórica, ou da falta de identidade dos fenômenos. Obviamente, essas provas são muito mais difíceis de serem dadas. Se nos limitássemos às evidências contidas em contos folclóricos, poderia ser uma tarefa impossível provar de forma convincente a origem independente dos contos, pois a possibilidade de transmissão de uma única ideia sempre existe. É somente com base em nosso conhecimento das limitações das áreas sobre as quais as invenções, as formas de arte e outras realizações culturais se espalharam que podemos fornecer uma base para conclusões mais seguras. Devido ao forte contraste entre a América e o Velho Mundo na base material da civilização, e a restrição de material importado para a parte noroeste do continente, à qual já nos referimos, estamos seguros ao assumir que traços culturais similares que ocorreram no tempo pré-colombiano nas partes do sul das duas áreas continentais são de origem independente. Em áreas mais restritas, é praticamente impossível fornecer prova satisfatória da ausência de contato.

Mais satisfatórios são os nossos meios para determinar a falta de identidade de fenômenos aparentemente análogos. A pesquisa histórica mostra que ideias semelhantes nem sempre surgem das mesmas condições precedentes; que ou sua identidade sugerida não existe, ou a semelhança de forma se deve a uma assimilação de fenômenos que são distintos na origem, mas que se desenvolvem sob estresse social semelhante. Quando uma prova desse tipo pode ser dada, e os processos psicológicos envolvidos são claramente inteligíveis, há uma boa razão para supor uma origem independente das ideias.

Um caso em questão é apresentado pelos chamados números "sagrados".[33] Não estou inclinado a ver isso principalmente como algo de valor místico transcendental; parece-me mais plausível que o conceito tenha se desenvolvido a partir dos valores estéticos da repetição rítmica. Seu efeito emocional é, por certo, inerente à mente humana; e o uso artístico da repetição pode ser observado onde quer que exista o número sagrado, e onde ele não é usado apenas em referência a objetos distintos, mas também em repetições rítmicas de melodias, palavras, elementos de composição literária e de ações. Assim, a diferença nos ritmos favoritos pode ser responsável pela ocorrência de diferentes números sagrados; e uma vez que a preferência por um número definido é um fenômeno psicológico geral, sua ocorrência não se deve necessariamente à transmissão histórica, mas pode ser considerada como baseada em fatores psicológicos gerais. As diferenças entre os números sagrados apareceriam então como diferentes manifestações dessa reação mental. Da mesma forma, a ideia do ressurgimento dos mortos, ou do poder de fuga invisível, é uma simples reação da imaginação, e não se deve, onde quer que ocorra, a uma fonte histórica comum. Essas ideias se desenvolvem naturalmente em incidentes similares em histórias que ocorrem em regiões amplamente distintas, e devem ser interpretadas como o efeito de processos psicológicos que levam a um desenvolvimento convergente em certos aspectos dos contos. Um exemplo instrutivo é apresentado pelos contos sobre a origem da morte. A ideia da origem da morte é prontamente explicada pelo desejo de ver os mortos vivos novamente, que muitas vezes deve ter sido formulado como o desejo de que não houvesse morte. O comportamento do ser humano em todas as sociedades prova a verdade dessa afirmação. Assim, os processos imaginativos são postos em movimento e constroem um mundo sem morte e, a partir desse ponto inicial, desenvolvem as histórias da introdução da morte de acordo com os tipos literários de histórias de transformação. A mera ocorrência de histórias da origem da morte – em um lugar devido a um mal-entendido de uma mensagem transmitida por um animal, em outros, por uma aposta ou uma briga entre dois seres – não é uma prova de origem comum. Essa prova exige a identidade das histórias. Podemos até entender como, sob essas condições, histórias de tipo literário semelhante podem tornar-se quase idênticas na forma sem ter uma origem comum. Onde a linha a ser traçada entre esses dois tipos de desenvolvimento não pode ser definitivamente decidida. Em casos extremos, será possível determinar isso com um alto grau de probabilidade; mas sempre permanecerá uma ampla gama de material, na qual nenhuma decisão pode ser tomada.

A limitação da aplicação do método histórico aqui descrito define também nossa atitude em relação às teorias Pan-Ariana e Pan-Babilônica. A identificação dos elementos de diferentes contos folclóricos feitos pelos adeptos dessas teorias não são aceitáveis do nosso ponto de vista metodológico. As provas de divulgação não são do caráter exigido por nós. A base psicológica para a suposição de uma improdutividade imaginativa de todas as raças humanas, com exceção de uma ou duas, não pode ser provada; e a origem do mito da maneira exigida pelas teorias não parece plausível.

O problema essencial em relação à origem última das mitologias permanece – porque os contos humanos são de preferência ligados a animais, corpos celestes e outros fenômenos personificados da natureza. É suficientemente claro que a personificação torna possível a transferência, e que a distinção e a individualização das espécies de animais e dos fenômenos personificados os tornam mais claros como personagens de um conto do que os membros indiferenciados da humanidade. Parece-me, no entanto, que a razão de sua preponderância nos contos da maioria das tribos do mundo não foi dada adequadamente.

Notas

[1] Wilhelm Wundt, *Völkerpsychologie*, vol. 2, parte 3, Leipzig (1909), p. 62.

[2] Ver Boas, "Dissemination of Tales Among the Natives of North America", *Journal of American Folk-Lore*, vol. 4 (1891), pp. 13-20, pp. 437-445 de *Race, Language and Culture*; W. Wundt, *Völkerpsychologie*, vol. 2, parte 3, p. 62; Van Gennep, *La formation des légendes* (1910), p. 49.

[3] Leo Frobenius, *Im Zeitalter des Sonnengotts*; Paul Ehrenreich, *Die Mythen und Legenden der Südamerikanischen Urvölker*, pp. 34-59; Robert H. Lowie, "The Test-Theme in North American Mythology", *Journal of American Folk-Lore*, vol. 21 (1908), p. 101; A. L. Kroeber, "Catchwords in American Mythology", ibid., vol. 21 (1908), p. 222; ver também T. T. Waterman, "The Explanatory Element in the Folk Tales of the North American Indians", ibid., vol. 27 (1914), pp. 1-54.

[4] Ver T. T. Waterman, op. cit., pp. 1-54.

[5] Franz Boas, "Tsimshian Mythology", *31st Annual Report of the Bureau of American Ethnology* (1916), pp. 694 e seguintes.

[6] P. Ehrenreich, *Die Mythen und Legenden der südamerikanischen Urvölker und ihre Beziehungen zu denen Nordamerikas und der Alten Welt* (1905).

⁷ O. Dähnhardt, *Natursagen*, vols. I-IV. As referências são dadas no índice desses volumes (Leipzig, 1907-1912).

⁸ Leo Frobenius, *Die Weltanschauung der Naturvölker* (Weimar, 1898).

⁹ Roland B. Dixon, "The Independence of the Culture of the American Indian", *Science*, 1912, pp. 46-55.

¹⁰ O. von Hornbostel, "Über ein akustisches Kriterium für Kulturzusammenhänge", *Zeitschrift für Ethnologie*, vol. 43, 1911, pp. 601-615.

¹¹ A maior parte desse material foi publicada no *Journal of American Folk-Lore*, vols. 25-27 (1912-14); ver também Rand, *Legends of the Micmacs* (Nova York, 1894).

¹² *La formation des légendes* (1910, 1912), p. 16.

¹³ Friedrich Panzer, *Märchen, Sage und Dichtung* (Munique, 1905), p. 14.

¹⁴ John R. Swanton, "Tlingit Myths and Texts", *Bureau of American Ethnology, Bulletin*, 39 (1909).

¹⁵ Alice C. Fletcher, "The Hako", *XXII Annual Report of the Bureau of American Ethnology*, parte 2 (1904).

¹⁶ Dr. Paul Radin afirma que os contos de Smith Sound publicados por Knud Rasmussen mostram que, no folclore esquimó, o conto sobre animais é tão marcante quanto entre os indígenas. Esse ponto de vista não me parece justificado pelos fatos. O tipo de contos triviais de animais registrados em Smith Sound é conhecido há muito tempo e difere fundamentalmente dos contos de animais comuns ao resto do continente (artigo "Esquimó", em *Hastings Encyclopedia of Religions*).

¹⁷ John R. Swanton, *Tlingit Myths and Texts*, op. cit., pp. 80 e seguintes.

¹⁸ Introdução a James Teit, "Traditions of the Thompson River Indians of British Columbia", *Memoirs of the American Folk-lore Society*, vol. 7 (1898); ver pp. 407 e seguintes de *Race, Language and Culture*.

¹⁹ Wilhelm Wundt, *Völkerpsychologie*, vol. 2, parte 3 (Leipzig, 1909), p. 19.

²⁰ A. Skinner, *Journal of American Folk-Lore*, vol. 27 (1914), pp. 97-100.

²¹ Clark Wissler and D. C. Duvall, "Mythology of the Blackfoot Indians", *Anthropological Papers, American Museum of Natural History*, vol. 2, p. 12.

²² E. Sapir, "Song Recitative in Paiute Mythology", *The Journal of American Folk-Lore*, vol. 23 (1910), pp. 456-457.

²³ Ver, por exemplo, Alice C. Fletcher, "The Hako", 22nd *Annual Report of the Bureau of American Ethnology*, parte 2, pp. 282-368.

²⁴ Roland B. Dixon, que tem apontado o caráter sistemático de sua mitologia, encontra certa dificuldade em explicá-la, considerando a simples vida econômica e artística dos povos. Suas próprias descrições, entretanto, mostram a grande importância da liderança pessoal em todos os assuntos religiosos da tribo (*Bull. Am. Mus. Nat. Hist.*, vol. 17).

²⁵ *Völkerpsychologie*, vol. 2, parte 1 (1905), pp. 577 e seguintes.

²⁶ Ibid., parte 3, p. 183.

²⁷ P. Ehrenreich, *Die allgemeine Mythologie und ihre ethnologischen Grundlagen* (Leipzig, 1910), pp. 100 e seguintes.

²⁸ H. Lessmann, "Aufgaben und Ziele der vergleichenden Mythenforschung", *Mythologische Bibliothek* (Leipzig, 1908), I, pp. 31 e seguintes.

²⁹ Ver também as críticas de A. van Gennep, em seus *Réligions, moeurs et légendes*, pp. 111 e seguintes.

³⁰ Ludwig Laistner, *Das Rätsel der Sphinx*, Berlin, 1889.

³¹ Robert H. Lowie, "The Test-Theme" etc. (*Journal of American Folk-Lore*, vol. 21, 1908, p. 101).

³² Veja a p. 458 do volume *Race, Language and Culture*.

³³ Veja também a p. 478 do volume *Race, Language and Culture*.

A ideia de vida futura entre as tribos primitivas

Entre as muitas tentativas feitas para descrever e explicar a origem e o desenvolvimento dos conceitos de alma e imortalidade, a de Edward B. Tylor, em sua *Primitive Culture* ("Cultura Primitiva"), é a mais exaustiva e cuidadosamente pensada. Embora, desde a publicação de seu trabalho, muitas evidências novas tenham sido acumuladas, os novos dados podem muito bem ser encaixados em seu tratamento geral do assunto.

No entanto, não estamos mais prontos para aceitar sua interpretação do material que ele tem tão assiduamente coletado e organizado em ordem lógica. Para ele, as ideias pelas quais o ser humano primitivo expressa sua experiência sensorial são resultado do pensamento especulativo, do raciocínio que leva a uma visão consistente do mundo. Esses pensamentos, sendo determinados pelo estado geral da vida cultural, conduzem a conceitos que se desenvolvem naturalmente uns dos outros e representam uma série típica que surge independentemente da raça e das filiações históricas. É verdade que, às vezes, ele deixa de lado este último ponto de vista e reconhece formas específicas de pensamento que pertencem a vários grupos culturais, como os indo-europeus, por um lado, e os semitas, por outro, mas essas abordagens de um tratamento histórico estão inteiramente subordinadas ao ponto de vista evolutivo geral, em que certos tipos culturais aparecem como pertencentes aos estágios evolutivos da sociedade primitiva, bárbara ou civilizada.

Estamos, atualmente, mais inclinados a considerar o crescimento de ideias, não como resultado de processos racionais, mas sim como um crescimento involuntário, e sua interpretação como o resultado da racionalização quando, juntamente com a ação correlata, elas sobem à consciência. Reconhecemos que a interpretação racionalizadora de uma ideia não representa necessariamente seu crescimento histórico, e que uma classificação de ideias sob um ponto de vista definitivo, começando por aquelas que parecem ser simples e prosseguindo até aquelas que parecem complexas, não pode ser interpretada como sequência histórica sem mais provas, mas pode dar uma imagem totalmente distorcida dos acontecimentos históricos.

Podemos traçar o desenvolvimento dos conceitos "alma" e "imortalidade" na história da Europa, e de outros países nos quais os dados históricos estão disponíveis, mas a tentativa de dar uma interpretação histórica para povos sem história registrada pode levar a resultados bastante falaciosos se baseada em nada mais do que uma classificação dos dados de acordo com sua complexidade.

No entanto, o problema que Tylor colocou permanece. Existem semelhanças decididas entre os povos no que diz respeito à "alma" e à "imortalidade" que, em tempo mensurável, não podem ter tido qualquer conexão histórica. Há, no entanto, o perigo de se ignorar, por causa de uma semelhança geral, diferenças significativas que podem ter valor do ponto de vista histórico. É inevitável que devemos basear nossas considerações, como fez Tylor, nos dados da psicologia individual, e que devemos tentar entender como, em um determinado cenário cultural, o ser humano pode ser levado a formar certos conceitos. Ao seguir esse método, devemos, entretanto, levar em consideração os efeitos da racionalização secundária e os fatos históricos que podem ter influenciado as maneiras pelas quais ideias simples se transformaram em dogmas complexos.

Desse ponto de vista, o tratamento de Tylor nos parece muito esquemático. Ele não leva em consideração as múltiplas condições mentais que podem gerar os conceitos de "alma" e "imortalidade", mas ele seleciona alguns conceitos e baseia suas conclusões na aplicabilidade geral desses conceitos. De vez em quando, ele menciona a possibilidade de estados mentais alternativos que podem levar a resultados semelhantes, apenas para voltar à sua explicação principal.

A diferença de ponto de vista aparece mais claramente no resumo de Tylor de sua explicação da ocorrência da crença em múltiplas almas:[1] "Termos correspondentes aos de vida, mente, alma, espírito, fantasma, e assim por diante, não são considerados como descrições de entidades realmente separadas, tanto quanto as várias formas e funções de um ser individual. Assim, a confusão que prevalece em nosso próprio pensamento e linguagem, de uma maneira típica do pensamento e linguagem da humanidade em geral, é de fato devida não apenas à indefinição de termos, mas a uma antiga teoria de unidade substancial que lhes está subjacente".

Estamos inclinados a tomar como ponto de partida exatamente o ponto de vista oposto.

Em nenhum outro lugar o crescimento inconsciente dos conceitos se expressa mais claramente do que na linguagem. Em muitas línguas encontramos a tendência de conceituar uma qualidade, uma condição, ou mesmo uma ação habitual, que então aparece na forma de um substantivo. Não é necessário, de forma alguma, que a ocorrência de tais conceitos conduza a um processo imaginativo por meio do qual eles ganham forma concreta, mas dá oportunidade pronta para tal desenvolvimento. Ainda sentimos a força no uso de expressões metafóricas que se baseiam na forma concreta dada a um termo que, de um ponto de vista lógico, é de caráter atributivo. Essas metáforas podem ser modernas ou baseadas em padrões antigos.

É perceptível que particularmente os estados e as funções da vida física e mental não parecem ao ser humano primitivo como qualidades, condições ou ações, mas como conceitos definidos que tendem a tomar forma concreta. Mesmo na Ciência Moderna, ainda estamos lutando com a confusão entre substância e atributo na análise de tais conceitos como matéria e energia.

Não queremos com isso dizer que a mitologia, como afirma Max Müller, "é uma doença da linguagem", que todos os conceitos mitológicos têm origem em formas linguísticas mal interpretadas ou reinterpretadas; queremos antes dizer que a formação de conceitos não é a mesma em todas as línguas e que, em particular, o agrupamento do que é substância e o que é atributo nem sempre se faz da mesma maneira, e muitos atributos são concebidos como substância. Não parece plausível que a forma linguística deva ser posterior à conceituação consciente de um atributo como substância. Os dois devem antes ser considerados fenômenos concomitantes e interdependentes. É perfeitamente concebível que onde prevalece a tendência à objetivação de atributos, mais tarde a transformação de outros atributos em objetos pode seguir por analogia, mas a base primordial não pode ser considerada de forma alguma como devida a uma classificação consciente – tão pouco quanto a classificação do espectro em um número limitado de termos de cores fundamentais pode ser devida à conceituação consciente de um número de cores selecionadas.

Com base nessas considerações, interpretamos o fato de que muitas manifestações da vida assumem formas concretas como um efeito da tendência de conceber certas classes de atributos como substâncias. Em línguas modernas termos como fome, coragem, amor, pecado, consciência, morte, são devidos ao uso tradicional ou à imaginação poética, dotados de qualidades, até mesmo de formas concretas.

Quanto mais distinta for uma qualidade concebida como uma substância concreta, menos sua existência estará vinculada ao objeto que possui a qualidade em questão. Se o sucesso na caça é concebido como uma substância que pode se associar a uma pessoa, ele existirá independentemente da pessoa que o possa adquirir ou perder e, após sua morte, ele continuará a existir como existia antes de sua aquisição. Quando um pecado é concebido como uma substância, como é feito pelo esquimó, ele tem uma existência independente. Ele se liga a uma pessoa; pode ser separado do pecador, e continuar a existir independentemente até ser ligado a alguma outra pessoa. Não são mais qualidades que morrem com o indivíduo a quem pertencem. A doença é frequentemente concebida não como uma condição do corpo, mas como um objeto estranho que pode entrar no corpo de uma pessoa e ser extraído novamente, ou que pode ser jogado dentro dele. Essa substância estranha que atua sobre o ser vivo pode ser tão permanente em sua existência quanto a terra, os céus e as águas.

Em todos esses casos, não há associação integral entre o objeto e sua qualidade objetivada. Cada um deles leva uma existência independente. A qualidade do caçador experiente, ou a habilidade do xamã podem ser concebidas como objetos ou como personalidades que ajudam a pessoa com quem eles estão associados. Eles são diferentes de sua própria personalidade e nós os designamos como objetos mágicos ou como espíritos auxiliares.

Há, entretanto, outro grupo de qualidades consideradas substâncias que estão mais intimamente conectadas à vida humana, e sem as quais uma pessoa não é um ser vivo completo. A vida, o poder de ação, a personalidade pertencem a esse grupo. Onde quer que elas ocorram de uma forma ou de outra, nós as designamos como "alma". A alma representa as qualidades objetivadas que constituem ou o ser humano ideal ou a personalidade individual. Um estudo dos termos que são normalmente traduzidos como "alma" mostra claramente que os equivalentes em línguas primitivas representam uma variedade de qualidades do ser humano vivo, e que seu significado varia de acordo com elas.

Muitas vezes o termo "vida" corresponde ao que chamamos de "alma". Assim, o indígena chinook do noroeste da América diz que quando a "vida" deixa o corpo, a pessoa deve morrer, e que, se voltar ao corpo, ela se recuperará. "Vida" é uma objetivação de tudo o que diferencia a pessoa viva do corpo morto. Ela conduz a uma existência separada e, portanto, continua a existir após a morte.

A própria "vida" nem sempre é concebida como uma unidade. Quando um braço ou uma perna paralisada perdeu seu poder de movimento, sua "vida" separada desapareceu, mas a pessoa continua a viver enquanto a "grande vida" que pertence a todo o corpo permanece com ela. Não é necessário, de forma alguma, que a "vida" seja concebida de forma antropomórfica; às vezes é considerada como um objeto ou como um animal, como uma borboleta. Enquanto permanece no corpo, seu dono está vivo; quando sai, ele morre; quando está ferido, ele adoece.

Em um sentido mais amplo, o poder de agir, o poder da vontade, é classificado não como uma função do corpo vivo, mas como algo substancial, da existência independente. Podemos chamá-lo de personalidade separada da pessoa. De certo modo, é outra forma sob a qual a vida é conceitualizada. Por causa de sua associação mais estreita com a forma do ser humano vivo, é muito hábil em aparecer como antropomórfica.

Não há uma linha nítida que separe esse conceito dos produtos do imaginário, na medida em que estes não são entendidos como funções da vida mental, mas como objetos independentes. Tylor e outros têm discutido completa e adequadamente os efeitos dos produtos da imaginação em sonhos e experiências de transe em que a pessoa encontra seu corpo em um lugar enquanto sua mente visita pessoas distantes e vê cenas distantes, ou, ao contrário, quando ela encontra cenas distantes e pessoas aparecendo diante de seu olho mental. Essas se baseiam em imagens de memória que atingem, às vezes, uma intensidade incomum. Não por um processo lógico, mas pelo processo natural e involuntário de classificação da experiência, a pessoa é conduzida ao conceito da existência objetiva da imagem-lembrança. Sua formação se deve às experiências de imagens visuais e auditivas.

Podemos reconhecer a objetivação da vida e da imagem-memória como as principais fontes das quais brotam as múltiplas formas de conceitos da alma. Como a alma-vida pode variar de forma, também a alma-imagem da memória pode assumir formas variadas de acordo com o aspecto particular da personalidade que predomina. Esses dois conceitos da alma não permanecem isolados, mas um sempre influencia o outro. Um estudo detalhado de suas inter-relações e da variedade de significados que correspondem ao nosso termo "alma" exigiria uma pesquisa minuciosa das formas de pensamento que cresceram nesse contexto psicológico geral, em parte através de um desenvolvimento interior, em parte devido à difusão de ideias.

O resultado mais importante dessas considerações para nosso problema é o reconhecimento do fato de que aquelas qualidades, condições e funções que combinamos sob o termo "alma" são tidas como substâncias e que, por esse motivo, corpo e alma têm existência separada e suas vidas não são englobadas no mesmo espaço de tempo.

Na verdade, provavelmente não há um único povo primitivo que se apegue rigidamente à crença de que a existência da alma coincide com a duração real da vida do indivíduo. A alma pode ser considerada existente antes do nascimento de seu proprietário e pode continuar a existir após a sua morte. Entretanto, a ideia de imortalidade, de uma existência contínua, sem começo no passado e sem fim no futuro, não está necessariamente implícita nessas crenças.

A preexistência está necessariamente relacionada com a ideia de renascimento. É outra expressão do pensamento mitológico primitivo que supõe que nada tem um começo, que não há criação de nada novo, mas que tudo veio a existir por transformações. Os animais, as plantas, os traços marcantes da paisagem são comumente explicados como devidos à transformação dos seres humanos em novas formas. Assim, também o nascimento de uma criança é explicado como resultado da transformação de um ser preexistente. Se os esquimós acreditam que as crianças, como os ovos, vivem na neve e rastejam para o ventre da mãe, se algumas tribos australianas acreditam que um totem ou espírito ancestral entra no corpo da mãe, se algumas tribos indígenas da América acreditam que o salmão pode renascer como criança, ou que uma pessoa falecida possa voltar a nascer através de uma mulher de sua própria família, isso não é necessariamente devido a uma completa falta de conhecimento do processo fisiológico de concepção, mas deve ser interpretado como um aspecto particular do conceito de "vida" ou de "alma" como independentes da existência corporal. Isso aparece muito claramente no caso dos esquimós que interpretam erroneamente as relações sexuais como destinadas a alimentar a criança que entrou no útero da mãe. Essas ideias são presumivelmente análogas às ideias que sobrevivem em nosso folclore, nas quais as crianças são apresentadas como preexistentes. A crença na transmigração mostra muito claramente que estamos lidando aqui com a alma que existe antes do nascimento da criança.

O termo "imortalidade" é, contudo, aplicado mais especificamente à vida após a morte. Já assinalamos que a visualização da forma de uma pessoa, devida ao imaginário, é uma das principais fontes do conceito de "alma". Essa forma sobrevive após a morte do indivíduo como sua imagem-memória. Por essa mesma razão, a alma-imagem não pode morrer com a morte da pessoa, mas irá sobreviver pelo menos enquanto seus amigos sobreviverem. A importância da lembrança de uma pessoa para a vida futura da alma é trazida à tona pelas crenças de muitas tribos bantus da África. Assim, entre os vandaus, a alma de uma pessoa que é lembrada, será gentilmente disposta para com seus amigos. Quando o falecido é esquecido, sua alma se torna um ser maligno que é temido e deve ser expulso.

A memória-imagem é intangível, ela surge de repente e desaparece novamente quando os apelos da vida cotidiana reprimem o pensamento imaginativo. Ela compartilha de todas as características do falecido, e até mesmo sua voz pode soar vagamente na imaginação do amigo sobrevivente. Na memória, o falecido aparecerá como era conhecido em vida, com seu traje de costume e engajado em suas ocupações habituais, de modo que com sua imagem apareça também sua propriedade, a que ele tinha em sua vida. A propriedade inanimada participa de maneira peculiar da existência contínua da imagem-memória, mesmo após a destruição dos objetos. Dificilmente é necessário assumir com Tylor que a crença nessa continuação da existência de objetos de propriedade é devida a uma crença animista. Em muitos casos, ela pode se basear apenas na existência continuada da imagem-memória.

A importância da memória-imagem na formação do conceito de alma não é mais clara do que nos casos em que se acredita que o morto continua a existir na terra das almas na mesma condição em que se encontrava no momento da morte. Quando um idoso chukchee exige ser morto antes de estar doente, e incapaz de suportar as dificuldades da vida, ele age sob o pressuposto de que sua alma continuará na mesma condição em que se encontra no momento da morte. Se esta é ou não a fonte histórica do costume, é irrelevante para sua interpretação moderna por parte dos chukchees. Da mesma forma, a crença do esquimó de que uma pessoa que morre de velhice, ou de uma doença prolongada, será infeliz na vida futura, enquanto aquele que é repentinamente levado embora em pleno vigor, como um homem que morre de morte violenta, ou uma mulher que morre no parto, será forte e feliz na vida futura, é expressiva da memória-imagem que o falecido deixa na mente de seus sobreviventes.

Se a crença na existência continuada se baseia na persistência da imagem-memória objetivada, pode-se inferir que deveria haver uma crença generalizada da morte da alma no momento em que todos aqueles que conheciam o falecido estão mortos e desaparecidos. De fato, encontramos indícios de uma crença em uma segunda morte que está de acordo com essa ideia, mas, na maioria dos casos, acredita-se que a alma seja imortal. Há um número considerável de casos em que a segunda morte de uma alma é descrita, mas a maioria deles não é de um caráter que possa ser facilmente reduzido ao fato de que o falecido é esquecido. Eles parecem mais ser devidos à elaboração imaginativa da vida contínua da alma, que se pensa ser necessariamente análoga à nossa própria vida e na qual, portanto, a morte é um incidente natural.

Não parece difícil entender por que a objetivação da memória-imagem deveria levar à crença na imortalidade em vez de uma existência limitada após a morte. Para o amigo sobrevivente, a imagem-memória é uma substância, e ele falará dela como dotada de existência permanente. Ela será, portanto, assumida por seus amigos, que podem não ter conhecido o falecido, da mesma forma, e continuará a existir em suas mentes da mesma maneira que todas as outras qualidades que são, de acordo com os pontos de vista de sua sociedade, concebidas como substâncias.

O conhecimento da presença e da decomposição real do corpo e da longa preservação do esqueleto é a fonte de uma série de outros conceitos relacionados com a ideia de imortalidade. Quando falamos de fantasmas, estamos aptos a pensar mais nas almas desencarnadas que esperam ser redimidas do que nos restos mortais que se pensa serem dotados de vida. No entanto, descobrimos, de vez em quando, que o fantasma não é descrito como a aparição transparente ou vaporosa da imagem-memória, mas ostentando as características de um esqueleto, muitas vezes com adições grotescas de órbitas luminosas e abertura nasal. Nessa forma, o fantasma não é, naturalmente, a imagem-memória dos vivos, mas um conceito que representa os restos do corpo morto dotado de vida. Por essa razão, acontece frequentemente que esses "imortais" não são individualizados, mas concebidos como seres muito impessoais que podem travar guerras entre si, ou contra a pessoa, que podem enganar os incautos e formar uma tribo hostil de extraterrestres, como se fossem seres vivos comuns, mas dotados de poderes incomuns. A falta de individualidade desse tipo de fantasma aparece muito claramente entre muitas tribos americanas, enquanto a ideia parece não prevalecer na África. Dificilmente podemos considerar esses fantasmas como almas imortais, porque lhes falta total individualidade.

No entanto, às vezes surge a confusão entre os dois conceitos. Os fantasmas têm sua aldeia ou vilas e, muitas vezes, quando a alma – no sentido da vida e imagem-memória – do falecido deixa o corpo, é dito que vai para a aldeia dos fantasmas, onde se encontra com amigos já falecidos e muitas pessoas que não conhece – aqueles que morreram há muito tempo. Essa contradição não é surpreendente, pois existem muitos vínculos associativos entre os dois grupos de ideias, de modo que um suscita o outro e uma linha nítida entre os dois conceitos não está, portanto, estabelecida.

É mais importante, para uma compreensão clara das questões com as quais estamos lidando, e de problemas semelhantes, que não devemos esperar um sistema consistente de crenças no pensamento primitivo. Devemos lembrar que conceitos originários de diferentes princípios de classificação inconsciente devem se sobrepor, e que por essa razão, se não for por nenhuma outra, o mesmo conceito pode pertencer a categorias conflitantes. Somente quando a racionalização consciente se estabelece, e uma padronização de crenças se desenvolve, é que algumas dessas visões conflitantes, ou mesmo contraditórias, podem ser harmonizadas.

Parece, portanto, melhor não incluir na ideia de imortalidade da alma a ideia de existência separada que está ligada ao conhecimento do corpo em decomposição e à relativa permanência do esqueleto, tão pouco quanto podemos considerar a permanência e a existência separada de poderes espirituais objetivados, tais como a habilidade e o sucesso como almas imortais. Eles nos parecem mais como seres ou objetos espirituais úteis.

As diferenças fundamentais entre as várias formas do conceito da alma e entre os sentimentos e pensamentos que levam à suposição de uma existência separada da alma são também a fonte de muitas visões conflitantes a respeito da morada da alma antes do nascimento, durante a vida e após a morte. Exceto nos casos de uma crença bem desenvolvida na transmigração, não há um conceito claramente formulado dos lugares e das condições em que as almas existem antes do nascimento. Mesmo quando se acredita que sejam ancestrais retornados, não parece haver uma crença bem definida em relação ao modo de vida de uma alma pré-existente. Isso pode ser devido à falta de congruência entre o comportamento do recém-nascido e a imagem-memória que é normalmente associada à pessoa adulta. Isso torna difícil fazer a ligação entre a existência da alma e o nascimento da criança.

Durante a vida, mais particularmente durante a vida saudável, a base da alma é concebida para estar no corpo ou, pelo menos, estreitamente associada ao corpo. Muitas vezes, os conceitos das relações entre o corpo e a alma carecem de definição. A distinção entre um ajudante espiritual ou um objeto protetor e a "alma" mostra, no entanto, muito claramente que o primeiro é pensado como existindo à parte do corpo, enquanto o segundo está intimamente associado a ele. Assinalamos anteriormente que encontramos nos dois grupos atributos conceitualizados, mas que os primeiros estão menos firmemente conectados com os fenômenos fundamentais da vida. Em muitos casos, acredita-se que a "alma-vital" permeia todo o corpo, ou a parte especial do corpo à qual ela pertence. Quando a alma é considerada como um objeto, pode-se pensar que está localizada em alguma parte vital, como na nuca; ou, ainda mais comumente, é identificada com aquelas funções do corpo que cessam com a morte, tais como a respiração, o sangue que flui, ou o olho que se move. Na medida em que esses são objetos visíveis e tangíveis de existência temporária, eles são considerados a base da própria "alma-vital". No entanto, esta última permanece sempre a objetivação das funções da vida.

O conceito de imagem-memória da alma leva a crenças diferentes no que diz respeito à sua localização. Sua característica essencial é que ela é uma imagem fugaz da personalidade e que, por esse motivo, é idêntica na forma à pessoa. Sombras e reflexos sobre a água compartilham essas características insubstanciais e fugazes da imagem da pessoa. Provavelmente, por esse motivo, elas são frequentemente identificadas com a imagem-memória da alma. Existem, no entanto, também conceitos mistos, como o de uma "alma-vital" que, após deixar o corpo, aparece na forma de seu dono, mas de tamanho diminuto.

Muito mais clara do que a ideia de localização da alma preexistente, e da alma dos vivos, são as relacionadas com as condições das almas após a morte. Em histórias imaginativas, os detalhes da vida após a morte são frequentemente elaborados. Eles são confirmados e embelezados pelos relatos de pessoas que, em transe, acreditam ter visitado o país das almas.

A presença dos restos mortais, a partida da vida e a persistência da imagem-memória levam a muitos pontos de vista conflitantes que certamente ajudaram no desenvolvimento da crença em múltiplas almas. Enquanto a ideia de uma alma-vital, combinada com a crença em uma existência contínua da personalidade, cria prontamente a formação dos conceitos de um país dos mortos, distante, a imagem-memória baseada na lembrança das relações diárias do falecido com seus sobreviventes e a presença de sua sepultura tangível levam à crença na presença contínua da alma. Nas tendências conflitantes assim estabelecidas, e na elaboração de detalhes que estão necessariamente envolvidos em contos sobre a vida futura, a difusão histórica desempenha um papel muito mais importante do que na formação dos meros conceitos de alma e imortalidade, e seria completamente impossível compreender as formas multifacetadas de descrição da terra dos mortos sem levar em consideração as reais inter-relações entre as tribos. Uma tentativa de uma análise puramente psicológica seria bastante enganosa. Encontramos, por exemplo, na África, uma ideia generalizada de bosques sagrados nos quais residem almas ancestrais; isso deve ser tomado como resultado da adaptação histórica, não como o desenvolvimento necessário de causas psicológicas que levam ao mesmo resultado em qualquer lugar – da mesma forma, como a crença característica no comportamento diferente de almas ancestrais lembradas e esquecidas, comum a muitas tribos sul-africanas, deve ser devida à assimilação histórica. Isso é comprovado pela localização definitiva dessas crenças em áreas bem circunscritas.

No entanto, é possível reconhecer uma série de características que têm uma distribuição notavelmente ampla e para as quais, portanto, uma causa psicológica comum pode ser procurada.

A crença em uma presença temporária da alma no local da morte, ou próximo dele, é bastante comum e pode se basear na condição mental que prevalece até que os sobreviventes se tenham adaptado à ausência do falecido. Pode ser interpretada como a objetivação da consciência assombrosa de sua presença anterior em todos os pequenos atos da vida diária, e no sentimento de que ele ainda deve estar presente. À medida que esse sentimento vai passando, ele parte para a terra das almas. Da mesma forma, a dificuldade de separar o cadáver da lembrança do corpo em ação pode ser a causa da crença de que a alma paira por algum tempo ao redor da sepultura, para partir apenas quando o corpo começa a se decompor.

As ideias relativas à morada permanente das almas não são facilmente interpretadas, em grande parte devido ao seu complexo caráter mitológico, que requer uma pesquisa histórica detalhada. No entanto, há algumas características gerais que estão tão amplamente distribuídas e que podem ser brevemente abordadas. Em geral, pensa-se que a aldeia dos mortos está muito distante, nos confins ocidentais de nosso mundo, onde o Sol e a Lua desaparecem, abaixo do solo ou no céu, e são de difícil acesso. Entre os obstáculos do caminho, encontramos particularmente um rio que deve ser atravessado pela alma, ou passagens perigosas sobre abismos. É natural que as almas sejam concebidas como vivendo da mesma forma que os seres humanos. As experiências do ser humano primitivo não dão outra base para que sua imaginação trabalhe. Suas ocupações são as mesmas, eles caçam, comem e bebem, brincam e dançam. Uma pessoa viva que participa de sua vida cotidiana, particularmente se provar de sua comida, não poderá retornar à terra dos vivos. Os objetos que a alma imortal usa também são imortais, mas aparecem aos vivos como velhos e inúteis, muitas vezes na forma em que são descartados nas cerimônias fúnebres. Não obstante a identidade da vida social dos mortos e dos vivos, existe uma consciência de que as coisas não podem ser as mesmas lá como aqui, e esse pensamento se expressa na crença de que tudo lá é o oposto do que é aqui. Quando temos inverno, lá é verão, quando dormimos, as almas dos mortos estão acordadas.

Não podemos entrar na grande variedade de crenças a respeito da terra das almas sem ultrapassar os limites de uma discussão sociopsicológica.

A crença em vários países dos mortos, no entanto, requer uma breve menção. Estamos acostumados a pensar nessas distinções do ponto de vista ético, do céu para as almas dos bons, do inferno para as almas dos maus. É duvidoso se na vida primitiva esse conceito alguma vez existiu. A diferença na localização dos países dos mortos e de suas condições é bastante determinada pela imagem da memória da pessoa no momento de sua morte. Os fortes e vigorosos, que vivem uma vida feliz, são reunidos em um lugar – os fracos e doentes, em outro lugar. Quando prevalecem outros princípios de separação, eles podem ser reduzidos a outros conceitos classificatórios. Em condições econômicas simples, toda a comunidade é igualmente afetada por condições favoráveis e desfavoráveis. Entre os esquimós, quando o clima é propício, toda a aldeia tem comida suficiente, e toda pessoa saudável é feliz. Quando, por outro lado, não se pode obter caça por causa de tempestades contínuas, toda a aldeia está em perigo. Portanto, uma concepção de vida futura na qual na mesma aldeia uma parte considerável das pessoas é infeliz, e outra parte considerável é feliz, não coincide com a experiência da vida esquimó, e talvez possamos reconhecer em condições sociais desse tipo uma causa que leva a uma diferenciação das moradas dos mortos.

Na discussão anterior, consideramos apenas a base sociopsicológica geral sobre a qual surgiram os conceitos de "alma" e "imortalidade". É necessário repetir que, para uma compreensão clara da grande variedade de formas que essas crenças assumem, as relações históricas entre grupos de tribos devem ser consideradas, não apenas daquelas que estão atualmente em contato próximo, mas também daquelas que pertencem a áreas culturais maiores nas quais as influências culturais intertribais podem pertencer aos primeiros períodos.

Nota

[1] Edward B. Tylor, *Primitive Culture* (London, 1891), vol. 1, p. 435.

Os textos deste livro foram publicados originalmente
nas seguintes referências:

O que é Antropologia
BOAS, Franz. *Anthropology and modern life*. The Norton Library W W Norton & Company New York, 1962, cap. 1 "What is anthropology?", pp. 11-17.

Os objetivos da pesquisa antropológica
Discurso do presidente da Associação Americana para o Progresso da Ciência, Atlantic City, dezembro de 1932. *Science* N.S., vol. 76 (1932), pp. 605-613. In: BOAS, Franz. *Race, Language and Culture*. New York, The Macmillan Company, 1940, pp. 243-259.

Primeiras manifestações culturais
BOAS, Franz. *The Mind of Primitive Man*. The Macmillan Company, New York, 1938, cap. 9 "Early cultural traits", pp. 149-161.

As interpretações da cultura
Cf. BOAS, Franz. *The Mind of Primitive Man*. The Macmillan Company, New York, 1938, cap. 10 "The interpretations of culture", pp. 162-180.

A mente do ser humano primitivo e o progresso da cultura
BOAS, Franz. *The Mind of Primitive Man*. The Macmillan Company, New York, 1938, cap. 11 "The mind of primitive man and the progress of culture", pp. 180-203.

Estabilidade da cultura
BOAS, Franz. *Anthropology and modern life*. The Norton Library W W Norton & Company New York, 1962, cap. 7 "Stability of culture", pp. 132-167.

Vida moderna e cultura primitiva
BOAS, Franz. *Anthropology and modern life*. The Norton Library W W Norton & Company New York, 1962, cap. 9 "Modern life and primitive culture", pp. 202-246.

História e Ciência em Antropologia: uma resposta
American Anthropologist, N.S., vol. 38 (1936), pp. 137-141. In: BOAS, Franz. *Race, Language and Culture*. New York, The Macmillan Company, 1940, pp. 305-311.

Problemas etnológicos no Canadá
Journal of the Royal Anthropological Institute, vol. 40 (1910), pp. 529-539. In: BOAS, Franz. *Race, Language and Culture*. New York, The Macmillan Company, 1940, pp. 331-343.

O desenvolvimento de contos folclóricos e mitos
The Scientific Monthly, vol. 3 (1916), pp. 335-343. Ver também Tsimshian Mythology, *31º Relatório Anual do Departamento de Etnologia Americana* (1916), pp. 872 e seguintes. In: BOAS, Franz. *Race, Language and Culture*. New York, The Macmillan Company, 1940, pp. 397-407.

O desenvolvimento das mitologias indígenas
Artigo lido na Sétima Reunião Anual da Sociedade Americana de Folclore, Filadélfia, 27 de dezembro de 1895. Publicado em *Journal of American Folk-Lore*, vol. 9 (1896), pp. 1-11. In: BOAS, Franz. *Race, Language and Culture*. New York, The Macmillan Company, 1940, pp. 425-436.

Mitologia e contos folclóricos dos indígenas norte-americanos
Journal of American Folk-Lore, vol. 27 (1914), pp. 374-410. In: BOAS, Franz. *Race, Language and Culture*. New York, The Macmillan Company, 1940, pp. 451-490.

A ideia de vida futura entre as tribos primitivas
Religion and the Future Life, editado por E. Hershey Sneath (Nova York, 1922), pp. 9-26. Com permissão da Fleming H. Revell Company. In: BOAS, Franz. *Race, Language and Culture*. New York, The Macmillan Company, 1940, pp. 596-607.

Bibliografia

ACHELIS, T. *Moderne Völkerkunde*, Stuttgart: s.n., 1896.
ALVERDES, F. *Tiersoziologie*, Leipzig: s.n, 1925. [Edição Inglesa: *Psychology of Animals*. Nova York: s.n., 1932].
ANDREE, R. "Scapulimantia". In: *Boas Anniversary Volume*. Nova York: s.l., 1906, p. 143ss.
_____. *Ethnographische Parallelen und Vergleiche*. Stuttgart: s.n, 1878. [*Neue Folge*. Leipzig: s.n., 1889.]
BACHOFEN, J.J. *Das Mutterrecht*. Basel: s.n., 1861.
BASTIAN, A. An exposition of Bastian's point of view. In: ACHELIS, T. *Moderne Völkerkunde*, Stuttgart: s.n., 1896.
BENEDICT, Ruth. *Psychological types in the cultures of the southwest*, Proceedings of the 23rd International Congress of Americanists, New York, G. E. Stechert, 1930.
BOAS, Franz. *Anthropology and modern life*. New York: The Norton Library W. W. Norton & Company, 1962.
_____. *Race, Language and Culture*. New York: The Macmillan Company, 1940.
_____. *The Mind of Primitive Man*. New York: The Macmillan Company, 1938.
_____. *Race and Democratic Society*. New York: J.J. Augustin Publisher, 1945.
_____. *Indianische Sagen von der Nord-Pacifischen Küste Amerikas*. Berlin: s.l., 1895a, pp. 338-339.
_____. "Zur Antropologie der Nordamerikanischen Indianer". *Verhandlungen der Berliner Gesellschaft für Anthropologie, Ethnologie und Urgeschichte*, 27, 1895b, pp. 367ss.
_____. *Handbook of American Indian Languages*, Bulletin 40. Washington: Bureau of American Ethnology, 1911a.
_____. *Changes in Bodily Form of Descendants of Immigrants* – Final Report. Washington: Government Printing Office, 1911b. [61st Congress, 2nd Session, Senate Document 208. Também editado pela Columbia University Press, 1912].
_____. *Primitive Art*, Oslo/Cambridge: s.l., 1927a.
_____. "Eruption of Deciduous Teeth among Hebrew Infants", *Journal of Dental Research*, vol. 7, n. 3, 1927b, pp. 245ss.
_____. "The Central Eskimo". In: *Sixth Annual Report of the Bureau of Ethnology*. Washington: s.l., 1888.
_____. *Anthropology and Modern Life*. 2. ed. New York: s.l., pp. 216-231, 1932a.
_____. "Studies in Growth I". *Human Biology*, vol. 4, n. 3, 1932b.
_____. *Journal of American Folk-Lore*, vol. 27, pp. 374-410, 1914.
_____. "Dissemination of Tales Among the Natives of North America". *Journal of American Folk-Lore*, vol. 4, pp. 13-20, 1891.
_____. "Tsimshian Mythology", *31st Annual Report of the Bureau of American Ethnology*, 1916, pp. 694 ss.

_____. Introduction to James Teit. "Traditions of the Thompson River Indians of British Columbia". *Memoirs of the American Folk-lore Society*, vol. 7, 1898.
_____. Address of the president of the American Association for the Advancement of Science, Atlantic City. *Science N.S.*, vol. 76, pp. 605-613, dez. 1932.
_____. *American Anthropologist*, N.S., vol. 38, 1936.
_____. "The Study of Geography". *Science*, vol. 9, pp. 137-141, 1887.
_____. *Science*, N.S., vol. 16, pp. 872-874, 1902.
_____. *Journal, Royal Anthropological Institute of Great Britain and Ireland*, vol. 18, pp. 245-272, 1889.
_____. *Journal of the Royal Anthropological Institute*, vol. 40 pp. 529-539, 1910.
_____. *The Scientific Monthly*, vol. 3, pp. 335-343,1916.
_____. Tsimshian Mythology, 31st *Annual Report of the Bureau of American Ethnology*, pp. 872 ss., 1916.
BOGORAS, W. *The Chukchee*, Publications of the Jesup North Pacific Expedition, 7. Leiden s.l., 1904-1909
BUNZEL, Ruth. *The Pueblo Potter*. New York: Columbia University Press, 1927.
CARR-SAUNDERS, A. M. (). *The Population Problem*. Oxford: s.l., 1922.
DÄHNHARDT, O. *Natursagen*, vols. I-IV, Leipzig: s.l., 1907-1912.
DE CANDOLLE, A. *Origin of Cultivated Plants*. New York: s.l., 1886, pp. 59ss., 139ss.
DIXON, Roland B. *The Racial History of Man*. New York: s.l., 1923.
_____. "The Maidu". In: BOAS, F. *Handbook of American Indian Languages*. Bulletin 40. Bureau of American Ethnology, 1911.
_____. "Basketry Designs of the Indians of Northern California". *Bulletin, American Museum of Natural History*, 17, p. 28. 1902.
_____. "The Independence of the Culture of the American Indian," *Science*, pp. 46-55. 1912.
EHRENREICH, Paul (). *Die Mythen und Legenden der Südamerikanischen Urvölker*, [s.e], 1905, pp. 34-59.
_____. *Die allgemeine Mythologie und ihre ethnologischen Grundlagen*, Leipzig, 1910, pp. 100 e ss.
FLETCHER, Alice C (). "The Hako", *XXII Relatório Anual do Departamento de Etnologia Americana*, 1904, parte 2.
FRAZER, J. G. *Totemism and Exogamy*. Londres: [s.n.], 1910.
_____. *The Golden Bough*. Londres/Nova York: [s.n.], 1911-1919.
FREUD, S. *Totem and Taboo*. New York: s.l., 1918.
_____. *The American Journal of Psychology*, 27, 1910. [Breve resumo da teoria de Freud].
FROBENIUS, Leo. *Im Zeitalter des Sonnengotts*. S.n: s.l., 1908.
_____. *Die Weltanschauung der Naturvölker*, Weimar: s.l., 1898.
GOLDENWEISER, A. A.. "Totemism, an Analytical Study". *Journal of American Folk-Lore*, 23, pp. 179ss. 1910.
HAHN, E. *Die Haustiere und ihre Beziehungen zur Wirtschaft des Menschen*. Leipzig: [s.n.], 1896.
_____. *Die Entstehung der Pflugkultur*. Heidelberg: [s.n.], 1909.
HAHN, I "Dauernahrung und Frauenarbeit". *Zeitschrift für Ethnologie*, 51, p. 247, s.d.
_____. *Handwörterbuch des deutschen Aberglaubens*. Berlim: s.l., 1927.
HEGER, F.. "Aderlassgeräthe bei den Indianern und Papuas". *Mittheilungen der Anthropologischen Gessellschaft in Wein*, 23, Sitzungsberichte, pp. 83-87, 1893.
HEHN, V. *Kulturpflanzen und Haustiere*. 2. ed. Berlim: s.l., 1874.
HERSKOVITS, Melville J. *The American Negro*. S.n: s.l., s.d.
HOBHOUSE, L. T. *Morals in Evolution*, S.n: s.l., s.d.
KÖHLER, W. "Zur Psychologie der Schimpansen". *Psychologische Forschungen*, 1, p. 33, 1921.
_____. "Intelligenzprüfungen an Anthropoiden". *Abhandlungen der Königlich Preussischen Akademie der Wissenschaften – Physikalisch-Mathematische Klasse*. Berlim: s.l., p. 78ss. 1917.
KROEBER, A. L.. *Arrow Release Distributions*. University of California Publications in American Archaeology and Ethnology, 23, p. 233ss. 1927.
_____. *Handbook of the Indians of California*. Bulletin 78. Washington: Bureau of American Ethnology. 1925.
_____. *Types of Indian Culture in California*. University of California Publications in American Archaeology and Ethnology, 2, pp. 81-103. 1904-1907.
_____. "Catchwords in American Mythology". *J. Am. Folk-Lore*, 21 (81-82), pp. 222-27, 1908.

LAASCH, R.. *Der Eid*. Stuttgart: s.l., 1908.
LAISTNER, Ludwig. *Das Rätsel der Sphinx*. Berlin: s.l., 1889.
LAUFER, B. "The Introduction of Maize to Eastern Asia". In: *Congrès International des Américanistes*, XVe. session, Québec, vol. I, p. 223ss, especialmente pp. 250-252, 1907.
_____. *The Decorative Art of the Amur Tribes*. Publitions of the Jesup North Pacific Expedition. 4, Leiden: s.l.. 1902.
LESSMANN, H.. "Aufgaben und Ziele der vergleichenden Mythenforschung". *Mythologische Bibliothek*, Leipzig, I, pp. 31 ss. 1908.
LOWIE, Robert H. "The Test-Theme in North American Mythology". *Journal of American Folk-Lore*, vol. 21, p. 101. 1908.
MARTIN, R. *Die Inlandstämme der Malayischen Halbinsel*. Jena: s.l., 1905.
MASON, O. T. *The Origins of Invention*. Londres: s.l., pp. 315ss. 1895a.
_____. *American Anthropologist*, vol. 8, p. 101, 1895b.
McGEE, W. J. "The Beginning of Zooculture". *American Anthropologist*, 10, pp. 215ss. 1897.
MENGHIN, O. *Weltgeschichte der Steinzeit*. Viena: s.l., 1931.
MORGAN, L. H. *Ancient Society*. New York: s.l., 1878.
NORDENSKIÖLD, E. "Emploi de la balance romaine en Amérique du sud". *Journal de la Société des Américanistes de Paris*, Nova Série 13, 1921, p. 169.
PANZER, Friedrich. *Märchen, Sage und Dichtung*, Munique, [s.ed.], 1905, p. 14.
PEARSON, Karl. *Mathematical Contributions to the Theory of Evolution*, III; Royal Society of London, 1896.
POST, A. H. *Grundriss der Ethnologischen Jurisprudenz*. Oldenburg/Leipzig: s.l., 1894.
RATZEL, F. *Anthropogeographie*. vol. II. Stuttgart: s.l., 1891.
SAPIR, E. "Song Recitative in Paiute Mythology". *The Journal of American Folk-Lore*, vol. 23, pp. 456-457. 1910.
SCHULTZE, L. *Aus Namaland und Kalahari*. Jena: s.l., 1907.
SKINNER, A . *Journal of American Folk-Lore*, vol. 27, pp. 97-100, 1914.
SNEATH, E. Hershey. *Religion and the Future Life*. New York: s.l., 1922, pp. 9-26.
SPECK, F. G. *Naskapi*. Norman, Ok.: s.l., 1935, pp. 127ss.
SPENCER, H.. *Principles of Sociology*. vol. I. New York: s.l., 1893.
STEINEN, K. von den. *Unter den Naturvölkern Zentral-Brasiliens*. Berlin: s.l., 1894, pp. 210-212.
_____. *Durch Centralbrasilien*. Leipzig: s.l., 1886, pp. 310ss.
STUMPF, C.. *Die Anfänge der Musik*. Leipzig: s.l., 1911.
SWANTON, J.R. "Social Organization of American Tribes". *American Anthropologist*, Nova Série 7, p. 670, 1905.
_____. "Types of Haida and Tlingit Myths". *American Anthropologist*, N.S., vol. 7, p. 94, 1905.
_____. "Tlingit Myths and Texts". *Departamento de Etnologia Americana, Boletim* 39, 1909.
THOMAS, W. I. *Source Book for Social Origins*. Chicago: s.l., p. 25. 1909.
TYLOR, E.B. *Primitive Culture* – Researches into the Development of Mythology, Philosophy, Religion, Language, Art and Custom. New York: s.l., 1874.
_____. *Journal, Royal Anthropological Institute of Great Britain and Ireland*, vol. 18, pp. 245-272, 1889.
VAN GENNEP. *La formation des légendes*, p. 49, 1910-1912.
VON HORNBOSTEL, O. "Über ein akustisches Kriterium für Kulturzusammenhänge". *Zeitschrift für Ethnologie*, vol. 43, pp. 601-615, 1911.
WATERMAN, T. T. "The Explanatory Element in the Folk Tales of the North American Indians", vol. 27, pp. 1-54, 1914.
WESTERMARCK, E. *The Origin and Development of the Moral Ideas*. London: s.l. 1906.
WEULE, K. . *Die Kultur der Kulturlosen*. Stuttgart: s.l., 1910.
WISSLER, Clark; D. C. Duvall. "Mythology of the Blackfoot Indians". *Anthropological Papers, American Museum of Natural History*, vol. 2, p. 12, s.d.
WUNDT, W. *Elemente der Völkerpsychologie*. Leipzig: s.n, 1912. [Edição Inglesa: *Elements of Folk Psychology*. Nova York: s.n., 1916].
_____. *Völkerpsychologie*. 10 vols. Leipzig: s.l., 1900-1920.

O autor

Franz Uri Boas nasceu em Minden, Alemanha, em 1858 e faleceu em Nova York em 1942. É considerado o "pai" da Antropologia americana e referência básica em Antropologia Cultural. Influenciou muitos pesquisadores, dentre eles, Ruth Benedict, Ruth Bunzel, Margaret Mead, Alfred L. Kroeber, Edward Sapir, Robert Lewie e o sociólogo brasileiro Gilberto Freyre. Sua primeira formação foi em Geografia, Física e Matemática. O encanto pela Antropologia só se deu após uma expedição geográfica ao norte do Canadá, mais especificamente a ilha de Baffin, entre os anos de 1883-1884, com a finalidade de estudar os efeitos de características geográficas sobre a cultura dos esquimós. Foi nesse contato prolongado com esse povo que seu interesse por estudar culturas se intensificou. Sua tese sobre a cultura dos esquimós rendeu-lhe o título de livre-docente em Geografia. Movido pelo interesse em Antropologia Cultural, fez uma expedição etnográfica à Colúmbia Britânica, em 1886, para estudar os nativos da costa noroeste, em especial o povo kwakiutl, que, posteriormente, tornou-se alvo sistemático de suas pesquisas. Migrou para os Estados Unidos, onde, em 1887, se naturalizou norte-americano. Foi professor na Universidade de Clark, Worcester, onde também chefiou o recém-criado departamento de Antropologia, vindo a renunciar de seu posto em 1892 alegando violação da liberdade acadêmica. Foi curador do Museu Field, de Antropologia, em Chicago, e professor de Antropologia Física na Universidade de Colúmbia (1899- 1942), onde permaneceu até o fim de sua carreira. Nessa última universidade, além de professor e pesquisador, criou o primeiro Doutorado em Antropologia dos EUA.

O tradutor

José Carlos Pereira é professor com pós-doutorado em Antropologia Social, doutorado em Sociologia, mestrado em Ciência da Religião, bacharelado em Teologia e licenciatura plena em Filosofia. É autor de mais de 90 livros, em diversas áreas, publicados no Brasil e no exterior, além de algumas traduções de Franz Boas, incluindo o livro *Antropologia da Educação*, publicado pela Editora Contexto. Faz parte do Núcleo de Estudos Religião e Sociedade, do Programa de pós-graduação em Ciências Sociais da PUC/SP.

GRÁFICA PAYM
Tel. [11] 4392-3344
paym@graficapaym.com.br